KB038695

Theories of Psychotherapy Series
Jon Carlson and Matt Englar-Carlson, Series Editors

커리어 카운슬링

Career Counseling

Mark L. Savickas

김봉환·김소연·정희숙 공역

시리즈 서문

증거기반 개입과 효과검증을 중시하는 현대 심리치료 장면에서 이론의 중요성이 무색해졌다는 우려가 있다. 그렇게 생각할 수도 있지만 이 시리즈의 편집장으로서 여기에서 그 논란을 이어가지는 않으려 한다. 심리치료자들은 하나 혹은 그 이상의 이론을 받아들이고, 그 이론에 기반을 해서 치료를 한다. 또한 치료자들의 실제 경험, 그리고 수 십 년간 축적된 실증자료들은 신뢰할 만하고 타당한 심리치료 이론이 치료효과로 이어진다는 것을 말해준다. 하지만 치료과정에서 이론의 역할에 대한 설명은 그리 간단하지 않다. 그런 의미에서 다음의 우화는 이론의 중요성을 비유적으로 설명해준다고 생각한다.

이솝의 우화에는 해와 바람이 누가 더 힘이 센지 겨루는 이야기가 나온다. 길을 걷고 있는 나그네를 발견한 바람이 해에게 누가 저 남자의 코트를 벗길 수 있는지 내기를 하자고 한다. 해가 이 내기에 동참한다. 바람이 나그네를 향해 힘껏 바람을 불자, 나그네는 코트 깃을 움켜쥐었다. 바람이 더 세게 불어 보지만 나그네는 오히려 코트를 더 세게 움켜쥔다. 해가 이제 자기 차례라고 말하면서 따뜻한 햇살을 모아 나그네에게 내리쬔다. 그러자 나그네는 곧 코트를 벗는다.

해와 바람의 내기에서 나그네의 코트를 벗긴 것이 심리치료 이론과 무슨 관련이 있을까? 우리는 이 짧은 우화가 효과적인 치료적 개입이 좋은 결과로 이어지는 것을 선도하는 이론의 중요성을 강조하고 있다고 생각한다. 지침이 되어주는 이론이 없다면 우리는 개인의 역할을 이해하지 못한 채로 증상을 치료할 수 있다. 내담자들과 힘겨루기를 하게 될 수도 있고, 도움을 줄 때 직접적인 방법(바람)보다 때로는 간접적인 수단(해)이 효과적이라는 것을 이해하지 못할 수도 있다. 이론이 없다면 우리는 치료의 목적을 망각하여 방향 감각을 잃어버릴 수 있다. 예를 들어 사회적으로 타당해 보이기 위해 화려한 방법론을 추구하고 단순해 보이는 것은 하고 싶어 하지 않을 수도 있다.

이론이란 정확히 무엇인가? APA 심리학 사전에서는 이론을 "서로 관련이 있는 현상들을 설명하거나 예측하려는 목적을 가진 원칙 혹은 서로 관련된 원칙들의 집합"으로 정의한다. 심리치료에서 이론은 인간의 사고와 행동, 그리고 무엇이 사람을 변화하게 하는지를 설명하기 위한 일련의 원칙들이다. 실제 치료 장면에서 이론은 치료의 목표를 설정하고 어떻게 그것을 추구해가야 할지를 구체화 해준다. Haley(1997)는 심리치료의 이론이 평균적인 치료자가 이해할 수 있을 정도로 충분히 간명하면서도 다양한 상황을 설명할 수 있을 만큼 충분히 포괄적이어야 한다고 주장했다. 뿐만 아니라 이론은 치료자와 내담자 모두가 치유가 가능한 것이라는 희망을 갖게 하면서 동시에 성공적인 치료 효과로 이어질 수 있는 행동들을 이끌어내어야 한다고 생각했다.

이론은 심리치료자들이 광범위한 실제 치료 영역에서 방향감각을 찾을 수 있도록 해주는 나침반이다. 계속 확장되는 탐험 영역에 걸맞게 항해 도구들이 발전을 거듭하듯이, 심리치료 이론들도 시간이 지남에 따라 변화해왔다. 서로 다른 이론적 학파들은 흔히 흐름(wave)이라고 언급되는데, 첫 번째 흐름은 정신역동적 이론(예를 들어, 정신분석, 아들러 학파), 두 번째는 학습이론(예를 들어, 행동주의, 인지-행동주의), 세 번째는 인본주의 이론(인간-중심, 게슈탈트, 실존주의), 네 번째는 페미니스트와 다문화 이론, 그리고 다섯 번째는 포스트모던과 구성주의 이론이다. 다양한 측면에서 이러한 흐름들은 심리치료가 심리학, 사회, 인식론의 변화뿐만 아니라 심리치료 자체의 특성에 대한 이해를 어떻게 받아들이고 대응해왔는지를 잘 보여준다. 심리치료와 심리치료를 안내하는 이론들은 역동적이고 상호 반응적이다. 다양한 이론이 존재한다는 것은 동일한 행동이 어떻게 각기 다른 방식으로 개념화될 수 있는지를 보여주는 증거가 된다(Frew & Spiegler, 2008).

APA 심리치료 이론 시리즈를 출판하는 과정에서 우리는 이론의 핵심적 역할과 이론적 사고는 자연스럽게 변화하는 것이라는 두 가지 명제를 염두에 두었다. 시리즈 출판에 관여한 우리 모두는 각 접근법들의 토대가 되는 이론과 일련의 복잡한 개념들에 완전히 매료되었다. 심리치료의 이론을 강의하는 대학 교수로서, 전문가들과 수련중인 초심자들에게 주요 이론들의 핵심을 설명할 뿐만 아니라 이론적 모델들의 최신 현황을 알려주기 위한 학습 자료를 만들고자 했다. 이론서들을 보다보면 때때로 최초 이론가들의 일대기가 해당 이론적 모델의 진화과정에 비해 상대적으로 더 중요하게 다루어지는 경우도 있다. 하지만 우리는 주요 이론들의 역사와 맥락적 요인들을 설명 할 뿐만 아니라 현대에 이들이 어떻게 치료 장면에 적용되고 있는지도 소개하고자 한다.

이 시리즈를 만들기 시작하면서 우리는 두 가지 문제에 직면

했다: 어떤 이론을 다룰 것인가와 그것들을 가장 잘 전달할 사람은 누구인가 하는 문제였다. 우리는 어떤 이론들을 가르치고 있는지를 알아보기 위해 대학원 수준의 심리치료 이론 강의를 검토하였고, 어떤 이론들이 가장 흥미를 끌고 있는지를 파악하기 위해 유명한 학술 서적, 논문, 학회발표자료 등을 탐색하였다. 그리고 현대 이론 분야에서 가장 훌륭한 학자들 중에서 선발한 최고의 저자 목록을 만들었다. 각 저자는 해당 접근의 선두적인 옹호자이자 저명한 치료자들이다. 우리는 각 저자에게 이론의 핵심 구성요소들을 논하고 그것을 증거기반 수련의 맥락에서 살펴봄으로써, 이론을 현대 치료의 실제 영역으로 끌어오고, 해당 이론이 어떠한 고유한 방법으로 적용되는지를 명확하게 설명해달라고 요구하였다.

이 시리즈는 총 24권으로 구성되어있다. 각 권은 단독으로 혹은 몇 권을 함께 묶어서 심리치료 이론 수업에서 교재로 사용할 수 있다. 이러한 선택사항은 교과목 담당 교수나 강사로 하여금 오늘날 가장 핵심적이고 중요한 이론적 접근들을 특징으로 한 강의를 구성하기 용이하게 해준다. 이러한 취지에 맞게 APA Books는 또한 각 이론적 접근이 실제 내담자들과의 치료 장면에서 어떻게 적용되는지를 보여줄 수 있는 DVD를 제작하였다. 많은 DVD들은 6회기 이상의 치료를 보여준다. 활용 가능한 DVD 프로그램 목록이 궁금하다면 APA Books에 접속하면 된다(http://www.apa.org/videos).

한 사람의 삶에 미치는 일의 긍정적인 영향력을 과대평가하는 것은 곤란하다. 생의 핵심 과제 중 하나는 직업적 정체성을 개발하는 것이다. 최근 조사결과에 의하면, 미국 성인들은 깨어 있는 시간 가운데 1/3에서 1/2을 직장에서 보내는 것으로 나타났다. 게다가, 최근 전 세계적 경제 침체는 실직과 본질적 일의 구조에서의 두드러진 변화와 관련된 스트레스와 두려움, 불확실성으로 나타난 부정적인 일의 가치로 가정을 내몰았다. 진로 상담은 시작된 이래로, 전통적으로 개인의 특성과 흥미를 직업의 다양한 측면에 연결시키는 객관적인 관점에서 바람직한 매칭에 대한 기대를 가지고 진행되어왔다. 진로 상담에서, Mark L. Savickas는 구성주의와 내러티브 인식론에 기반을 둔 진로 상담의 실제를 마음에 그려보는 새로운 방법을 제시하고 있다. 이 분야에서 Savickas 박사가 제안한 패러다임의 전환은 과장된 것이 아니다. 여기에서 제시한 현시대의 접근방법은 세계 경제의 급격한 변화와 성장에 부합할 만큼 충분히 적응적이다. 뿐만 아니라 의미 만들기와 문화적 영향력에 그것의 핵심가치를 부여할 정도로 충분히 민감하다. 독자는 현재의 직업적 조망과 연관되어 있을 뿐만 아니라 매우 유용한 상담 도구들을 제공하는 모델을 기대할 수 있다. 처음부터 우리는 Savickas 박사의 아이디어들과 접근방법이 APA 심리치료 이론 시리즈에서 소개되는 이론들 중 하나가 되기를 원하였다. 우리는 이 책을 편집하는 것을 영광스럽고 기쁘게 생각한다. 그리고 여기에 제시된 모델들로 인하여 독자들이 흥미를 느끼고 고무될 것이라고 확신한다.

— Jon Carlson and Matt Englar - Carlson

역자 서문

진로상담을 진행하다보면 종종 보이지 않는 벽에 부딪히는 느낌을 받을 때가 있다. 많은 시간과 정성을 들여서 내담자가 흡족해할 만큼 적합한 '일'을 찾아내고, 이를 위한 실천계획을 함께 모색한 후 고맙다는 인사까지 하고서 삶의 현장으로 돌아간 내담자들 중 많은 이들이 상담을 받기 전처럼 새로운 시작을 계속 주저하거나 다시 찾아와 아무래도 자신에게 맞지 않는 선택이었던 것 같다고 호소할 때면 상담자로서 위축되고 스스로에 대한 회의감이 들곤 한다.

뿐만 아니라 내담자들은 너무도 다양한 색으로 자신의 삶의 이야기를 풀어내기 때문에 상담자 수련과정에서 주로 학습한 진로선택 및 진로발달 이론만으로 이해하고 설명하기에는 무엇인가 부족하다는 아쉬움이 생겨난다.

물론 기존의 이론들은 여전히 유용하고 진로상담을 진행하는 데 길잡이가 되어주고 있다. 그럼에도 불구하고, 빠르게 변해가는 직업 환경 내에서 복잡하고 다양하게 제시되는 진로문제들을 해결하기 위해서는 새로운 관점에서의 접근이 필요하지 않을까 고민하게 된다.

이러한 문제를 해결하기 위하여 진로상담 관련 논문과 서적들을 찾아보다가 우연히 Savickas가 저술한 이 책(Career Counseling)을 발견하게 되었다. 역자들은 저마다 "아~ 그래, 이거야, 그렇구나."를 연발하면서 새로운 세계로 연결된 문을 발견한 듯이 기대와 설레임을 갖고 이 책을 탐독하기 시작했다.

　Savickas에 의하면 개인의 정체성은 사회적 위치와 관계적 담론들과 협상하면서 적응하고 변화하는 생의 과정이다. 우리는 지금—여기 실존의 장에서 진행되고 있는 삶의 스토리를 가지고 있고, 새로운 경험들을 통합하기 위하여 그 스토리를 반복적으로 수정함으로써 자신의 진로를 구성해가는 것이다. 이러한 조직화된 패턴이 다름 아닌 생애주제이고, 생애주제는 과거에 해결하지 못한 상황과 불완전하게 형성된 상에서 비롯된다는 것이 그의 이론의 전제이다.

　이는 진로를 전생애적 측면에서 자아개념과 함께 발달하는 삶에서의 다양한 역할들로 규정하고 있는 Super의 이론뿐만 아니라 진로를 삶의 의미와 목적이라는 관점에서 접근하는 Steger와 Duffy 등의 주장과도 맞닿아 있다. 또한 결핍에서 비롯된 '욕구'를 '소명'으로 변형시킴으로써 일의 의미를 '에체브'에서 '멜라카'로 전환시킨 한 중년남성의 진로구성 과정에 대한 김소연(역자 중의 한사람)의 연구 결과와도 일치한다.

　Savickas는 진로 구성 현장전문가들이 다양한 기법을 활용하여 과거에 대한 주제적 분석을 시도하고, 스토리 안에 담겨있는 개인의 해결 패턴을 끄집어 낸 후 새로운 시나리오를 구성하게 함으로써 내담자로 하여금 자신의 진로를 스스로 확장시켜 나갈 수 있도록 도와야 한다고 강조한다.

　역자들은 Savickas가 제안한 내용을 검증해보려고 몇 가지 시도를 해보았다. 먼저 Savickas의 진로상담 이론을 적용한 집단진로상담 프로그램을 구성하여 대학생을 대상으로 실시한 후 삶의 의미의 변화를 살펴보았다. 그 결과, 본 프로그램에 참여한 사람들은 '진로 문제 인식하기', '일과 자기 연결하기', '다시 시작하기' 등의 주제의 체험을 통하여 삶의 의미가 향상되었고,

이는 자기-변형을 촉진하고, 일의 의미에 대한 차이를 만들어
내는 계기를 마련한 것으로 나타났다. 또한 진로상담 현장에서
뭔가에 붙잡혀 한 발도 앞으로 내딛지 못하는 내담자에게 본
이론을 적용하여 초기 기억으로부터 드러난 집착을 다루고 내
담자의 생애주제와 연관된 진로문제들을 함께 작업한 결과, 자
신의 과거와 현재, 미래를 꿰뚫는 통찰을 경험하고서 용기 내어
새로운 시작을 위한 발걸음을 내딛는 것도 목격할 수 있었다.

　현대에 들어서 안정성보다는 효율성이 강조됨으로써 직업세
계의 구조는 유동적이고 불안정한 고용 형태로 전환되었다. 이
에 평생직장이라는 안전한 직업적 삶 속에서 '자기'를 세워나가
면서 정체성을 유지한다는 것은 매우 힘든 일이다. 뿐만 아니
라 '행복'이나 '웰빙'에 대한 관심이 높아짐에 따라 우리는 일을
통하여 단순히 생계수단으로서의 '돈'을 벌어들이는 활동 이상
의 그 무엇을 채우고자 한다. '즐거움', '성취', '만족', '성장' 그
리고 '자기실현' 등이 그에 속한다.

　취업난으로 몸살을 앓고 있는 지금의 시대에서 이러한 요구
들을 실현시키기 위해서는 무엇이 필요한 것일까? 이를 위해서
는 자신이 좋아하고, 잘 할 수 있는 일을 찾아 몰입해서 할 수
있어야 할 것이다. 역자들의 생각에는 이런 일을 찾고, 만들어
가는 과정을 도울 수 있는 방법 중의 하나가 Savickas의 전략
이라고 생각된다. Savickas는 '일'을 통하여 결핍으로 생긴 빈틈
을 찾아 '나'의 욕구를 채움으로써 '나'를 세워나가는 과정으로
인도하고자 하기 때문이다. '일'이 그렇게 '나'라는 존재의 의미
를 만들어가는 과정으로써 경험되어야만 우리는 신나게 일을
할 수 있을 것이다. 이 책은 역자들에게 막연하고 희미하게 보
이던 것들에 대한 이론적 토대를 제공해주었고, 진로상담 영역

에서의 새로운 문을 열어주었다.

이 책의 1장에서는 진로상담 이론의 발달 과정을 돌아보며 21세기 변화된 일의 세계에 적합한 새로운 진로이론과 개입의 필요성을 설명한다. 그리고 진로상담 모델에 대하여 소개하기 전에, 2장에서는 자기의 핵심 개념들과 정체성, 의미, 숙달, 주제 다루기 등에 대하여 설명한다. 3장에서는 현장전문가들이 이해력과 일관성, 지속성을 증진시키기 위하여 내담자들로 하여금 자신의 커리어 스토리들을 변형시킬 수 있도록 도움을 제공하는 데 있어서 어떻게 내러티브 심리학을 활용하는지에 대하여 이야기한다. 4장은 현장전문가들이 스토리를 만들기 위한 질문을 하는 동안 유용하게 사용될 수 있는 커리어 스토리 인터뷰의 틀과 요소들에 대하여 기술한다. 이어지는 세 개의 장에서는 커리어 스토리 인터뷰를 진행하는 동안 이끌어낸 데이터에 대한 체계적인 평가에 대하여 논의한다. 즉, 5장에서는 내담자의 집착과 문제들을 지속시키는 초기기억들로부터 그것들을 찾아내는 것에 초점을 맞추는 평가 목표들에 대하여 설명한다. 6장에서는 내담자의 초기 기억 속에서 제기되는 문제들에 대한 해결책을 어떻게 확인할 것인가에 대하여 논의한다. 7장에서는 적절한 환경과 가능한 스크립트, 미래의 시나리오를 확인함으로써 내담자의 직업적 플롯을 확대시키는 진로주제들을 어떻게 사용할 것인가에 대하여 이야기한다. 커리어 스토리 평가 프로토콜에 대한 논의를 완성한 후에, 마지막 두 장에서는 평가 결과들을 진로상담에 적용하는 데 초점을 맞춘다. 8장에서는 현장전문가들이 내담자의 작은 스토리들을 가지고 커다란 스토리로 재구조화하는 정체성 내러티브를 어떻게 구성하는가에 대하여 설명한다. 그것은 선택들을 분명하게 하기 위한 성찰을 격려한다. 9장에서는 처음에는 탐색과 실험을 통하여, 그 다음에는 결정하고 행동하는 것을 통하여 의도에서 행동으로 전환시키는 것에 대한 중요성을 논의한다.

현존하는 진로이론들은 불확실하고 빠르게 변하는 직업구조를 적절하게 설명하지 못하고 있다. 이제 예측 가능한 커리어 루트들도 상당 부분 감소하였다. 오늘날 대부분의 직업인들은 안정된 고용에 바탕을 두어 견고한 삶을 개발하는 것보다는 평생학습을 통한 유연한 진로개발 능력을 유지하는 것이 필요하다. 안정된 지점에서 계획을 세워 커리어를 발달시키기보다는 변화하는 환경 속에서의 가능성에 주목함으로써 커리어를 경영해야만 하는 것이다.

이러한 상황에서 커리어상담을 진행해야 하는 현장전문가들에게 이 책에 담긴 내용들은 분명 새로운 지평을 열어줄 것이다. 이 책의 출판을 망설임 없이 허락해 주신 박영스토리 안상준 사장님께 감사드리고, 예쁜 책으로 탄생할 수 있도록 노고를 아끼지 않으신 노현 부장님과 한현민 선생님께도 고마움을 표한다.

2016년 6월
역자일동

차 례

일의 세계와 진로 개입들

자기 구성과 정체성

내러티브 상담

커리어 스토리 인터뷰

커리어스토리 평가

6

해결책에 대한 평가

7

세팅, 스크립트, 시나리오의 평가

8

진로 구성을 위한 상담

9

의도에서 행동으로

1 장

일의 세계와 진로 개입들

21세기 사람들은 '일'로 인하여 불안과 불안전성을 경험하게 된다. 이전에 20세기에서는 고용 형태가 안정되고 조직 구성이 안전했기 때문에, '일'은 개인에게 삶을 구축하기 위한 견고한 기반과 미래에 대한 비전을 제공하였다. 그러한 안정성과 안전성은 이제 유연한 일의 형태와 유동적인 조직으로 새롭게 재배치되었고, 그 결과 사람들은 엄청난 스트레스를 받게 되었다 (Kalleberg, 2009). 이러한 새로운 배치는 미래를 계획하고, 자신의 정체성을 확립하고, 관계를 유지하는 데 있어서 직업인 (worker)들로 하여금 표류하도록 만들었다. 한편, 세계 경제 상황은 직업적 삶, 특히 사회적 정체성과 자기 개념을 잃어버리지 않으면서도 일생의 직업 변화들을 어떻게 조정해나가야 하는가에 대한 새로운 의문들을 제기한다.

디지털 혁명과 함께 동반되는 '비고용 형태의 과업중심적 일 (dejobbing or jobless work)'은 평생직장의 개념을 단기 프로젝트로 전환시키고, 이동성보다는 안정성을 강조하는 이론을 통해 커리어를 이해하는 것을 점점 더 어렵게 만들고 있다. 불안한 경제 구조에서의 새로운 고용 시장은 한 명의 고용주에게 평생 소속되는 것이 아닌 프로젝트의 완성을 필요로 하는 다양한 고용주들에게 서비스와 기술을 제공하는 커리어 관점을 요구한다. 커리어 형태가 어딘가에 소속되는 것에서 유동적인 것으로 변화됨에 따라 진로 상담의 형태 또한 변화되어야만 한다. 진로상담 이론과 기법들은 유동적인 사회와 유연한 조직에 맞추어 세계 도처에서 일하는 직업인들을 더 적절하게 지원하는 방향으로 발달해야 한다. 21세기의 변화에 맞추어, 내담자들이 자신의 삶을 디자인하는 데 있어서 더 나은 도움을 제공하기 위하여 많은 커리어 현장전문가들은 자신의 개입방법을 변형시키고 있다(Savickas et al., 2009). 그들은 포스트모더니티의 진로상담 방식으로 현대적 직업 지도와 초현대적 진로 교육을 추가하고 있다.

직업 지도와 진로 교육은 예전에 직업적 삶에 관하여 제기되었던 의문들을 효과적으로 다루었기 때문에 그 중요성이 부각되었다(Guichard, 2005). 20세기 초 서구 사회는 산업화와 도시화, 이주 문제로 씨름하고 있었고, 이러한 문제들에 대한 해답을 찾는 과정에서 진로 행동에 대한 첫 번째 중요한 이론이 등장하게 되었다: 어떻게 직업인들을 효과적으로 적합한 직업과 연결시킬 수 있을까? 이 문제에 대한 해답은 Parsons(1909)의 개인의 능력과 관심을 직업의 요구와 보상에 연결시키는 공식을 통해 얻게 되었다. 다음 5세대를 거치면서, 개인을 직업에 연결하는 Parsons의 모델은 개인－환경 이론(person－environment theory)으로 발전하였다. Holland(1997)의 직업 선택에 대한 적합 이론은 매칭 모델을 지금의 정점에 다다르게 하였다. 현장전문가들은 그들이 내담자들로 하여금 (a) 자기 이해를 증진시키고, (b) 직업 정보를 확장하고, (c) 자기 자신을 직업과 연결시킬 수 있도록 돕기 위한 진로 지도를 수행할 때에 Holland의 매칭 모델을 적용한다.

제2차 세계 대전 이후, 미국에서는 빽빽하게 들어선 초고층 건물에 위치한 계급적 관료 체계에 의해 고용된 평범한 중산층 사람들이 늘어났다. 그 결과 20세기 중반에는, 계급적 전문직과 관료적 조직들 내에서 어떻게 커리어 사다리를 올라갈 것인가라는 질문이 제기되었고, 이에 대한 설명의 필요성으로 인하여 진로 발달 이론이 생겨나게 되었다. 현장전문가들은 그들이 내담자들로 하여금 (a) 커리어 단계들을 이해하고, (b) 임박한 발달상의 과업들에 대하여 배우고, (c) 그 과업들을 익히기 위하여 요구되는 태도, 신념, 능력들을 예행 연습하도록 돕기 위한 진로 교육을 실시할 때에, Super(1957)의 직업 발달 모델을 적용한다. 직업 지도에 적용될 수 있는 Holland(1997)의 직업 선택 이론과 진로 교육에 적용될 수 있는 Super(1990)의 직업 발달 이론은 오늘날에도 직업인들을 어떻게 직업과 연결시킬 것인가와 관료적 조직 내에서 어떻게 커리어를 발전시킬 것인가를 고려할 때에 여전히 유용한 이론들로 남아있다.

그러나 21세기에 들어서면서 기업들이 그 형태를 변화함에 따라, 커리어 연계 또한 조직에서 개인으로 이동하게 되었다 (Hall, 1996a). 디지털 혁명은 안정된 조직 내에서 커리어를 발전시키기보다는 개인이 자신의 커리어를 스스로 관리하도록 요구한다. 이러한 조직으로부터 개인으로의 책임 이동은 개인이 어떻게 일생의 직업 변화들을 조정해야 하는가에 대한 새로운 질문을 제기한다. '진로 구성 이론'(Savickas, 2001, 2005)은 이 질문에 대한 하나의 대답으로 부각되었다. 현장전문가들은 (a) 작은 이야기들을 통하여 커리어를 구성하고, (b) 작은 이야기들을 커다란 이야기로 해체하고 다시 재구성하며, (c) 이야기의 다음 에피소드를 함께 구성하기 위하여 진로 상담을 수행할 때에 진로 구성 이론을 적용한다.

진로상담의 발달

비록 '진로상담'이란 용어가 1960년대부터 거론되어 왔지만, 그 과정에 대한 학문적 개념화 작업들은 최근에서야 지속적인 관심을 끌었다(Subich & Simonson, 2001). 진로상담 이론의 발달에 있어서 중심이 되는 사건은 직업심리학회(the Society for Vocational Psychology)의 창립 컨퍼런스에서 발생하였다(Savickas & Lent, 1994). 컨퍼런스 동안 참가자들은 진로 발달 이론들이 진로상담 이론들과는 다르다는 결론을 내리게 된다. 비록 많은 연구자들과 현장전문가들이 Holland(1997)의 유형 이론과 Super(1957)의 단계 이론을 진로상담 이론으로서 고려할지라도, 유형들과 단계들은 원래 직업 선택과 발달 이론들이다. 실질적인 진로 개입을 수행함에 있어서, 진로상담 전문가들은 그 핵심 상담 모델로서 직업 지도를 위한 Parsons(1909)의 매칭 모델에 의존하고 있다. 매칭 모델은 현장전문가가 내담자에게 검사에 대하여 해석을 하고 직업 정보를 제공한 후에 합리적인 결정을 하도록 요구한다. 이러한 직업 지도를 위한 매우 효과적인 주제적 접근은 진로 교육을 위한 절차적(과정) 접근을 통해 강화된다. 이 절차적 모델은 '어떤 직업을 선택할 것인가'의 문제가 아니라 '어떻게 의사결정을 할 것인가'에 초점을 맞춘다. 절차적 모델을 적용하는 데 있어서, 현장전문가들은 내담자들에게 현실적인 결정들을 이끌어내는 태도와 신념, 역량을 가르친다. '직업 지도'와 비슷하게 발달적 태도와 역량들을 가르치는 이러한 절차적 모델 또한 비록 그것이 실제적으로 진로 교육일지라도 '진로상담'이라고 일컬어지고 있다. 진로상담은 지도와 교육을 구성하는 커뮤니케이션 차원뿐만 아니라 관계적 차원을 요구한다(Crites, 1981).

진로상담 이론들의 빈틈을 고려하여 직업심리학회(the Society for Vocational Psychology)는 제2회 컨퍼런스를 개최하였다(Savickas & Walsh, 1996). 현장전문가들은 진로 발달 이론들이 우리로 하여금 '진로 관련 문제에 대하여 무엇을 알 수 있는가'에 대한 지식을 제공해준다는 것에는 동의하였다. 그러나 진로상담 이론들은 내담자들이 그 문제에 대하여 취해야 하는 실제적 행동에 대한 질문에도 대답할 수 있어야만 한다. Osipow(1996)는 진로 발달 이론들이 진로 개입 과정에서 사용할 수 있는 운용 절차를 제공하기 위하여 디자인된 것이 아니라고 주장하였다. 그는 현장전문가들이 진로 발달 이론에 너무 많은 것을 기대하고 있는 것은 아닌지 의아해했다. Myers(1996)는 이론과 실제

간의 차이는 상담 이론으로서 진로 발달 이론들을 잘못 개념화
하였기 때문인지도 모른다고 생각했다. 개인 상담과 진로상담
간의 오래 지속된 분열(Subich, 1993)은 직업 지도를 진로상담으
로 잘못 표현함으로써 빠르게 맥락화되었다.

  컨퍼런스 동안 두 가지 새로운 진로상담 이론들이 발표되었
다. Chartrand(1996)는 진로 발달 이론들을 포함하고 보완하는
진로상담 모델을 발전시켜 나갈 것을 제안하였다. 그녀는 상담
내용을 다루는 사회인지 진로 이론과 상담 과정을 다루는 상호
작용적 구성요소를 사용하는 가장 기초적인 진로상담 이론을
제안하였다. 비슷한 맥락에서 Krumboltz(1996)는 자신의 진로
결정 행동의 사회 학습 이론에 대한 상담 보완 모델을 제안하
였다. 그 이후에 Krumboltz(2009)는 그 모델을 내담자로 하여금
기회로 삼을 수 있는 우연적 사건들을 그들의 진로 발달에 포
함시키도록 돕는 것에 초점을 맞추는 진로상담의 우연 학습 이
론으로 정교화시켰다. Pryor과 Bright(2011) 또한 상호보완적인
상담 모델을 가지고 진로에 대한 카오스 이론을 만드는 데 있
어서 '계획되지 않은' 그리고 '기회가 될 수 있는' 우연적 사건
들에 집중하였다.

  기존의 진로 발달 이론을 보완하는 대신, Savickas(1996)는
그것들의 관련성을 강조하는 인상적인 틀을 사용하여 진로 발
달 이론들을 통합하고, 평가와 개입을 위한 영향을 자세히 설
명하였다. 이러한 통합 틀은 결국 개인 특성들과 발달적 과제
그리고 삶의 주제에 초점을 맞추는 직업 행동의 구성주의 이론
으로 발전되었다(Savickas, 2001). 진로 구성 이론이 발전함에 따

라 Savickas(2005)는 분명한 진로상담 모델을 추가하였다. 이 모델은 개인을 직업 세계와 그 안에서의 특정 위치에 맞추는 직업 지도 모델도 아니고 내담자들에게 발달적 과제와 이성적 대처 방안을 가르치는 진로 교육 모델도 아니다. 그것은 진정한 상담 모델이다. 그 이유는 개인이 자신의 진로를 구성하는 것을 돕기 위한 대인 관계적 과정에 집중하기 때문이다. 이 모델은 다음의 Super(1951)가 언급한 진로상담에 필요한 것들을 충족시킨다.

통합되고 적절한 자기 자신에 대한 이미지와 직업 세계에서의 자신의 역할을 수용하고 발달할 수 있도록 사람들을 돕는 과정, 현실과 맞닥뜨리며 이러한 개념을 시험해 보고, 그것을 현실 속으로 전환시키고, 자기 자신에게 만족하고 사회에 유익을 끼치는 과정(p. 92).

진로 구성을 위한 상담 또는 진로상담은 단순하게 대치되는 것이 아니라, 오히려 그것은 직업 지도와 진로 교육의 개입 사이에서 일어난다. 그림 1.1은 지도와 교육 그리고 분명한 진로 개입으로서의 상담 사이에서의 근본적인 차이점들을 보여줌으로써 상담의 위치를 간결하게 설명하고 있다.

개인들 간의 차이점들을 객관적인 관점에서 보는 직업 지도는 개인의 특성들을 점수로 환산하여 설명하고, 내담자들을 그들과 유사한 특성을 가지고 있는 사람들을 고용하는 직업에 자신을 매칭할 수 있도록 도움을 제공받는 배우로서 간주한다. 개인적 발달을 주관적 관점에서 보는 진로 교육은 내담자들을 자신의 삶의 단계에서 적절한 발달 과제들에 관여하는 준비 정도에 따라 특징짓고, 새로운 태도와 신념, 추가된 커리어에 대한 주요 역량들을 수행할 수 있도록 도움을 제공받는 에이전트로 간주한다. 개인적 설계로서의 프로젝트 관점에서 보는 진로상담은 내담자들을 자서전적 스토리로 특징짓고, 그들 자신의 진로를 구성함에 있어서 생애 주제를 심사숙고할 수 있도록 도움을 제공받는 작가로 간주한다. 그림 1.1에서의 세 가지 구분은 책의 각 장에 보다 충분히 설명되어 있다: McAdams와 Olson(2010)은 배우와 에이전트, 작가로 구분하였다; Savickas(2001)는 특성들과 과제들, 주제들로 구별하였다; 그리고 Savickas(2011)는 대상과 주체, 그리고 프로젝트로 구분하였다.

▸그림 1.1 진로 서비스: 지도와 교육, 상담의 비교

따라서 오늘날 현장전문가들은 내담자의 요구에 맞추어 차별화된 진로 서비스를 제공해야 할지도 모른다. 그 서비스는 직업적 적합성을 확인하는 직업 지도, 진로 발달을 조성하는 진로 교육, 또는 일의 세계에서 삶을 설계하는 진로상담이다. 각

각의 진로 개입은 ―지도이든지, 교육이든지 또는 상담이든지 ― 그것이 의도하는 바에 따라 유용하고 효과적이다. 현장전문 가들이 특정 상황에 맞추어 개입 방식을 선택함에 따라, 그들 은 Williamson과 Bordin(1941, p. 8)에 의해 처음 제기된 근본적 인 질문에 대하여 다시 대답하게 된다: 어떤 방법이 어떤 유형 의 내담자들에게 어떠한 결과를 발생시키는가? 직업 지도에 대 하여 좀 더 공부하고 싶은 독자들은 Holland(1997) 또는 Lofquist와 Dawis(1991)를 참고하면 된다. 진로 교육에 대하여 좀 더 알고 싶어 하는 독자들은 Super, Savickas와 Super(1996) 를 참고하면 된다. 이 책은 진로상담에 대한 내용을 담고 있다. 이 장의 나머지 부분에서 어떻게 구성주의 진로상담이 디지털 혁명과 세계 경제에 의하여 구축되고 있는 새로운 일의 세계를 준비하고, 여기에 참여하는 개인들의 필요를 충족시키는지에 대하여 설명할 것이다.

📊 새로운 일의 세계

21세기 첫 10년 동안, 서구 사회들은 이전의 일과 직업 형태 의 붕괴를 경험하였다. 정보 기술의 빠른 발전과 세계 시장의 개방은 일의 형태를 재구성하고 삶의 양식을 바꾸는 세계화를 양산하였다. 비록 전일제 고용이 일의 세계에서 지배적인 형태 로 남아있고, 정규직(long-term) 커리어가 여전히 존재하고 있 다고 할지라도, 임시직이나 파트-타임 일이 계급적 조직의 평 준화에 발맞추어 매우 흔하게 증가하고 있다. 디지털 혁명은 시장 조건들에 맞추어 조직들이 좀 더 작고, 스마트하며, 신속하게 변화하도록 요구하고 있다. 이것은 의사결정의 층들을 줄이고, General Electric 회장인 Welch(1992)가 경계 없는 조직이라 언급했던, 그러한 조직을 생산하기 위하여 기능적 구성단위들 사이의 장벽을 제거함으로써 성취되고 있다.

조직 형태의 변화는 커리어 형태를 변화시킨다. 21세기 포스트모던 조직 내의 피고용인들에게 일의 경계나 제한이 없어지기 시작하였다. 이제 새로운 조직들은 전형적인 직업들과 비전형적인 과업들을 혼합한다. 일이 사라진 것은 아니지만, 비고용 형태의 과업중심적 일(dejobbing)은 '프로젝트로 시작하여 결과물을 생산해내는 것으로 마무리하는 과업'으로 일을 구체화함으로써 그것의 구조에 영향을 끼치고 있다. 프로젝트로서의 일의 대표적인 예는 영화 제작이다. 프로젝트를 위하여 프로듀서는 영화를 만드는 기간 동안 그 일을 수행할 다양한 기술들을 가진 전문가들로 구성된 커다란 팀을 집합시킨다. 영화가 마무리 되면 그 팀은 해체되고, 각각의 구성원들은 또 다른 프로젝트에 참여하기 위한 새로운 일을 구하게 된다. 많은 직업인들에게 과업은 2년을 넘지 않는다. 1980년 이후 태어난 사람들 중 절반 이상이 5개월 안에 첫 직장을 떠난 것으로 보고되었다(Saratoga Institute, 2000). 이것은 새롭게 등장한 성인들뿐만 아니라 이전에 안정된 직업과 가정을 가졌었던 성인들에게도 동일하게 나타나는 현상이다. 33세에서 38세 사이의 새롭게 일을 시작하는 사람들 중 39%는 1년 이내에 직장을 그만두고, 70%는 5년 이내에 그만 두고 있다. 네 명의 직업인들 중 한 명이 현재 고용주와 1년 미만의 시간을 함께하고 있는 것이다(Bureau of Labor Statistics, 2004).

📊 불안전한 직업인들

프로젝트가 직업을 대체함에 따라, 포스트모던 세계 경제 속에서 일하는 것은 삶의 의미와 중요성을 부여하는 직장 업무로부터의 빈번한 일탈을 초래한다(Kalleberg, 2009). 물론 불확정성과 불안은 업무들 간의 반복되는 이행과 함께 일어난다. 따라서 조직의 비고용 형태의 과업중심적 일(dejobbing)은 임시직, 파견직, 자유직, 계약직, 프리랜서, 파트-타임, 파견근로자, 비전형직, 하청업, 컨설턴트, 자영직 등으로 불리는 피고용인들을 포함하는 불안전한 직업인들을 양산하였다. 이러한 역할들 내에서 일하는 것은 전통적인 일의 형태에서 가능했던 유익을 제공받지 못한다. 일단 이러한 형태가 당연시 되면, 직장의 안전성이나 건강 보험, 연금 등의 사안들이 문제화된다. 자신의 가정을 꾸미고 싶은 American Dream 조차도 많은 직업인들에게 희미해지고 멀어지게 된다. 오늘날 유동적 직업인에게는 살기위한 집을 구입하는 것보다 렌트하는 것이 더 낫다. 왜냐하면 집을 소유하는 것은 지리적 위치를 고정시킴으로써 고용 범위를 제한시키기 때문이다. 나는 관료주의적 조직들에 의해 경계 지워지는 커리어들이 아직도 많은 사람들에게 존재하고 있다는 것에 주목한다. 그럼에도 불구하고, 우리는 더 이상 단일 조직에 의해 제한되고 30년 동안 동일한 직장에 정착할 수 없는 불안전한 직업 세대로 들어가고 있다.

현존하는 진로 이론들은 불확실하고 빠르게 변하는 직업 구조를 적절하게 설명하지 못할 뿐만 아니라, 주변적이고 외부적인 직업인들의 필요들을 충족시키지 못하고 있다. 핵심 직업인들에게도 확인할 수 있고 예측 가능한 커리어 루트들이 감소하고 있다. 확실한 길과 전통적인 스크립트는 해체되었다. 오늘날 대부분의 직업인들은 안정된 고용에 바탕을 두어 견고한 삶을 개발하는 것보다는 어떤 사람이 "살기 위해 배운다"고 언급한 것처럼 평생 학습을 통한 유연한 취업 능력을 유지하여야만 한다. 그들은 안정된 중간 지점에 계획을 세움으로써 커리어를 발달시키는 것보다 변화하는 환경 속에서의 가능성에 주목함으로써 커리어를 경영해야만 하는 것이다.

📊 21세기를 위한 진로 이론들과 개입들

20세기 기관들은 삶의 과정에 대한 일관성과 지속성 있는 이야기, 즉 메타내러티브를 제공했었다. 메타내러티브는 개인이 자신의 삶을 계획하고, 그러한 계획의 전반적인 것들에 맞추어 안정된 계약을 포함하는 궤도를 명확하게 보여주었다. 반면 21세기 조직된 커리어에 대한 내러티브는 불분명하고 불안정하다. 따라서 개인은 기관의 계약에 맞추어 삶을 계획할 수가 없다(Kalleberg, 2009). 실천을 위한 그들의 나침반은 안정된 사회에서의 예측보다 유동적 세계에서의 가능성을 가리켜야만 한다. 경계가 없는 조직들은 개인에게 작은 커리어 구조조차도 제공하지 못하기 때문에, 이제 개인은 일의 세계에서 그들 자신의 삶을 관리하는 데 있어서 더 많은 책임을 가져야만 한다. 사람들은 기업으로부터 주어지는 내러티브를 살기보다는 포스트모던 세계에서 직업적 전환들을 협상하고 찾아가는 자기 자신만의 이야기들을 가지고 있는 작가가 되어야만 하는 것이다.

"Holding Environment at Work"라는 제목의 아티클에서 Kahn(2001)은 진로 이론들은 경계 없는 조직의 출현에 대하여 다룰 필요가 있다고 주장하였다. '변화무쌍한'과 '경계가 없는'은 이제 조직이 아닌 사람에 의해 소유되는 새로운 커리어를 상징하는 두 가지 은유이다. 조직이 아닌 개인이 21세기 커리어를 만든다는 것을 깨달음으로써 Hall(1996b)은 변화무쌍한 커리어 개념을 체계화시켰다. 형용사로서 '변화무쌍한'은 '유연한', '다재다능한', '적응적인'을 의미한다. Hall은 '변화무쌍한 커리어'를 자기 주도적이고, 외적 가치들에 의해서가 아닌 내적 가치에 의해 형성된 것으로 기술하였다. 자기 주도적 가치를 추구할 때에, 개인은 전체적인 일의 영역에서 계획을 세우기 위하여 정체성과 적응력이라는 두 가지 메타컴피턴시를 사용한다. 동시에 메타컴피턴시는 개인들에게 변화할 때를 알려주고, 변화에 필요한 능력에 대한 감각을 제공한다. 내적인 심리적 변수들에 초점을 맞추는 Hall의 '변화무쌍한' 커리어에 대한 개념화는 Arthur(1994)의 '경계 없는 커리어'에 대한 개념화에서 보완점을 찾는다. 한 기업에 의존하던 안정성보다는, 매어있지 않는 자유로운 커리어는 조직들을 가로지르는 신체적, 심리적 유동성으로 특징지어지는 일련의 포지션들로 구성된다. 정체성과 적응력을 포함한 더 큰 커리어 역량을 가지고 있는 개인들은 유동성 때문에 더 많은 기회를 찾을 수도 있다.

안정된 구조와 예측 가능한 궤도들의 손실은 "삶의 과정의 개별화"라고 불리는 것을 이끌어내었다(Beck, 2002). 더 이상 일은 다른 역할들이 순환하는 것에 맞추어 삶의 중심축을 회전하지 않기 때문에 포스트모던 삶의 일상화된 개인주의가 발생하게 되었다. 비전형적인 일은 비전형적인 삶을 양산한다. 개인은 그들이 수행하는 일을 가지고 자신이 속한 세계 내에서 자신의 위치를 견고하게 발견할 수가 없다. 삶의 과정의 개별화는 개인들로 하여금 전기성(자기－참조 과정)과 정체성 작업(biographicity & identity work)을 통하여 알아낸 정보들을 사용함으로써 이행의 방향을 잡아갈 것을 요구한다. 전기성(biographicity)은 개인들이 새로움과 퍼즐 같은 경험들을 그들의 자서전 속으로 통합시키는 자기－참조적 과정을 의미한다. 정체성 작업은 정체성 구성 과정과 삶의 과제들, 이행, 트라우마로 인하여 유발되는 불확실성을 다루는 변형 과정을 나타낸다. 그것은 "일관성과 특수성에 대한 감각을 생산하는 구조를 형성하고, 수정하고, 유지하고, 강하게 하고, 변경하는" 해석적 활동을 포함한다(Sveningsson & Alvession, 2003, p. 1165). 전기성(biographicity)과 정체성 작업은 정체성 자본을 생산한다. 비록 조직이 여전히 금융 자본을 제공하고 있지만, 개인들은 그들 자신의 이야기를 알고, 좋아하고, 사용함으로써 그들 자신만의 정체성 자본을 생산해야만 한다. 정체성 자본을 생산하는 것을 지원하기 위하여, 21세기 진로 개입들은 개인들로 하여금 스스로 그것을 구성하고 선택하기 위하여 그들의 생애 스토리들을 사용하고, 통합된 자신의 특성을 가지고 행동에 옮길 수 있도록 도움을 제공해야만 한다.

📊 새로운 패러다임

새로운 이론은 오래된 아이디어에 대한 단순한 첨가나 확장이 될 수는 없다. 진로 이론을 위한 새로운 패러다임의 공식화는 전기성(biographicity)과 정체성 작업에 기반을 두어야 하고, 취업 능력, 적응력, 감성 지능과 평생 학습에 초점을 두는 개입 모델을 수반하여야 한다. 21세기에서 일에 대한 사회적 재구조화는 다른 관점으로부터 구상되고 새로운 전제로부터 면밀히 검토되는 근본적으로 재배열된 진로 이론을 요구한다. 예를 들어서, 이미 사람 내부에 내재하는 핵심 자기를 실현하는 아이디어는 20세기 후반기 절반 동안 진로상담에 긍정적인 기여를 하였다. 그러나 21세기 커리어에서, 그 아이디어는 본질적인 자기가 선험적으로 존재하지 않는다는 포스트모던 아이디어로 대체될 수 있다; 대신에 자기를 구성하는 것은 삶의 프로젝트인 것이다. 이러한 관점은 자기를 특성들의 목록에 의해 정의되는 물질이 아닌 스토리로 생각한다.

언급할 필요도 없이, 자기 – 실현과 자기 – 구성은 진로상담에 대한 근본적으로 상이한 관점들과 가능성을 제공한다. 정확하게 말해서, 이 책에서 나오는 아이디어들은 Holland(1997)의 차이 심리학과 Super(1990)의 발달 심리학의 기여로 대표되는 실증주의적 관점의 영향을 인정하고, 또한 그것을 기반으로 하고 있다. 그럼에도 불구하고 그것들은 내러티브 심리학을 강조하는 구성주의 관점으로부터 생겨난다. Holland와 Super의 전통적인 이론들은 참도 아니고 거짓도 아니다; 그것들은 직업 지도와 직업 교육으로서의 일을 조직하기 위하여 구성된 한 세트의 연습들을 뒷받침한다. 그 이론들은 의미와 유용성 때문에 유지될 것이다. 그러나 전통적인 이론들은 또한 새로운 시도들로 보완되어야 한다. 왜냐하면 그것들은 유연한 조직들과 유동적인 사회 내의 유동적인 직업인들의 요구들을 다룰 수 있을 만큼 충분하지는 않기 때문이다.

따라서 진로 구성 이론(Savickas, 2005)은 직업의 재구성과 노동력의 변화, 강한 다문화적 요구들과 맞닥뜨림에 따라 불안과 분노를 느낄 수 있는 현대의 유동적 직업인들의 요구들에 부응하여야 한다. 불확실한 세상에서 기술과 재능들을 발전시키는 것은 여전히 중요하다. 그러나 현실에 기반을 둔 자기에 대한 감각을 대신할 수 있는 것은 없다. 따라서 진로 구성 이론은 일과 관계를 통한 자기–구성에 초점을 맞춘다. 지식 사회에서의 웰빙은 개인들에게 '그들이 누구인가'와 '그들이 무엇을 하는가'를 연결시킴으로써 자신의 삶을 소유할 것을 요구한다. 일을 통하여 삶을 '찾는' 것으로부터 일을 통하여 삶을 어떻게 '구성'할 것인가로 이동하는 개인들에게 적절한 상담을 제공하기 위해서는 삶을 디자인하고 그 삶 속에서 일을 어떻게 사용할 것인가에 대하여 결정하는 것을 다루는 과학적인 개입이 요구된다.

📊 개 관

진로상담 모델에 대하여 소개하기 전에, 2장에서는 자기의 핵심 개념들과 정체성, 의미, 숙달, 주제 다루기 등에 대하여 설명한다. 3장에서는 현장전문가들이 이해력과 일관성, 지속성을 증진시키기 위하여 내담자들로 하여금 자신의 커리어 스토리들을 변형시킬 수 있도록 도움을 제공하는 데 있어서 어떻게 내러티브 심리학을 활용하는지에 대하여 설명한다. 4장은 현장전문가들이 스토리를 만들기 위한 질문을 하는 동안 유용하게 사용될 수 있는 커리어 스토리 인터뷰의 틀과 요소들에 대하여 기술한다. 그 다음 세 장에서는 커리어 스토리 인터뷰를 진행하는 동안 이끌어낸 데이터에 대한 체계적인 평가에 대하여 논의한다. 5장에서는 내담자의 집착과 문제들을 지속시키는 초기 기억들로부터 그것들을 찾아내는 것에 초점을 맞추는 평가 목표들에 대하여 설명한다. 6장에서는 내담자의 초기 기억 속에서 제기하는 문제들에 대한 해결책을 어떻게 확인할 것인가에 대하여 설명한다. 7장에서는 적절한 환경과 가능한 스크립트, 미래의 시나리오를 확인함으로써 내담자의 직업적 플롯을 확대시키는 진로 주제들을 어떻게 사용할 것인가에 대하여 논의한다. 커리어 스토리 평가 프로토콜에 대한 논의를 완성한 후에, 마지막 두 장에서는 평가 결과들을 진로상담에 적용하는 데 초점을 맞춘다. 끝에서 두 번째 장은 현장전문가들이 내담자의 작은 스토리들을 가지고 커다란 스토리로 재구조화하는 정체성 내러티브를 어떻게 구성하는가에 대하여 설명한다. 그것은 선택들을 분명하게 하기 위한 성찰을 격려한다. 마지막 장에서 처음에는 탐색과 실험을 통하여, 그 다음에는 결정하고 행동하는 것을 통하여 의도에서 행동으로 전환시키는 것에 대한 중요성을 설명한다. 그 장은 진로 구조 상담을 분명히 보여주는 Raymond 사례로 마친다. 해설 목록에서는 본문에서 사용되는 전문적인 단어들을 정의해 놓았다.

커/리/어/ 카/운/슬/링/

2 장

자기 구성과 정체성

진로 구성 이론은 자기를 형성하는 것을 과제로 생각한다. 개인들은 생각과 마음을 의식하는 독특한 인간의 능력을 사용하여 경험에 대하여 반영함으로써 자기를 구성한다. 자기-의식 또는 알아차림에 대한 알아차림은 언어를 필요로 한다 (Neuman & Nave, 2009). 그것은 언어와 반영 없이는 일어날 수 없다. 그리고 자기를 세우는 것은 다름 아닌 반영적 사고이다. 따라서 언어는 진로 구성 이론에서 비판적인 요소가 된다. 그것은 자기를 세울 뿐만 아니라 주관적 커리어를 만들기 때문이다. 객관적 커리어는 학교에서부터 은퇴까지 개인이 차지한 일련의 역할들을 보여준다. 모든 사람은 객관적 커리어를 가지고 있고, 다른 사람들 중 어떤 이는 시간을 가로질러 관찰할 수도 있다. 그러나 주관적 커리어를 세우는 것은 자기를 세우는 과업과 유사하다. 주관적 커리어는 자신의 일의 세계에 대한 스

토리를 구성하는 사고 또는 정신적 활동으로부터 나타난다. 그
것은 과거를 기억하고, 현재 역할들을 분석하고, 미래의 역할들
을 예상하는 정신 작용을 요구한다. 모든 사람이 주관적인 커
리어를 세우기에 충분하게 자신의 일의 세계에 대하여 심사숙
고하는 시간을 갖지는 않는다. 그리고 주관적 커리어는 단지
현재의 삶에 대한 알아차림만으로는 구성될 수 없다. 그것은
자기-알아차림, 특히 과거, 현재 그리고 미래를 가로지르는 지
속성을 구성하는 자기-지각 반영을 필요로 한다. 이러한 개인
적 특성에 대한 반영적 프로젝트는 언어의 사용을 요구한다.

　진로 구성 이론은 언어를 구성주의적으로 생각하는 진로 이
론들과는 차이가 있다. 전통적인 커리어 이론들은 언어가 선험
적 존재를 내재하고 있다는 생각과 감정을 표현하는 수단을 대
표하고 제공한다고 주장하는 인식론에 기초하고 있다. 비교해
보면, 진로 구성 이론은 언어가 사회적 현실을 구성할 뿐만 아
니라 사회적 현실이 된다는 믿음에 기초한다. 1960년대
Leningrad에서 성장한 것에 대한 최근의 회고록(Gorokhova,
2009)을 예로 생각해보자. 열 살 여자 아이는 영어 숙제를 하면
서 'privacy'라는 단어 때문에 혼란스러워졌다. 그녀의 선생님은
러시아에는 'privacy'라는 단어가 없다고 설명하였다; 그것은 단
지 존재하지 않는 것이다. 그 소녀는 러시아인들이 가지고 있
지 않은 어떤 것을 서구인들은 가지고 있다는 것에 대하여 이
상하게 생각하였다. 우리는 말을 하는 것에 따라, 그렇게 만든
다. 말은 생각하고 의미를 만들 수 있게 하는 삶을 위한 자원
을 제공한다. 이미 언급한 대로, 진로 구성 이론은 본질적인 자
기를 실현하는 것보다 자기를 구성하는 것에 초점을 맞추는 것

을 선호한다. 말이 선험적이고 본질적인 자기에 부착되는 것은
아니다. 오히려 언어는 자기-지각을 형성하고 자기를 유지하
는 데 필요한 단어들을 제공한다. 시인 Wallace Stevens(1952)
는 자신의 시인 "The Idea of Order at Key West"[1]에서 이것
을 우아하게 설명하였다.

> ... And when she sang, the sea,
> Whatever self it had, became the self
> That was her song, for she was the maker. Then we,
> As we beheld her striding there alone,
> Knew that there never was a world for her
> Except the one she sang and, singing, made(p. 131).

> 그리고 그녀가 노래할 때, 그 바다는
> 그 자신이 무엇이든지, 바로 그 자기가 된다.
> 그것이 그녀의 노래이다, 왜냐하면 그녀가 바로 창조자이기
> 때문에. 그때 우리는,
> 우리는 그녀가 거기서 혼자서 서성거리는 것을 보며,
> 그녀를 위한 세상은 존재하지 않았다는 것을 알게 되었다.
> 그녀가 노래하고, 노래하였고, 만들었던 그것을 제외하고서는
> (p. 131).

개인들은 또한 반영을 통하여 나타나는 자기-알아차림을

---

1) "The Idea of Order at Key West"는 Wallace Stevens가 쓴 Wallace
Stevens 시 모음집(1954)에서 발췌한 것이다.(copyright 1954 by Wallace
Stevens and renewed 1982 by Holly Stevens. Used by permission of
Alfred A. Knopf, a division of Random House, Inc.)

고정시키기 위하여 언어를 사용한다. 어떤 의미에서 우리는 언어 안에서 산다. 왜냐하면 말이 과거를 보유하고 미래를 예상하기 때문에 언어에는 자기가 들어있는 것이다. 언어는 자기를 구성하는 데 필요한 수단을 제공하기 때문에, 단어의 부족은 자기에 대한 관련된 관점의 부족을 의미한다. 자기-구성을 위한 상담에서, 현장전문가들은 내담자의 언어에 면밀하게 주의를 기울인다. 왜냐하면 그 단어들은 내담자의 자기를 구성하고, 삶이 흘러감에 따라 채널을 구축하기 때문이다(cf. Kelly, 1955). 자기에 대한 새로운 관점을 형성하고 일의 세계에서 새로운 앞날을 열기 위해서 내담자는 새로운 말을 필요로 할 수 있다. 그들은 새로운 말을 함에 따라 새로운 세계를 만든다. 그리고 새로운 세계는 다른 시나리오와 낯선 행동이 연결되어 있는 기회를 드러낸다.

비록 개인들이 자기 자신에게 지금-여기 있는 그대로 현존하도록 설득한다고 하더라도, 그들은 자기를 구성하기 위한 더 많은 언어를 필요로 한다. 사람들은 반영할 경험, 특히 상호관계적인 경험들이 필요하다. 왜냐하면 자기는 안에서 밖이 아니라 밖에서 안으로 세워지기 때문이다. Vygotsky(1978)는 "마음 속에 있는 것 중 사회에서 처음인 것은 아무 것도 없다."고 언급한 바가 있다(p. 142). 언어를 도구로 사용하면서 사람들은 그들의 행동과 사회적 관계를 조정한다. 따라서 자기는 실제로는 자기-구성된 것이 아니다. 그것은 능동적이고 공동의 과정을 통하여 함께 구성되는 것이다. 우리 한 사람 한 사람은 자기 자신과 우리가 사는 세상에 대하여 이해할 필요가 있다. 이해하는 과정에서 분리된 사람으로서의 자기에 대한 개념이 발생한다. 자기-의식 알아차림을 통하여 자기는 그것 자체로 인식된다. 이러한 분리된 자기에 대한 자의식적으로 창조된 개념은 경험에 대한 스토리에 의해 구성된다. 어떤 의미에서 언어를 통한 자기-의식적 반영은 자기를 만드는 과정이고, 그 결과물로서의 스토리는 특징적인 사건들과 지지되는 속성들의 유형 내에서 그 자기를 구성하는 내용이다. 요약하면 자기는 문화적으로 형성되고, 사회적으로 구성되어지고, 언어에 의해 이야기된 발생적 알아차림이다.

📊 정체성

진로 구성 이론은 정체성으로부터 자기를 명확히 구별한다. 자기는 정체성이 아니고, 정체성으로 흡수되지도 않는다. 자기는 정체성보다 크다. 사회과학에서 정체성은 많은 의미를 가지고 있는데, 일반적으로는 사회 안에서 자기에 대한 개인의 이해를 다룬다. 진로 구성 이론에서, 정체성은 사람들이 사회적 역할과 관련하여 자기 자신을 어떻게 생각하는지를 포함한다. 역할 안에서의 자기 또는 역할 정체성은 사회적 상황 또는 환경적 맥락에서 자기에 대하여 사회적으로 구성된 정의이다. 정체성은 자기를 사회적 맥락 안에서 위치 지움으로써 도식화한다(Markus, 1977). 정체성이라고 불리는 도식은 사회적 현실에 반응하도록 중재하고 안내하기 위하여 개인에 의해 도입된 패턴이다. 삼단 논법을 사용하면, 개인의 논지(자기)가 세상의 반대(역할)를 맞닥뜨리고 통합(정체성)을 이루는 것으로써 정체성 형성을 이해할 수 있다. 그러므로 정체성들은 심리학적 자기와 사회적 맥락에 의해 함께 구성된 것이다. 개인은 심리적 자기와 상호관계적 경험과 문화적 표현들을 연관시킴으로써 심리사회적 정체성을 만들기 시작한다. 적절한 때에, 사람들은 이러한 특성들을 일관성 있고 통일된 전체 즉, 자신의 신념, 능력, 관심으로 조직된 하나의 상으로 통합한다. 일관성과 지속성은 개인이 이러한 특성들을 모으고 통합함으로써 정체성을 형성하고 발달시키는 기능을 한다(MaAdams & Olson, 2010). 정체성은 인식 가능한 사회적으로 꼭 맞는 역할(일)을 제공하는 사회적 집단과 만났을 때 확고해진다. 이러한 다른 사람들과의 연결을 통하여 그들은 이웃, 교회, 학교 그리고 직장과 같은 공동체 주거지들과 관계하게 된다. 그 다음 그 사람은 승인하는 그리고 안정된 집단 내의 목적과 가치들을 추구한다. 이러한 관점에서, 직업적 선택은 사회적으로 핵심적인 문화적 스크립트들을 사용하는 일 역할을 확인하고 추구하기 위하여 자기에 의해 수행되는 꼭 알맞은 역할 구성을 수반한다. 직업은 개인으로 하여금 집단 내에서 잘 지낼 수 있는 길을 제공하는 것이다.

심리사회적 구성물로서 정체성은 자기와 맥락, 문화의 접점에 있다. 이 책에서 소개하는 정체성에 대한 관점은 집단을 넘어서 개인에게 특권을 부여하는 서구 사회의 패턴을 따른다. 서구 심리학의 개인주의적 관점은 정체성의 자기-저술을 개인의 프로젝트로 여긴다. 그럼에도 불구하고 MacIntyre(1981)는 사람은 삶의 스토리를 이야기하지만 저자 혼자서 그렇게 하는 것은 아니라고 설명하였다. 많은 사건들과 사람들은 개인에 의해 말해지는 스토리를 공동 집필한다. 이러한 관점은 정체성이 좀처럼 개인적 프로젝트가 되지 않는 집단주의 문화와 좀 더 양립될 수 있다. 이것은 가족 프로젝트라기보다는 종종 공동체 프로젝트이다. 개인주의와 집단주의적 공동체 모두에게서 개인의 정체성은 함께 구성된다. 그러나 다른 문화권들과 공동체에서는 이러한 공동의 활동에 대한 저자로서의 권한의 균형이 자기 또는 다른 사람에게 기울어질 수 있다. 저자의 균형을 보여주기 위하여 현장전문가들은 '선택한 정체성'과 '부여된 정체성' 단어들을 사용할 수 있다. 그러나 획득한 것이든 적응된 것이든, 정체성은 근본적으로 함께 구성된 것이라는 것을 항상 기억해야 한다. 그리고 서구 관점으로부터 부여된 정체성을 가진 사람들은 여전히 어떻게 그들의 규범적인 정체성들을 독특하게 실현할 것인가에 대하여 선택한다.

  정체성을 형성함에 있어서 개인들은 선택하고 헌신한다. 그들은 맥락적 사실들에 맞추어 자신의 관계를 선택한다. 자신의 현실적 삶에 헌신하는 동안, 사람들은 현실과 어느 정도의 정서적 타협을 하고, 그 이후로 상당한 기간 동안 그것들을 투사한다. 그렇게 할 때에 그들은 확실한 신념들을 본능적으로 움켜쥠으로써 자기 자신을 붙잡고, 그 다음에 혼란스럽고 상충되는 생각들을 경험할 때에는 움츠리지 않고 이러한 신념들을 꼭 붙잡는다. 그들의 선택과 헌신은 외적 요구와 함께 동시에 발생하는 내적 필요들의 특유의 방식을 형성한다. 일 역할과 관련하여 직업적 선택을 분명히 말하는 것은 개인이 다른 사람들에게 의미가 있기를 원하는 그것에 대하여 진술하는 것이다. 직업적 역할을 선택하고 선택한 역할의 스크립트가 직업 정체성을 확고히 하도록 헌신하는 것은 미래의 결정을 위한 틀과 에이전시의 감각을 향상시킨다.

정체성은 자기에 대한 신념보다 훨씬 더 변동이 심하다. 정체성 헌신은 적어도 어느 정도의 기간 동안에는 안정된 의미를 제공한다. 그럼에도 불구하고 정체성은 Holstein과 Gubrium(1999)이 "자기—형성의 지형학"으로서 언급했던, 다른 자기들을 떠올리게 하는 맥락에 반응한다. 따라서 정체성은 지속적으로 사회적 위치와 대인 관계적 담론들과 협상하면서 적응하고 변화한다. 정체성 발달은 일생의 과정인 것이다. 개인은 진행되고 있는 삶 스토리에 중요한 새로운 경험을 적응적으로 통합하기 위하여 반복적으로 정체성을 수정하여야만 한다.

정체성의 발달과 수정은 최근의 정체성의 내용이 불충분하거나 사회에 의하여 강요되는 일련의 새로운 요구들에 직면한 사람들을 지원하는 데 유용하지 못할 때에 가속화된다. 계획한 것만큼 완벽할 수 없는 스토리는 수정되어야 한다. 이런 일이 발생하면, 사람들은 불안해진다. 왜냐하면 자기 자신을 유지시키고 안심시키는 정체성에 대한 방어 없이 도전적인 상황을 마주해야 하기 때문이다. 일과 관련된 삶의 영역에서, 이러한 불안은 직업적 발달 과제들과 직업 전환 또는 일 트라우마에 의해 촉발될 수 있다. 발달 과제와 관례적인 전환은 훈련 프로그램을 완수하는 것처럼 예측 가능하고 긍정적일 수 있다. 비교해 보면, 사람들은 부정적이고 심지어 방해가 되는, 갑자기 일자리를 잃어버린 것과 같은 기대하지 못했던, 원하지 않는 변화와 트라우마를 경험한다. 긍정적으로 받아들이든지 부정적으로 받아들이든지 간에, 과제들과 전환, 트라우마로 인하여 유발된 변화들은 사람들로 하여금 몹시 갈피를 못 잡게 만들고, 그렇게 함으로써 그들의 의미 시스템에 혼란이나 갈등 또는 모순을 초래할 수 있다. 이러한 느낌들은 개인이 정체감을 잃어버릴 수 있다는 것을 시사한다.

   일 역할에서 명확한 정체성 없이 움직이는 것은 진로 망설임과 불확실성으로 경험될 수 있다. 불협화음과 불균형에 대한 초기 기억은 힘들게 느껴진다. 왜냐하면 사람들은 자신의 경험을 안정되고 만족스러운 의미로 쉽게 완전히 소화할 수 없기 때문이다. 처음에 사람들은 그 혼란을 자신이 현재 가지고 있는 정체성과 의미 시스템에 동화시키기 위하여 반복적인 시도를 한다. 어느 순간에, 불협화음은 개인이 적절한 대응을 통하여 균형을 회복하는 것이 필요해지는 비판적 한계점에 도달하게 된다(Brandtstadter, 2009). 단편화와 분열 이후의 정체성 재통합은 새로운 언어와 넓혀진 담화를 요구한다. 그 사람은 현재의 의미 시스템을 면밀히 검토하거나 또는 새로운 의미를 창조함으로써 그 경험을 현재의 도식과 일치시키는 방향으로 맞추어야만 한다. 그러고 나면 이치에 맞는 정체성 작업은 본격적으로 시작된다. 환경에 맞추는 적절한 대응을 통한 이러한 적응은 더 단단한 통합과 강한 안정성으로 나타나는, 더 효율적이고 실행 가능한 정체감을 구성함으로써 발달을 이끈다.

   일반적으로 개인들로 하여금 자신의 정체성 작업을 발전시키기 위하여 진로상담을 찾도록 촉진하는 주요 직업적 발달 과제, 중요한 직업적 전환, 또는 심각한 일 트라우마를 다룰 필요가 있다. 일련의 작지만 중요한 문제들을 다루는 것은 발달을 조성한다. 왜냐하면 더 작은 혼란 이후에 균형을 회복하는 것이 더 쉽기 때문이다. 몇 개의 작은 문제들의 축적이나 단 하나의 큰 문제는 발달을 지연시킬 수 있다. 왜냐하면 그것은 상당한 의미의 변화들에 대응하는 데 더 많은 시간과 노력을 요구하기 때문이다. 정체성이 도전받거나 문제화될 때에 작은 과제들의 합이든지 또는 하나의 상당한 과제이든지 간에, 현재의 정체성은 새로운 사회적 공간으로의 이동을 지원하기에는 부적절하다. 새로운 또는 문제가 많은 도전들에 대응하기 위하여 정체성을 재작업하는 것은 정체성에 대한 내러티브 프로세싱을 수반한다.

📊 내러티브 정체성

정체성은 내러티브에 의하여 형성되고 내러티브로 표현된다(McAdams, 2001). 자기-알아차림은 특성의 목록이나 문장을 통해서 파악되지 않는다. 자기-지식은 스토리 안에 거주한다. 정체성에 대한 내러티브는 사회적 세계로 지향하게 하는 자기의 해석에 대한 형식을 이해할 수 있게 한다. 내러티브를 통하여 사람들은 그들이 마치 다른 사람인 것처럼 자기를 해석한다. William James(1890)는 잘 알려져 있듯이 "나는 나에 대한 스토리를 말한다"라고 설명하였다. 이와 비슷하게 덴마크의 소설가 Isak Dinesen은 "사람이 된다는 것은 말할 스토리를 갖는 것이다"라고 적었다(Chritensen, n.d.에서 인용함). 우리는 자신의 스토리를 이해할 때에만 오직 우리가 누구인지를 말할 수 있다. '나'에 대한 이러한 스토리들은 사람들이 정체성 내러티브를 구성하기 위하여 처리하는 실체인 것이다.

진로 구성 현장전문가들은 개인이 어떤 사회적 역할이나 맥락에서 자기에 대한 스토리를 나타내기 위하여 '내러티브 정체성'이라는 용어를 사용한다. 어떤 뜻에서, 그것은 철학자 Hans-Georg Gadamer(1960/1975)가 "우리 존재의 대화"라고 부른 것의 전형이다. McAdams와 Olson(2010)은 내러티브 정체성을 "의미와 목적이 있는 삶에 제공하기 위하여 청소년 후기에 발달시키기 시작하는 생애 스토리를 내재화하고 전개시키는 것"으로 정의하였다(p. 527). 사람들은 습관적인 것을 그만두고 삶을 다르게 살아가고자 할 때에 내러티브 정체성 작업을 수행할 필요가 있다. 혼란에 대한 도전은 원하지도 않고 부적절한 것처럼 보일 수도 있고, 또는 삶을 재구조화하고 새로운 줄거리를 시작하는 기회로 보일 수도 있다. 어느 쪽이든, 내러티브 정체성 작업은 새로운 경험 또는 문젯거리가 되는 사회적 예상의 영향을 인정하고 분석하는 적극적인 노력을 수반한다.

내러티브 정체성이라는 단어는 모순어법을 나타낸다. 그것은 특별한 효과를 위하여 함께 사용하는 모순된 두 가지 단어를 포함하는 하나의 구이다. 라틴어로 '같은 것'이라는 의미를 가진 'idem'에서 나온 정체성은 영속성과 유사성, 반복을 함축하고 있다. 비교해보면, 내러티브는 변화와 차이, 변경을 내포하고 있다. 따라서 정체성의 안정성은 내러티브의 유연성과 반대된다. 이와 같이 "내러티브 정체성"은 어떻게 변할 것인가 그러나 몇 가지 중요한 점에서 어떻게 동일하게 남아있을 것인가를 말함에 있어서 충실성과 유연성을 혼합한 것이다. 정체성 내러티브는 본질적인 의미의 상실 없이 시간을 넘어서 정체성을 수정하는 삶의 역사를 이야기한다. 그것은 자기에 대한 스토리,

즉 삶의 과정에서 발생하는 지속적인 변화에 반응하면서 자기 자신이 되어가는 내러티브를 말하는 것이다. 정체성의 내러티브 프로세싱은 사람들이 변화해야 한다고 느끼지만 아직 어떻게 되어야할지 모를 때 발생한다. 그들은 동일성을 유지하면서도 사회적 공간에서 자신들을 재위치시킴으로써 변화를 설명하는 내러티브 정체성을 써야 한다. 내러티브 수정은 현재의 혼란을 해결하기 위하여 정체성 동일성의 문제를 해결해야만 한다.

내러티브 정체성을 수정할 때에 사람들은 반영과 사색을 통하여 자신의 삶의 질서를 꽉 붙들려고 시도한다. 그들은 '이야기가 계속되도록' 자서전적 추론을 사용하여 이행들을 연결시키기기 위한 다리를 놓으려고 애를 쓴다(Giddens, 1991, p.54). 일상적인 스토리텔링은 사람들이 자기와 상황을 이해하는 것을 시도함으로써 이러한 정체성 작업을 진행시키는 마이크프로세싱이라고 할 수 있다. 잘 지내기 위한 방법을 찾는 탐색 과정에서 사람들을 일반적으로 자신의 삶 스토리의 의미 있는 변화, 즉 더 큰 깊이와 복잡성, 지혜를 가져다주는 변화를 포함할 수 있는 어떤 것을 배운다. 이러한 변화는 세상을 명확하게 하고, 그들이 이전에 그것을 보아왔던 방식과는 조금 다르게 만든다. 새로운 학습과 의미를 통한 위안은 균형을 회복하는 적응적인 과정으로 나아가게 한다.

정체성의 내러티브 프로세싱은 중요한 사건들과 에피소드에 대한 작은 스토리들 또는 마이크로내러티브들을 모은다(Neimeyer & Buchanan-Arvay, 2004). 대부분의 작은 스토리들은 매일의 사건들을 다루지만, 내러티브 프로세싱은 일반적으로 종종 자기-정의 순간과 삶-변화 경험들을 수반하는 특별한 상태나 중요한 사건들에 초점을 맞춘다. 마이크로내러티브를 가지고 작업을 할 때에, 사람들은 적극적으로 그 스토리 가닥들을 모으고 통합된 개성을 만들기 위하여 그것들을 하나의 태피스트리(tapestry)로 함께 엮는다. 사회적 상황에서의 자기에 대한 작은 스토리들의 통합은 큰 스토리, 즉 내러티브를 구성한다(Neimeyer & Buchanan-Arvay, 2004). 작은 이야기들은 객관적으로 더 많거나 적은 특별한 사건들에 대하여 보고하는 회고록이다. 이와 반대로, 큰 스토리는 과거의 경험에 현재의 의미를 부과하기 때문에 자서전과 유사하다(Weintraub, 1975). 이전에 격리되었던 경험과 사건들을 하나의 큰 스토리 안으로 위치시키는 것은 그것들로 하여금 더 큰 의미를 가지게 한다.

내러티브 정체성 프로세싱은 이해하기 위하여 경험들을 걸러내고, 삶의 역사에 대한 커다란 이야기를 말하는 매크로내러티브 속으로 가치 침전물과 태도 및 취미들을 가려낸다. 그 사람은 그가 구성한 세상 내에서 하나의 캐릭터가 된다. 매크로내러티브는 패턴과 진전에 대해 말해줌으로써 삶에 대한 의미와 본질을 부여한다. 매크로내러티브는 우리가 어떻게 세상을 만드는가를 말해줌으로써 우리의 자기에게 우리의 자기를 설명한다. 그것은 또한 다른 사람들에게 우리의 자기를 설명한다. 다른 사람들에게 생애 스토리를 이야기하는 것은 우리 자신에 대한 우리의 생각을 확고히 하는 것일 뿐만 아니라 우리가 우리에 대하여 다른 사람들이 어떻게 생각하기를 원하는가를 그들에게 가르친다. 사람들은 매크로내러티브를 자신이 현재 맞닥뜨린 도전들-그것은 그들의 생애 스토리의 이전 버전이 대응할 수 없는 문제이다 — 을 이해하고 직면하기 위하여 필요한 대로 수정한다. 성공적인 내러티브 정체성 프로세싱은 그 사람이 어떻게 세계 내의 새로운 장소로 이동할 수 있을지를 알아낸다.

내러티브 프로세싱의 정체성 작업은 전기적 작업이라고 불릴 수 있다. 전기성(biographicity)은 새롭고 때로는 난해한 경험들을 그들의 전기 속으로 조직하고 통합하는 개인의 자기 — 참조 능력을 의미한다(Alheit, 1995). 현장전문가들은 내담자들로 하여금 혼란과 방해들을 이행으로 볼 수 있도록 도움으로써 전기성(biographicity)을 조성해야 한다. 다음의 전기적 작업은 교착상태를 고려하여 성패가 달려있는 것이 무엇인지 심사숙고하고, 가능한 선택들을 명확하게 한다. 새로운 경험과 지식에 적절히 대응하기 위하여 내담자와 현장전문가는 내담자가 알고 있는 것과 그것이 의미하는 것을 재작업하고 변형시키기 위한 협력을 한다. 이러한 논의는 전기적 에이전시의 감각을 향상시키고 내담자로 하여금 단절된 것을 연결하는 줄거리를 구상하도록 격려한다(Heinze, 2002). 가장 좋은 대응은 통합을 단단히 하고 안정성을 강하게 하기 위한 의미 시스템을 재조직하는 것이다. 그것은 처음에 분열과 불안정성을 유발했던 경험들을 연결시키는 데 사용할 수 있는 발생적 구조를 만들어낸다. 결국 재조직된 의미 시스템은 과거로부터 미래로의 이동을 가능하게 한다. 이처럼 더 넓혀지고 깊어진 의미 시스템은 과제들의 요구와 변화, 트라우마를 다루는 전기적 에이전시를 증가시킨다. 이렇게 하여 상담은 자기의 상실 없이 변화를 만들어내는 지속성에 대한 감각을 회복시키고 정교하게 발전시킨다. 이와 같이 내담자는 과거를 보호하고 동시에 변형시키는 방법으로 앞으로 움직일 수 있게 된다. 의미 시스템의 재조직은 내담자가 생애 스토리를 묘사할 때에 시작된다.

📊 스토리로서의 커리어

사람들은 자신의 생애 스토리를 말해주는 매크로내러티브를 가지고 정체성을 쓴다. 스토리를 만드는 것, 특히 인생에서의 빈자리에 대한 스토리를 만드는 것은 정체성 작업의 본질이다. 스토리들 또는 적어도 전문가들이 관심을 갖는 종류의 것은 기대하지 않은 것에 대한 반응으로 생긴다. 스토리들은 예측하지 못했거나 부적절한 것에 의미를 부여하려고 시도한다. 예를 들어서, 당신이 쇼핑 몰에 가려고 했는데 기대한대로 도착했다면 거기에는 아무런 스토리도 필요하지 않다. 그러나 당신이 길을 잃거나 타이어의 바람이 빠지게 되면 당신은 스토리를 가지게 된다. 따라서 인생 스토리들은 일반적이고 적절하고 기대할만하거나 또는 타당한 것으로부터의 분열 또는 일탈에 대하여 이야기 한다. 그것들은 사람들이 원하고, 결핍되고 또는 필요로 하는 것과 마찬가지로 그들이 어떻게 특징지어지는가 또는 결함을 가지는가에 대하여 말한다. 이러한 문제들과 어려움들은 '무엇이 되어야 하는가'와 '무엇인가' 간의 차이를 표현한다. 그것들은 사람들이 다른 사람들로부터 '무엇을 기대하는가'와 '무엇을 받고있는가' 사이의 불일치에 대하여 말해준다. Bruner(1990)에 의하면 사람들은 이러한 분열과 일탈을 이해하기 위하여 스토리를 사용한다.

▪ 직업적 플롯

스토리는 변화를 설명하고 의미로 그 차이를 메우려고 시도한다. 그렇게 하기 위하여 사람들은 이해할 수 있도록 사건들을 질서 있게 조직하는 스토리를 창조한다. "tick(똑딱)"은 스토리가 아니지만 "tick-tock(똑딱똑딱)"은 스토리이다(Kermode, 1966). 이에 예술 큐레이터인 John Baldessari는 "당신이 두 가지를 함께 놓는 순간, 스토리를 가지게 된다"라고 언급하였다(O'Sullivan에서 인용함, 2006, p.24). 그러나 시간의 순서에 따라 사건을 배치하는 일련의 연대기는 단지 그것으로 끝난다. 사건의 순서를 구상하는 것은 그렇지 않다면 임의적인 것으로 느낄 수 있는 경험들에 대한 설명과 끝맺음을 추가한다. 다른 것들을 무시하는 반면 어떤 사실들은 중요한 것으로 떠오르는 것과 같이, 플롯은 일련의 사건들을 시작, 중간 그리고 끝을 가진 일관성 있는 전체로 구조화한다. 끝맺음이나 결론은 연대기에는 없는 내러티브 종결을 가져온다(White, 1981). E. M. Forster(1927, 5장)는 "스토리는 무엇이 일어났는지를 말한다. 반면 플롯은 그것이 왜 일어났는지를 말한다"고 설명하였다. 그는 스토리와 플롯의 이러한 차이를 다음의 예를 들어 설명하였다: "왕이 죽었다, 그리고 나서 왕비가 죽었다"는 스토리이다. 왜냐하면 그것은 순서를 가지고 있기 때문이다. 이와 비교해서, "왕은 죽었다, 그리고 나서 왕비는 슬픔으로 인하여 죽었다"는 플롯이다. 왜냐하면 그것은 인과 관계가 첨가되었기 때문이다. 진로 구성 이론에서, 이력서에서의 일련의 직업적 위치들은 객관적인 커리어를 연대순으로 기록한다. 각각의 직업은 커리어 소설에서 짧은 스토리처럼 보일 것이다. 그 다음 직업 간의 연결과 관계에 대하여 설명하는 것은 객관적 커리어를 '구성화하고 (emplot)', 그렇게 함으로써 주관적 커리어를 구성한다. '구성화하기(emplot)'란 단순히 요소들을 플롯을 가진 내러티브 속으로 모으는 것을 의미한다(Ricoeur, 1984).

진로 구성 이론에서 정체성 내러티브는 짧은 스토리들로 이루어진 소설과 유사하다. 마이크로내러티브는 개인이 긴 스토리 또는 매크로내러티브를 형성하는 데 관련시키는 짧은 스토리들을 구성한다. 작은 스토리들은 개인이 커다란 스토리를 구성할 때에 선택할 수 있는 가능한 사건들과 에피소드들을 제공한다. 그 개인은 짧은 스토리들의 요소들을 내러티브 정체성 속으로 모음으로써 매크로내러티브를 스케치한다. '구성화(emplotment)'는 분리된 작은 스토리들을 결론을 향하게 순서대로 배열하는 것이다. 삶의 더 크고 원대한 스토리를 묘사하고 제시하기 위하여 작은 스토리들을 사용한다. '구성화(emplotment)'는 또한 다양한 사건들과 에피소드들을 한 부분, 즉 전체와 관련된 의미들을 모은 전체적인 구조 안으로 설정한다. 멜로디에서 유사한 음악의 음표들은 전체 안으로 배열된다. 음악을 듣는 사람이 따로따로 멜로디의 한 음표를 듣지는 않는다; 그들은 이미 연주된, 들리는, 다음을 기대하는 음표들을 통합하여 전체로서 경험한다. 요소들을 모으고 그것들을 배열하여 매크로내러티브를 구성하는 것은 삶 전체를 만드는 작업이다. 왜냐하면 그것은 개인으로 하여금 패턴을 깨닫게 하기 때문이다. 마이크로내러티브가 축적되고 일관성을 가지게 됨에 따라 그들은 되풀이되고, 반복되고, 지속되는 내재된 패턴을 드러내게 된다. 결국 삶의 패턴은 사람들을 자신들과 다른 사람들에게 드러낸다.

짧은 스토리들에 내포된 패턴은 마이크로내러티브에 존재하는 라인으로 생각되어질 수 있다. 이러한 '라인을 따라가는 것'은 다양한 그림을 통하여 발달의 중심 라인을 추적함으로써 작은 스토리들을 매크로내러티브 속으로 통합시킨다. 그것은 인생 스토리라는 구슬이 꿰매어진 와이어이다. '라인을 따라가는 것'은 정체성 내러티브를 이해할 수 있게 한다. 왜냐하면 그것은 작은 스토리들의 패턴을 형성하기 때문이다. 그리스 신화(Graves, 1993)는 '라인을 따라가는 것'을 상징적으로 테세우스로 하여금 어두운 터널의 미로를 통과하여 바깥세상으로 빠져나오도록 인도해 준 긴 금실로 표현했다. 독자가 앞으로 배우게 될 생애 설계 상담은 사람들의 금실에 집중하여 관심을 가진다. 현장전문가들은 각각의 내담자가 William Stafford(1999)가 지은 "The Way It Is[2]"라는 제목의 시를 충분히 인식할 수 있는 상태에서 떠나기를 바란다.

There is s thread that you follow. It goes among things
That change. But it doesn't change.
People wonder about what you are pursuing.
You have to explain about the thread.
But it is hard for others to see.
While you hold it you cannot get lost.
Tragedies happen; people get hurt
or die; and you suffer and get old.

---

2) "The Way It Is"는 William Stafford가 쓴 *The Way It Is: New and Selected Poems.*'에서 발췌한 것이다.(Copyright ⓒ 1998 by the Estate   William Stafford. Reprinted with the permission of Greywolf Press, Minneapolis, Minnesota, www.graywolfpress.org.)

Nothing you can do stops time's unfolding.

You don't ever let go of that thread.(p. 144)

당신이 따라가는 실이 있다. 그것은 변화하는 것들 사이를
지나간다.

그러나 그것은 변하지 않는다.

사람들은 당신이 무엇을 따라가고자 하는지 궁금해 한다.

당신은 그것에 대하여 설명해야만 한다.

그러나 다른 사람들에게 보여주기는 힘들다.

당신이 그것을 붙들고 있는 한, 당신은 방황하지 않는다.

비극은 일어난다; 사람들은 상처받거나

또는 죽는다; 그리고 당신은 고통을 견디고 늙는다.

시간의 흐름을 막기 위하여 당신이 할 수 있는 것은 아무 것
도 없다.

당신은 그 실을 놓을 수 없다(p.144).

■ 진로 주제

　라인을 따라가는 금실로 짜여진 패턴은 주제라고 불릴 수 있
다. 금실 같은 주제는 플롯 내에 포함된 통제에 대한 아이디어
이다. 이러한 중심 아이디어로 짜여진 주제적 패턴은 직업적
플롯의 사실들을 이해하는 데 사용되는 기본적인 구성단위를
제공한다. 진로 주제는 재발생을 통하여 전체 삶을 만드는 통
합적인 아이디어를 제공한다. 개인들이 새로운 경험들을 포함
시킴에 따라 그들은 새로운 경험들에 의미의 패턴을 부과한다.
이로써 함축된 주제는 플롯 에피소드를 이해하는 데 사용된다.

개인들이 도전과 장애에 직면했을 때, 매크로내러티브 주제에서 반복되는 패턴은 질서와 매우 중요한 목표들을 제공함으로써 행동을 지시한다.

커리어 구성을 고려해볼 때, 주제는 과거 기억과 현재 경험, 미래의 포부에 대한 개인적 의미를 구성하는 움직이는 관점을 나타낸다. 개인이 학교에 입학해서 졸업할 때까지 직면했던 직업적 과제와 직업적 전환, 일 트라우마에 관한 자기-정의 스토리들은 커리어의 본질적인 의미와 그 구조의 역동을 드러낸다. 간단히 말하자면, 진로 구성 이론은 사람들이 직업적 행동에 의미를 부여함으로써 그들의 커리어를 세우도록 한다. 이러한 의미는 직업 정체성에 대한 매크로내러티브를 구성하고 있는 분명한 플롯을 통하여 짜여진 내재된 주제들을 유지한다.

내러티브 정체성을 구성함에 있어서 사람들이 시간을 거슬러 자신의 동일한 문제들을 해결하는 것을 상기해보라. 이러한 지속성은 삶을 향한 분명한 목적지향적 태도를 명확하게 표현하고 삶이 제공하는 아이디어를 진술하는 주제들에 의하여 표현된다. 매크로내러티브의 주제는 마이크로내러티브들의 다양함에도 불구하고 어떻게 자기에 대한 동일성을 유지하는지를 밝혀낸다. 모든 것이 변화하는 것처럼 보일 때에도 그 주제는 동일하게 유지된다. 진로 구성 이론은 주제의 통합성에 초점을 맞춘다. 왜냐하면 그것은 일과 관련된 삶을 패턴화하는 동기와 의미를 담고 있기 때문이다. 비엔나 클래식 음악에서 음악적 동기의 발달과 비슷하게, 주제는 삶의 노래를 만든다. 베토벤은 '운명이 문을 두드린다'는 간단한 주제로부터 그의 5번 교향곡의 전체 작품을 만들어 냈다. 사람들은 의식적으로 네 개의 긴 악장을 통하여 주제가 발전하는 것을 따라가지 않으면서도 그 교향곡을 듣는다. 그럼에도 불구하고 청취자들은 통합되고 불가피한 전체로서 그 교향곡을 듣는다. 내러티브 정체성 내의 주제를 인식하는 것은 사람들로 하여금 자기를 바라보고 다른 사람들에게 자기 자신을 설명하는 중요한 방식을 제공하는 통합되고 불가피한 전체로서 자기를 볼 수 있게 한다.

교향곡에서와 같이, 삶에는 다른 것을 향상시키고 패턴을 발달시키며 삶이라는 교향곡과 화합되는 본질적인 특성들을 가진 복합적인 주제의 선율이 있을 수 있다. 복합적인 주제들이 주어짐으로써 '통합된 자기'는 존재론적으로 두드러진 목적의 이미지를 생산하는 주제들을 결합한다. 이러한 정신 내적 개체의 단순화되고 자기-보호적인 환상은 정서적 안전감을 조성한다(Bromberg, 2006). 따라서 상담 과정에서 현장전문가들은 일반적으로 그것이 내담자의 직업적 플롯을 이해하고, 결정과 문제해결을 최대한 적절하게 하기에 충분하다고 믿으면서 단 하나의 지배적인 진로 주제에 초점을 맞춘다. 더 나아가 만일 상담이 친밀한 파트너십 또는 다른 삶의 영역에 대한 논의로 확장된다면 주요 주제들은 필요할 수 있다. 짧게 말해서, 내담자의 일 역사에 대한 구성화(emplotment)는 일반적으로 그 장면과 에피소드들을 그리기 위하여 단 하나의 진로 주제나 '라인을 따라가는 것'에 의존한다. 그러나 필요하다면 현장전문가들은 다양한 주제들을 더 다층적이고 복잡한 전체 속으로 함께 엮을 수 있다.

단 하나의 주제에 의존할 때에, 모든 작은 스토리가 그 '라인을 따라가는' 방식을 따라야만 하는 것은 아니다; 어떤 마이크로내러티브는 매크로내러티브 내의 예외들과 복잡성에 대하여 설명하는 것일 수도 있다. 정체성 스토리들은 명료하고 통합된 스토리를 유지하기 위하여 일관성과 지속성의 어떤 합을 추구한다. 그러나 어떤 삶은 복잡하고, 어떤 내담자의 주제들은 다른 사람들의 것보다 더 복합적이다. 그리고 어떤 사람들은 다양한 플롯들을 산다. 따라서 다양한 정체성 내러티브는 칭찬하는, 혼란스러운, 갈등하는, 혼돈스러운 또는 모순되는 복잡한 주제들을 표현한다. Walt Whitman(1855/2008)이 "내 자신의 노래(Song of Myself)"에서 쓴 것처럼.

> Do I contradict myself?
> Very well then I contradict myself
> (I am large, I contain multitudes.)(Stanza 51, Lines 6−8)

> 내가 모순적이라고?
> 그래 그렇다면, 나는 모순적이다.
> (나는 방대하다, 나는 많은 나를 담고 있다.)(Stanza 51, 6−8줄)

자서전적 추론은 모순적인 관점들과 이해할 수 없는 행동들, 일치하지 않는 주제들로부터 획일성이 아닌 어떤 통합을 창조하는 것을 추구한다. 이러한 통합은 그것을 균질화하지 않고 다양성을 통합하는 적절하고 복잡한 방법으로 성취되어야 한다. 이러한 복잡한 사람들은 교향곡 비유보다는 다양한 시각으로부터 한 주제를 즉흥적으로 연주하는 재즈의 비유가 더 잘

맞아떨어진다. 그것은 표면 아래 깔려있는 형태를 드러내고 조화되지 않는 스토리들 가운데 하모니를 강조하는 방식을 통하여 전체를 완성한다.

명료하거나 복잡한 그 주제는 자기(self)와 표현된 정체성을 정의하는 데 있어서 그 개인과 가장 중요한 사안들을 구성하는 것에 대한 관심사들을 일 세팅 장면으로 가져온다. 이것은 강렬하게 개인적인 어떤 외적 형태를 작동시킨다. 진로 구성 이론에서 그 주제는 생애 스토리에서 무엇이 문제인가에 관한 것이다. 그것은 개인의 삶에서 성패가 달려 있는 것은 무엇인가로 이루어져있다. 그리고 그것은 그 개인과 다른 사람에게 모두 중요하다. 한편으로는, 그 주제는 일에 의미와 목적을 부여하는 것으로서 사람들에게 중요한 문제가 된다. 그것은 자신이 하는 것에 대하여 관심을 가지게 한다. 다른 한편으로는, 그들이 하는 것과 사회에 기여하는 것은 다른 사람들에게 중요한 문제가 된다. 그들이 하는 일이 다른 사람들에게 중요한 것이라는 신념은 정체성을 선명하게 하고, 사회적 지지에 대한 감각을 촉진한다. 가장 중요한 문제는 개인이 경험을 평가하는 가치의 지평을 형성한다. 가치는 정체성 내러티브를 만드는 구성적 관심사들을 윤리적이고 심미적인 프로젝트라고 명명하는 기능을 한다. 왜냐하면 그것들은 사람들을 더 넓혀진 현실성과 더 커다란 스토리와 연결시키기 때문이다. 상위 의미의 패턴은 강함, 지식, 아름다움, 질, 서비스, 관계성과 정의 등의 주제들과 같이 우주적 가치들로 표현될 수 있다. 이러한 상위 의미의 패턴은 스토리의 교훈이 아니다; 그것은 직업적 플롯에 있어서 추구되는 주제의 목적이다.

▪ 객관적 대 주관적 커리어

어떤 작가들은 주제와 플롯을 동일시한다. 그러나 나는 그렇게 하지 않는다. 나는 플롯과 주제를 내러티브 정체성에 대한 두 가지 관점으로 생각한다. 정체성 내러티브는 삶의 여행에 대한 구체적인 플롯과 추상적인 주제 모두를 포함한다. 여행은 모든 성장과 학습, 자기-발견의 기저를 이루는 과정에 대한 메타포로 볼 수 있다. 명확한 플롯은 그것이 드라마틱한 사건과 위기의 포인트들, 삶을 정의하는 순간들, 그리고 확실한 목표를 향한 조직화된 행동과 같은 외부 여행에 관한 것이다. 그 플롯은 분명한 목표에 도달하고 사회적 맥락에서 자기를 자세히 설명하기 위한 탐색에 대하여 알려준다. 비교해 보면, 내재된 주제는 연관된 욕구와 열망으로 인한 중심 갈등으로 형성된 정서적 오디세이에 대하여 알려주는 내적 여행과 관련된 것이다. 근본적이고 절대적인 주제는 매크로내러티브의 플롯에 대한 의미와 목적을 첨가한다. 비록 그것이 정서적 변화에 대하여 알려주는 것이라고 할지라도, 그것은 플롯보다 영원하고 추상적이다.

진로 구성 이론은 스토리로서 또는 개인이 차지하는 일련의 포지션으로 커리어를 본다. 직업적 플롯은 공개적으로 관찰 가능하고, 기록된 객관적 커리어에서의 에피소드들로서 일련의 포지션들을 함께 끌어당긴다. 개인적인 주제는 사적으로 경험한 주관적 커리어를 만드는 데 있어서 일관성과 지속성을 제공한다. 비록 플롯과 주제 모두가 커리어-첫 번째 객관적 그리고 두 번째 주관적 커리어-로 여겨진다고 하더라도, 진로 구성 이론은 직업적 플롯으로서 객관적 커리어를 그리고 진로 주제로서 주관적 커리어를 나타낸다. 성공이나 실패처럼 객관적인 결과들은 직업적 플롯의 부분이다. 반면 만족이나 불만 같은 주관적인 결과들은 진로 주제의 부분이다. 종합하면, 스토리는 무엇이 일어났는지를 묘사하고, 플롯은 왜 그것이 일어났는지를 알려주고, 주제는 그것이 무엇을 의미하는지에 대하여 설명한다.

▪ 캐릭터 아크(Character Arc)

진로 주제는 '캐릭터 아크' 또는 대단히 중요한 내러티브 실을 수반한다. '아크'는 매우 중요한 축약형이다. 그것은 주제의 라인이 긴장 발생 후에 이어지는 해결과 같은 확실한 형태를 가지고 있어야 한다는 것을 의미하지 않는다. 그 아크는 해결 없이 반복을 보이는 직선일 수 있다. 본질적인 포인트는 특성이 사람들의 처음 동기 상태와 펼쳐진 주요 추진력을 말해주는 매크로내러티브 전체를 통하여 확장된다는 것이다. 캐릭터 아크는 개인이 시작했던, 지금 그리고 주요 이슈를 마무리하기 원하는 곳을 보여준다. 캐릭터 아크는 사람들을 움직이는 추동력으로 시작한다. 전형적으로 그것은 삶에서 잃어버린 어떤 것, 개인이 필요로 하거나 열망하는 어떤 것에 관한 것이다. 이러한 제약과 연약함을 극복하기 위하여, 그들은 그 필요를 채우는 목표들을 성취하려고 시도한다. 그들은 정체성 내러티브를 시작한 그 결함을 고치려고 노력한다. 내적 어두움에서 외부의 빛을 향하여 움직일 때, 그들은 두려움과 제약, 장애, 또는 상처와 씨름한다. 적절한 때에 그들은 과거의 자신들보다 더 나은 자신이 됨으로써, 역경을 극복하고 자신의 결함을 초월하는 방법을 배우게 된다.

　필요로부터 목표로 가는 과정은 사람들로 하여금 성장하고, 발전하고, 학습하게 함으로써 변화시킨다. 예를 들어서, 두려움은 용기로 또는 외로움은 관계로 변한다. Oprah Winfrey는 "나는 너무도 사랑스럽지 않고 소외되어 있다고 느끼는 어린 흑인 소녀로 성장하였다. 아이로서 내가 느끼는 대부분의 정서는 외로움이었다. 그리고 지금 성인기 나에게는 정확히 반대 현상이 일어났다"(McAdams에서 인용함, 2008, p.23)고 말했다. 그러나 외로움은 반드시 관계 내에서 해결되어야 하는 것은 아니다; 그것은 그냥 해결되어야 한다. 컬트 필름의 감독인 John Waters (2006)는 혼자가 되는 것을 배움으로써 외로움이라는 감정에서 벗어날 수 있었다고 하였다. 필요로부터 목표로의 전환은 어느 노인이 말했던 "당신의 가장 강한 점은 또한 당신의 가장 약한 점이다"라는 것으로 설명된다. 이러한 전환은 캐릭터의 핵심을 표현하는 것이다. 그 사람을 정의하고 플롯의 추동력을 설명하는 것이 바로 캐릭터 아크이다.

　내담자의 작은 스토리들에 귀를 기울임에 있어서, 현장전문가들은 주의 집중할 수 있는 방법을 알고 있어야 한다. 그렇지 않으면 그들은 캐릭터 아크를 가지고 짧은 스토리들을 수집해서 한 주제로 재구성할 수 없다. 내담자로부터 마이크로내러티브의 의미를 듣고 만드는 시스템적 접근은 패러다임을 요구한다. 소나타 형식이 음악적 생각을 조직화할 수 있는 것처럼, 진로 구성 현장전문가들에게는 내담자 스토리들을 조직화할 수

있는 틀이 필요하다. 텍스트에 대한 이론은 그것이 마이크로내
러티브의 확실한 요소들을 면밀히 듣는 것을 체계화할 때에 이
러한 패턴을 제공한다. 문학적 비평은 스토리들을 이해하기 위
하여 필요한 면밀히 읽는 것에 대한 다양한 이론들을 제안한
다. Bressler(2006)는 11가지 주요한 문학적 비평을 설명하였는
데, 그것들은 스토리들이 신화(융학파), 정신분석(프로이드 학파),
구조주의(시스템적), 후기구조주의(해체), 막시스트(경제적), 패미니
스트(문화적)를 포함하는 커리어를 어떻게 구성하는가에 대하여
들을 때에 유용할 수 있다. 각각의 이러한 이론들은 예상하는
기대와 이해하기 위한 전략들에 기초한 스토리의 다른 요소들
에 주의를 기울이도록 한다. 이러한 읽기 전략들은 내러티브로
부터 의미를 생산하는 참조 틀을 형성한다. 진로 구성 상담을
위한 읽기 전략은 '내러티브 패러다임'이라고 불린다. 비록 내
러티브 패러다임이 매우 효과적으로 보인다고 할지라도, 현장
전문가들은 전략이 오직 부분적이고 위치상의 관점만을 제공한
다는 것을 깨달아야 한다.

내러티브 패러다임

진로 구성의 이론적 관점으로부터 내담자 스토리들을 직접적
으로 다루기 위해서, 현장전문가들은 내담자의 자서전적 스토
리들을 조직화하는 내러티브 패러다임을 제공한다. 내러티브는
스토리에 주목하고, 패러다임은 패턴 또는 모델에 주목한다. 따
라서 내러티브 패러다임은 이해하기 위한 방식 또는 현장전문
가들이 매크로내러티브에서 캐릭터 아크를 확인하기 위하여 내
담자 마이크로내러티브에 적용하는 패턴과 관련이 있다. 내러

티브 패러다임은 근본적으로 정체성에 관한 매크로내러티브의 특별한 이해를 종합하기 위한 통합적인 개념적 틀이다.

내러티브 패러다임은 내담자의 경험들, 기대, 설명들 가운데 연결시키기 위한 하나의 원리에 기초한다. 이러한 심리학적 원리는 캐나다인 철학자 Charles Taylor(1992)에 의하여 분명히 표현되었다: "우리는 내러티브 형식 내에서 탐색함으로써 우리들의 삶을 필연적으로 이해해야만 한다"(p.520). 탐색은 상처와 시련을 극복해냄으로써 마음의 구멍을 채우는 것을 수반한다. 역경은 탐색으로 나아가게 하는 긴장을 제공한다. 역경에 대한 내담자의 관점은 드라마에서 본질적인 구성 원리를 형성한다. 삶을 탐색으로 보는 것은 많은 심리학 이론에 내재되어 있다. 예를 들어서, Adler(1956)는 열등감으로부터 유익으로 진행되는 개인의 '변화의 라인' 또는 생활양식을 보여주었다; Viktor Frankl(1963)은 사람들이 곤경을 성취로 바꿈으로써 그들이 비극에서 승리로 이동하는 것에 대하여 기록하였다; 그리고 융 분석가들은 개성화는 고통으로부터 의미로 이동하는 것을 수반한다고 믿는다(Hollis, 1993). 사람들은 성장함에 따라 문제 해결을 위하여 자기-형성과 자기-채움의 해결책을 지향하는 환경에 접근한다. 그들은 현실 세계로부터 자신을 성장시키고 생애 프로젝트를 추구하기 위해 사용하는 자료들과 자원들을 모은다. Adler의 생활양식의 구성에 덧붙여서, Allport(1961)의 특질, Berne(1972)의 스크립트, Erickson(1968)의 자아정체성, Kelly(1955)의 핵심 역할, Lecky(1945)의 자기-일관성, McAdam(2008)의 구원하는 자기, Murray(1938)의 통합 주제, Reich(1933)의 특성, 그리고 Sartre(1943)의 프로젝트를 포함한 성격 이론에서 대단히 많은 다른 '라인을 따라가는 것' 또는 생애 주제는 핵심 역할 놀이를 구성한다. Csikszentmihalyi와 Beattie(1979)는 생애를 통한 주제적 움직임(movement)에 있어서 캐릭터 아크에 대한 명확한 설명을 제시하였다: "생애 주제는 하나의 문제 또는 일련의 문제들로 구성되는데, 개인이 다른 어느 것보다도 해결하기 원하고 그것을 해결하기 위하여 찾는 그것을 의미한다"(p.48). 따라서 진로 구성 이론은 사람들이 자신을 사로잡고 있는 문제들과 그 문제들에 대한 해결책 가운데 자신의 삶을 조직하는 아이디어를 필요로 한다.

생애 주제는 어린 시절에 해결하지 못한 상황과 불완전하게 형성된 상으로 비롯된다. 이러한 의미에서, 주제는 간극을 채우고 그 이야기를 완성하고자 하는 소망을 가지고 있다. 그것은 언어적으로 환경적 제약과 방해가 되는 사건들, 사람들이 극복하고 초월하고자 하는 개인적 결함들을 보여준다. 쉽게 작동되는 인지적 도식에 따라서, 사람들은 환경에서 가능성 있는 유익을 찾기 위하여 그것을 사용한다. 진로 구성 이론의 전형적인 예는 사람들이 전체(완전)에 대한 점진적인 자각을 향하여 움직이는 데 사용할 수 있는 직업을 찾는 것이다. 캐릭터 아크는 전체로서의 점진적인 자기-구축 과정에서 일어난 사람들의 변화를 드러낸다. 캐릭터 아크는 사람들의 다른 모든 것들보다 해결하기 원하는 문제, 핵심적인 주제와 그것의 집착에 의하여 닻을 내린다. Bruce Springsteen은 '60분' 진행자인 Scott Pelley(2007)에게 다음과 같이 설명하였다. "모든 훌륭한 작가나 사진작가들은 그만 둘 수 없도록 그들을 초조하게 만드는 무엇을 가지고 있다. 그래서 당신의 일도 시청자들로 하여금 당신의 집착에 대하여 관심을 가지게 하는 것이다." 또는 Hans Christian Andersen은 Henriette Collin에게 다음과 같은 편지를 썼다. "나는 나를 귀찮게 하는 어떤 고통을 만들어야만 한다"(Simson에서 인용함, 2005). 또는 Andersen(1872/2008)의 마지막 스토리에서 더 간단히 "치통 아줌마"라고 언급된 것처럼 "훌륭한 시는 대단한 치통을 가져야 한다."(part IV, SAntaza 27) 집착이든 치통이든지 고통을 초래한다면, 그 아픔을 줄이는 것은 생애 탐색에서 지배적인 목표가 된다. 미국 심리학자인 William James가 그의 일기에 쓴 것에 의하면, 사람들이 자신의 시련과 고난을 이겨내기 위해서는 반드시 "운명과 일종의 파트너십을 가지고 올라가야 하고, 우리들 마음속에 있는 비극을 마주하고, 그것을 일상 속에서 회피하기보다는 최선을 다하여 그것을 다루어나가야 한다"(Barzun에서 인용함, 1983, p.19).

'수동적'에서 '능동적'으로의 이동 라인에 대한 가장 파워풀한 언급은 *Paradise Lost*에서 Milton(1940/1667)이 루시퍼가 지옥에 도착했을 때 그의 추종자들에게 어떻게 선언하였는가에서 나타난다; "우리의 고통 또한 시간이 지남에 따라 우리의 요소들이 되어갈 수 있다."(p. 33) 나에게 이 문장은 자신의 시련과 고난을 초월함으로써 사람들이 자신들을 반대편으로 전환시킨다는 의미를 가진다. 이미 언급한 것처럼, 두려움은 용기가 되고 외로움은 관계가 된다. 개인의 가장 강한 능력은 그 자신이 해결한 문제들에 대한 해결책으로부터 나타난다. Freud(1953)는 그의 이론의 주요 원리로 이러한 아이디어를 전했다: "원초아가 있는 곳에 자아가 있어야 한다."(p.80) 또는 문제가 있었던 곳에서, 내가 되어야 한다(become). '희생자'에서 '승리자'로의 이동

과정에서 사람들은 긴장을 의도로, 집착을 직업으로, 강박 상태를 전문직으로, 부정적인 것을 긍정적인 것으로, 약함을 강함으로, 레몬을 레몬에이드로 바꾼다. 사람들은 자신이 수동적으로 견디던 것을 적극적으로 숙달함으로써 증상을 강함으로 전환시킨다. 이것은 말하기 장애를 가진 소년이 어떻게 그리스 웅변가 Demosthenes(Worthington, 2001)가 되었는지 그리고 Angelo Siciliano라는 이름을 가진 뼈만 앙상한 약골이 다른 사람에게 괴롭힘을 당한 후에 어떻게 Charles Atlas라는 유명한 바디빌더가 되었는지를 설명한다(McCarthy, 2007).

숙달을 위한 반복은 생애 주제를 구성한다. Freud(1948)는 되풀이되는 충동은 캐릭터 아크를 형성한다고 설명하였다(p. 18). 상징적으로 반복되고 부정적인 경험을 다시 살게 하는 이러한 충동은 그것을 반대로 전환시키거나 또는 적어도 그것을 극복하고, 그것에 익숙해지고 또는 그것과 함께 사는 것을 배움으로써 과거의 역경을 해결하거나 숙달하는 노력을 보여준다. Peter Pan이 1953년 디즈니 영화의 첫 구절에서 설명했던 것처럼 "과거에 발생한 모든 것은 다시 일어난다"(Disney & Luske, 1953). Freud(1948)는 성장함으로써 숙달되는 반복과 함께 신경증처럼 숙달 없는 반복을 모두 확인하였다. 언제나 사람들은 그 이슈를 반복하고, 그것들을 더 효과적으로 다루게 된다. 그렇게 함으로써 안정성과 통합은 증가한다. 물론 숙달 없는 반복은 정신병, 즉 Albert Einstein에 의해 종종 정신 이상의 정의ー"같은 것을 계속 반복하면서 다른 것을 기대하는 것"ー으로 진술된다. 우리의 삶은 숙달을 하면서 반복하든지 숙달하지 못하고 반복하든지 간에 우리들의 스토리를 펼치는 방법에 달려있다.

커리어 구성은 내러티브 패러다임을 사용하는 것을 선택한다. 그것은 수동적으로 견디던 것을 적극적으로 숙달하는 동안, 사건들의 변화를 알려주는 내담자의 스토리들에 현장전문가들이 귀를 기울이는 것을 의미한다. 사람들이 긴장을 의도로 바꾸기 위하여 어떻게 작정하는가를 배우기 위하여 스토리를 듣는 것은 현장전문가들로 하여금 집착이 직업으로 변하는 방식을 드러내는 캐릭터 아크를 확인할 수 있게 한다. 진로 주제는 의미를 만드는 것의 중심이 된다. 직업적 플롯만으로는 진로상담을 하는 데 충분하지 않다. 왜냐하면 그것은 근본적으로 주제의 내적 통합이 없는 일련의 관련된 에피소드들만을 묘사하기 때문이다. 직업적 플롯은 개인적 의미 없는 활동들에 대하여 알려준다. 그것은 작가가 아닌 에이전시로서의 자기를 묘사한다. 의미를 알아채기 위하여, 현장전문가들은 그때 그곳에서, 지금 그리고 여기를 제한하는 주제를 찾을 때에 해석적 실천을 사용한다. 한 부분을 아는 주된 방법은 그것이 어떤 것의 부분이라는 것을 깨닫는 것이다. 따라서 현장전문가들은 직업적 플롯과 일반적인 주제에 대한 플롯 에피소드의 특별한 부분들과 연결된 진로 주제 사이의 순환적 상호작용을 통하여 의미를 파악한다. 그러고 나서 특별한 에피소드나 또 다른 에피소드로 돌아간다. 진로 구성 이론에서 이러한 구체적인 것에서 추상적인 것으로 다시 구체적인 것으로의 이행은 지속적으로 플롯과 주제의 균형을 적절하게 잡게 한다. 그 주제가 전체 속에서 관여함에 따라 플롯 부분들은 더 깊은 의미를 띠게 된다. 이로써 통합에 대한 감각은 확고해진다. 마침내 플롯 전체에 퍼져있는 주제의 내재된 반복은 더욱 명확해진다.

　이러한 의미를 만드는 해석적 실천 전반에 걸쳐, 현장전문가들은 Holland(1997)의 유형 분류 체계(실재형, 탐구형, 예술형, 사회형, 진취형, 관습형 등)를 제공하는 것과 같은, 내담자의 직업적 플롯에 이미 만들어진 주제를 강요하고 싶어지는 유혹에 저항한다. 해석자로서의 현장전문가들은 스토리의 세세한 부분으로 내려온다. 반면 실증주의자 현장전문가들은 유형이나 특성과 같은 추상적 개념으로 올린다. 현상과 주제 사이의 변증법을 통하여 알려진 더 높은 의미의 주제적 패턴은 플롯 내에서 사실로부터 내러티브 진실을 생산한다. 따라서 직업적 행동을 지도하고 조절하며 유지하는 주관적 주제는 선재하는 사실들을 발견함으로써가 아니라 진실을 만드는 적극적인 과정으로부터 나타난다. 현장전문가들은 묻혀 있는 기억들을 파내는 것이 아니라 오늘의 스토리를 듣기 원한다. 내러티브라는 단어는 과거 사건에 대한 객관적인 보고라기보다는 현재 관점에서의 이전 경험에 대한 설명을 가리킨다. 내러티브 진실은 혼합된 사실들의 정확한 보고가 아닐 수 있다. 왜냐하면 그 주제는 다음 시나리오의 필요를 충족시키기 위하여 과거를 '반복적으로 기억하는', 즉 재해석하고 재구성하기 때문이다. 그 주제는 과거로부터 꾸준히 현재를 지나서 미래 속으로 트랜드를 옮기는 기능을 한다. 따라서 자서전적 추론은 선택하여 조직하고, 현대의 의미와 유용성을 지닌 정체성 내러티브를 표현하는 데 그 주제를 사용한다. 그 주제는 경험에 대하여 스스로 이해할 수 있는 방식으로 요구하기 위한 그리고 사실들을 개인적 의미와 내러티브 진실로 다시 기억하기 위한 구조와 제약을 제공한다. 또한 앞으로의 경험으로 사람들을 위치 짓는 데 있어서, 내러티브의 참됨은 그것의 유용성에 달려있다. 실용적인 관점으로부터, 내러티브 진실은 개인의 목표 추구에 적절한 현실성을 통하여 경로를 보여준다. 결국 내러티브 진실은 만일 결과적으로 그것이 사실이면 사실이 된다.

과거에 대한 주제적 분석을 통하여 내러티브 진실을 인식하는 것은 내담자들이 결론으로 이끄는 직업적 플롯 문제들을 해결하는 프롤로그 역할을 한다. 어떤 환경은 그 진로 주제로부터 그들의 직업적 플롯을 어긋나게 한다. 따라서 그들은 혼돈, 갈등 또는 카오스에 질서를 부여하는 방식으로 플롯과 주제를 재결합할 필요가 있다. 실제적인 개입은 직업적 플롯과 진로 주제를 다시 균형 잡는 것을 포함한다. 주제적 연속성을 가지고 그 플롯 문제의 패턴을 형성하는 것은 새로운 평형상태를 달성한다. 우리는 이전에 지각되었거나 또는 가능하지 않았던 진로를 여는 내러티브 진실로 균형을 잡는다. 더 많이 통합된 평형상태는 내담자로 하여금 자신의 생애 프로젝트를 향하여 더 의식적으로 추진할 수 있도록 한다. 그 다음에 다음 장에서 논의될 내러티브 독창성을 통하여, 현장전문가들은 내담자로 하여금 펼쳐진 플롯에 대한 자기-이해를 깊게 하고 다음 시나리오를 만드는 데 있어서 의도성을 강하게 하도록 도움을 제공하기 위하여 이러한 진실을 사용할 것이다. 내러티브 상담의 개입방법들은 다음 장에서 설명된다.

3 장
내러티브 상담

    오늘날의 유동적 직업인(mobile worker)들은 노동력의 변형과 직업의 구조조정으로 혼란스럽고 해체되는 기분을 느낄 수 있다. 하나의 맡겨진 임무에서 다음 임무로 이동할 때, 직업인들은 '자기가 누구인지에 대한 것'이 아닌 '자기가 했던 임무'를 내려놓아야만 한다. 만일 직업인들이 모든 것을 내려놓아 버린다면, 상실에 압도될 수 있다. 의미와 지속성을 부여하는 생애 스토리 형태로 자기에 집중함으로써 그들은 삶의 목적을 향상시키는 방향으로 움직일 수 있고, 무엇보다 중요한 목표에 다다를 수 있다. 의사이며 시인인 William Carlos Williams가 설명했듯이, "그들의 스토리, 당신의 것 그리고 나의 것 – 그것은 우리 모두가 여행할 때에 가지고 가야하는 것이다"(Coles, 1989, p. 30). 스토리들은 배워온 삶의 교훈들을 고정시키고, 교훈들은 과거 성과에 미래 계획을 연결시키는 시나리오를 만들어 모호함을 뚫고 나갈 수 있도록 이끈다.

　진로 구성 상담 현장전문가들은 내담자들로 하여금 자신의 스토리를 풀어놓을 수 있도록 돕기 위해 내러티브 심리학을 사용한다(Crossley, 2000). 그 결과, 결국 스토리들은 그들을 감싸 안고 불확실성을 가라앉힐 수 있다. 정체성과 주관적 커리어에 대한 내러티브 구성은 그들이 포지션과 프로젝트, 장소의 상실을 포함하는 전환에 직면할 때에 의미와 방향을 제공한다. 커리어 주제들은 의미를 유지하고, 불안을 억제하며, 탐색을 위한 공간을 확보하는 지지환경을 만든다. 진로 주제가 사람들을 붙들기 때문에, 그들은 발달과업을 마스터할 수 있고, 직업 전환을 할 수 있으며, 직업적 트라우마를 완화시킬 수 있다.

　생애 스토리는 개인으로 하여금 과거에 경험했던 전환에 대한 불확실성을 편안하게 직면할 수 있도록 허용한다. 그것은 내담자들이 혼돈과 무질서를 적어도 변화에 필요한 전조로서 이해하거나 감사하도록 할 수 있다. 스토리는 개인을 새로운 사건으로 이끌고, 이러한 경험들을 의미체계 안으로 흡수한다. 이것은 개인들이 자신의 경험을 이해하도록 허용하며, 그런 다음 어떻게 나아가야 하는지에 대하여 선택하도록 한다. 자기를 격려하는 것에 관한 좋은 스토리는 내담자가 더 중요하고 의도적인 자기에 집중하면서 진로를 변화하도록 한다.

　구성주의 상담은 '관계'이다. 그 안에서 내레이션을 통해 커리어가 공동으로 만들어진다. 스토리들은 내러티브 정체성을 만들어내기 위한 구성도구로서의 역할을 하고, 복잡한 사회적 상호작용 속에 있는 진로 주제들을 조명하기 위한 도구로서의 역할도 한다. 자신의 스토리를 말하면서, 내담자들은 스토리들이 더 많이 실재적이 되는 것을 느낀다. 그들이 말하는 스토리가 많아질수록, 그들은 더욱 더 실재가 된다. 그들이 자신의 "나(me)"를 보면 볼수록, 자기개념을 더 많이 성장시킬 수 있다. 스토리텔링은 내담자들이 자신에 대하여 생각하는 것을 구체화한다. 많은 내담자들이 자신의 스토리들을 말하는 동안에 울고 웃는다. 왜냐하면 그들은 내담자와 현장전문가 사이의 공간 안에서 생애 주제가 밝혀지는 것을 듣기 때문이다. 내담자들이 자신의 스토리를 말하면서 그것의 의미를 이해하도록 현장전문가들이 돕는 것은 중요하다. 이것은 진로 주제가 초기 인터뷰에서 처음에 제기된 문제들과 관련이 있다는 것을 의미한다. 내담자들의 가장 드라마틱한 메타포와 반복되는 언어를 활용하는 것 또한 권장할 만하다. 동시에, 현장전문가들은 내담자들로 하여금 경험으로부터 의미를 만들어내는 말을 더 많이 하고 자세히 언급하도록 한다. 진로상담은 내담자들에게 시의 상징적 언어와 문화적인 스토리 서술의 드라마틱한 언어뿐만 아니라 성격유형과 직업적 명칭(예, Holland, 1997)에 대한 논리적인 언어를 제공할 수 있다. 내담자들이 자기에 대한 어휘를 확대하도록 돕는 것은, 그들 자신의 경험을 스토리로 만드는 능력과 자신이 누구인가를 이해하는 능력 그리고 원하는 것을 전달하는 능력을 증가시킨다. 자기를 설명하는 것은 이해, 일관성, 지속성을 증가시킨다.

이 해

　현장전문가들은 내담자들이 자신의 경험들을 이야기하고 마음을 말하도록 격려함으로써 자신의 마음을 알 수 있도록 돕는다. 이런 의미에서, 자기-구성은 자기표현을 통하여 발생한다. 특히, 개인이 스토리 내에서 자기(self)를 표현할 때에 더욱 그렇다. 자원이 풍부한 대화로 자서전을 이야기하는 것은 스토리를 더 쉽게 이해하도록 한다. 상담 초기에, 소수의 내담자들은 자신의 삶에서 자신을 낯선 사람처럼 느낀다. 또다른 내담자들은 자신의 삶을 얼핏 대충 살펴본다. 예리한 자기지식을 가진 내담자조차도 스스로에 대하여 잘 이해하지 못하는 스토리들을 말한다. 스토리를 말하는 것은 이미 존재하고 있는 것에 대한 의식 있는 자각을 가져오지만, 여전히 불분명하고 애매모호할 수 있다. 내담자가 자신이 아는 것을 말할 때, 그들이 생각했던 것뿐만 아니라 그들이 모르고 있던 것도 발견한다. 이러한 깨달음은 그들로 하여금 자신에 대하여 더 많이 배우도록 촉진한다. 사람들은 그것을 분명하게 표현함으로써 삶을 이해한다. 그들은 스토리 안에서 자신의 삶을 완전히 이해한다. 내레이션은 내담자들이 자신을 명료하게 표현할 때 진실을 만들어 내도록 돕는다. 그들은 의미와 목적을 발견하지 못한다. 대신에, 경험과 설명 사이의 차이를 줄이는 관점으로 의미를 만들어낸다. 자신의 스토리를 알려주는 가운데, 내담자들은 자신의 삶의 경험에 더 가까이 접촉하게 된다. 뿐만 아니라, 스토리를 말하는 것은 사실을 진실로 변형시키고 내담자와 현장전문가 모두에게 그 의미를 선명하게 해준다. 개인들은 그들을 움직이는 것, 그들이 삶에서 구축한 것 그리고 그들의 삶이 제공하는 아이디어들을 이해함으로써 보다 충만한 존재가 되어간다.

　이해가 증진됨에 따라, 내담자들은 자신의 스토리들을 더욱 분명하고 확실하게 만든다. 내담자들이 내포된 의미를 더욱 분명하게 만들 때에 스토리는 따라가기가 더 쉬워진다. 자세한 내용을 추가하는 것은 스토리들을 더욱 확실하게 만든다. 구체적인 세부사항은 스토리를 더욱 그럴듯하게 만들고 말하는 사람은 그것을 더욱 확신하게 된다. 좋은 청자는 핵심을 분명하게 하기 위하여 질문을 던짐으로써 내담자 스토리의 명료성을 증대시킨다. 때로는 청자들이 예시, 설명, 그리고 스토리가 사실임을 증명하고 확증할 수 있는 증거를 요청할 수 있다. 이해를 높이는 것에 더하여, 누군가의 생애 스토리를 이야기하는 것은 그것에 더 많은 본질을 부여한다. 사람들이 자신의 생애 스토리를 더 많이 말할수록 스토리는 더욱 더 실재가 되어가고, 결과적으로 그들은 더욱 더 실재적이 된다.

📊 일관성

　내레이션은 커리어의 맥락 안에서 자기의 다양한 버전을 명확히 말로 표현할 수 있다. 내담자들이 현장전문가에게 자신의 삶에 대하여 알려주기 시작할 때에, 스토리들은 뒤죽박죽으로 시작된다. 내담자들이 자신의 스토리를 말할 때에 비교해보면, 모순되고 일치하지 않는 자기에 대한 연대기를 보고할 수 있다. 비록 각각의 마이크로내러티브는 잘 이해되는 것일지라도, 둘 또는 그 이상의 작은 스토리들은 일관성이 있기보다는 서로

상충될 수 있다. 경험이 없는 현장전문가들은 이런 것이 발생하면 혼란스럽고 불안하게 될 것이다. 이에 비교하여, 노련한 현장전문가들은 오히려 고무되는데 왜냐하면 더 깊은 의미로 들어가는 입구를 찾았기 때문이다. 모순된 스토리들은 둘 다 "진실"이기도 하고 내담자 안에 함께 존재한다. 따라서 그들이 그것들을 어떻게 함께 맞추는가를 알아내는 것은 의미를 만드는 특별한 과정과 상담을 촉진한다. 지속적인 내레이션을 통하여 스토리들은 점차적으로 맞춰지고, 그것에 의하여 자기일관성이 견고해지며(Lecky, 1945), 통일성이 강화된다. 일관성은 함께 결합하고 유지하는 관련성을 형성한다. 내담자들이 스토리들을 함께 맞추는 것을 돕기 위하여 현장전문가들은 결합장치로 반복과 연결을 사용한다. 적절한 때에 내담자들은 자신의 정체성 스토리들을 통합하는 방법으로 자기의 연대기를 모은다. 내러티브 일관성은 다양성 내에서 통일성을 제공하는데 그것은 스토리의 유익을 증가시킨다. 일관되게 통합된 마이크로 스토리들을 가진 매크로내러티브 구성은 방해가 되는 사건들이 발생할 때에 그 의미를 더 강하게 유지하게 한다.

그러나 소수의 내담자들에게는 일관성을 감소시키는 것이 목표일 수 있다. 가끔 내담자들은 자신을 당파, 대의명분 또는 사상에 치우친 입장에 동일시함으로써 과도하게 일관성 있는 제한된 정체성을 지니고 상담을 시작한다. 그러나 이렇게 단순한 정체성은 단지 부분적이고 일시적인 입장을 제공하는 이데올로기만을 확증할 것이다. 정체성에 대한 대화체의 묘사를 그리기 위하여, 현장전문가들은 이야기된 자기를 다른 맥락과 역할들에 놓아봄으로써 내담자 스토리들의 복잡성을 증가시킨다. 의미는 표면적인 현실이나 일부 고정된 사실에 대응하여 있는 것이 아니라 사용하는 어떤 맥락 안에 있다. 그래서 다른 맥락들이나 특정 시기로 스토리를 옮기는 것은 정체성의 다른 차원을 강조하고 핵심적인 이슈들을 제기한다.

지속성

　일관성은 의미를 더 강하게 유지하도록 하지만, 지속성은 의미를 더 오래 유지시킨다. 지속성은 안정성을 강화하지만 일관성은 통합을 강화한다. 내담자들은 비밀을 드러내고 주제를 인식하며, 개인적 신화를 다시 바꾸어 말하는 내레이션을 통하여 자신의 생애 스토리 안에서 지속성을 만들어낸다. 개인들이 자신의 스토리들을 말할 때에 주제가 드러나고, 삶은 더 많이 이해되기 시작한다. 스토리에 의해서 만들어진 스토리, 내담자들은 더 큰 내러티브, 즉 정체성 매크로내러티브 안에서 의미의 가닥을 강화한다. 점차적으로, 그들은 주제의 반복을 인식하고 순서에 따라 진행의 기초를 이루는 논리를 식별하면서 스토리라인들을 이해하고 통합하기 시작한다. 자신의 개인적인 비밀을 논의할 때에 그 과정은 깊어진다. 상담은 안전한 장소를 제공한다. 그 안에서 오래된 비밀들이 표면으로 올라올 수 있고 그늘로부터 잊혀진 역사들이 떠오른다. 종종 이러한 비밀들은 분리된 스토리들을 통일된 전체로 창조하기 위하여 통합하는 접점을 드러낸다. 비밀에 대한 논의는, 내담자들이 세계를 이해하기 위하여 스스로 반복하는 개인적 신화에 대한 검토로 이어질 뿐만 아니라 자신의 목적을 새롭게 한다.

📊 진로구성을 위한 내러티브 상담

이해의 증진, 일관성 그리고 지속성의 가치는 내러티브 상담의 현장전문가들에 의해 추론된다. 사실, 이러한 내러티브 요소들은 진로상담에서 마이크로 프로세스들을 구성하는 목표의 역할을 한다. 상담은 스토리텔링을 통하여 학습과 성장이 일어나는 담화적이고 관계적인 만남을 포함한다. 사람들이 진로상담을 찾을 때에, 그들은 말하고자 하는 스토리를 가지고 있다. 그들은 상담에 오래된 스토리들을 가지고 온다. 그리고 현장전문가와 함께 새로운 스토리를 구성하고 싶어 한다. 대화는 사람들로 하여금 자신이 원하는 것보다 더 많은 것들을 검토하도록 돕는다; 그것은 그들로 하여금 자신이 어떤 사람인지에 대하여 평가하도록 돕는다. 그것은 내담자들로 하여금 '과정'과 내러티브 안에서 자신의 '삶'을 깊이 있게 연구하게 함으로써 그렇게 한다. 진로상담은 내담자 스토리에 목소리를 주는 것 이상의 것을 한다; 그것은 가능성을 열고 정체된 계획을 다시 시작하기 위하여 다른 의미들에 접근한다. 그것은 보다 완전하고 온전한 개인들의 모습이 드러날 수 있도록 하는 변형의 효과를 추구한다. 스토리텔링이 변형적 과정으로 접근될 때에, 본질적인 생의 요소들은 추출된다. 그리고 나서 느껴지고, 탐색되며, 통합된다.

진로상담에서 해석자는 일치보다는 매터링(mattering)을 강조한다. 매터링이란 자신의 스토리들을 평화, 정의, 평등 그리고 미(美)와 같은 상위 의미의 어떤 패턴에 연결 지음으로써 의미와 본질을 부여하는 것이다. 의미를 설명하고 과거의 경험을 매터링할 뿐만 아니라, 진로상담은 의도와 실행을 촉진함으로 써 앞에 놓인 세상과 연결하도록 강하게 요구한다. 사람들로 하여금 자신의 목적을 실행하도록 하는 것은 상상력에 직관을 부여하고 의도를 드러내는 새로운 아이디어를 불어넣는다. 리 허설하기의 목적은 개인들이 활기를 되찾는 삶의 계획을 설계 하도록 하는 의미 있는 자유를 발전시키는 것이다. 그것은 항 상 그들이 해야만 할 어떤 일 뿐만 아니라 그들을 위해서 할 수 있는 어떤 일을 고려하는 것을 포함한다. 매터링이 내담자 에게 앞선 경험을 주는 반면, 활동은 내담자들이 그들 앞에 있 는 생활을 시작하도록 한다. 진로상담은 사람들이 자신의 삶에 가지고 있는 권한을 증가시킨다. 비록 진로상담이 간단한 처치 를 할지라도, 때때로 단 한 번의 만남으로, 그것은 내담자로 하 여금 자신의 삶에 보다 충만하게 존재하고 그들이 자기 자신을 유지하고 커뮤니티에 기여함에 따라 좀 더 온전해지도록 지원 한다.

　　진로 구성 현장전문가들은 대화와 숙고의 표준 아젠다가 내 담자의 요구에 적합하다면 일반적으로 그것을 따른다. 3막 드 라마와 유사하게 진로상담은 세 가지의 파트가 있다. 이 세 가 지의 파트는 한 번의 인터뷰 또는 독립된 세 개의 인터뷰로 나 눌 수 있다. 3막 드라마에서 첫 번째 막은 캐릭터를 소개한다. 진로 구성 상담에서 첫 번째 막은 커리어 스토리 인터뷰(부록을 보라)인데, 여기서 내담자는 현장전문가에게 자신을 소개하고, 그것은 궁극적으로 자기 자신에게 소개하는 것이다. 드라마에 서, 두 번째 막은 주된 갈등을 제시하고 진실의 순간을 촉발하 는 심오한 이해로 끝을 맺는다. 진로 구성 상담에서 두 번째 막은 내담자의 생애 묘사를 나타내고 논의하는 것을 포함한다. 상담을 찾은 이유와 묘사를 병치하여 비교할 때 새로운 이해가 드러난다. 드라마에서 세 번째 막은 새로운 이해에 의해 촉발된 변화들을 드러낸다. 진로 구성상담에서, 이것은 내담자들의 정체성 내러티브를 수정하고 자신의 커리어의 방향을 다시 정함으로써 내담자가 상담에 가져온 문제들을 해결하도록 하는 상담의 한 부분이다. Wittgenstein(1953, aphorism 109)이 관찰하였듯이, "새로운 정보를 주어서가 아니라, 오래전부터 우리가 늘 알고 있던 것을 정리함으로써 문제는 풀린다." 요약하면, 첫 번째 막은 내담자들이 짧은 스토리들을 통해 그들의 진로를 구성하는 것이고, 두 번째 막 동안에 현장전문가들은 작은 스토리들을 좀 더 큰 스토리로 재구성한다. 그리고 세 번째 막 동안에 내담자와 현장전문가는 수정된 정체성 내러티브, 새로운 의도, 그리고 가능한 실행들을 함께 구성한다.

📊 상담 모델

상담의 다른 형식들과 유사하게, 진로 구성 상담은 두 가지의 주요 차원이 있다: 관계 차원과 의사소통 차원이다.

■ 관계 차원

내담자와 현장전문가 사이의 관계성은 계약, 상호작용, 그리고 격려가 포함되어야 한다.

▨ 계 약

　계약은 내담자가 자신을 상담으로 이끄는 요구를 가질 때 시작된다. 갑작스럽게 이전의 방식으로 더 이상 적응할 수 없게 되면, 내담자는 생애 공간(life space)과 직업적 플롯으로부터 이탈하게 된다. 이러한 불균형은 그들이 현장전문가의 조언을 구하도록 만든다. 초기에, 현장전문가들은 상담협력관계(Masdonati, Massoudi, & Rossier, 2009)라고 하는 파트너십을 형성하기 위하여 내담자에게 다가가야 한다. 현장전문가들은 상담실에서 내담자들을 수용하고 기꺼이 받아들임으로써 이러한 결속을 만들어낸다. 이것을 하기 위하여, 현장전문가들은 내담자의 모든 언어와 제스처에 관심을 기울이고, 이러한 커뮤니케이션에 감정적으로 적절히 공감한다. 이러한 내러티브 접근에서 현장전문가들은 내담자들의 커리어 스토리에 호기심을 가짐으로써 관계를 발전시킨다.

▨ 상호작용

　현장전문가들이 처음으로 내담자의 스토리들을 이끌어내고 새로운 관점을 제공할 때에, 상호작용은 상담협력관계를 진척시킨다. 스토리를 이끌어내기, 그것의 의미를 탐색하기, 동반하는 감정을 불러일으키기는 내러티브 기술의 요소들이다. 현장전문가들의 일은 주의를 기울이고 경청하며 스토리와 그것의 진정성을 타당화하는 것이다. 현장전문가들은 상호작용을 통제하려고 하는 것이 아니라 스토리를 잘 이해하려고 노력한다. 내담자의 스토리에 몰입하는 것은 내담자가 긴장을 풀어 편안해지도록 돕는다. 그래서 현장전문가들은 반드시 내담자가 자신의 생각과 감정들을 이야기할 때에 그들과 함께하고, 스토리에 참여해야 한다. 단어와 구절들에 귀를 기울이고, 관심을 가지고 그것들에 반응하여 되돌려줌으로써 현장전문가들은 내담자의 스토리들에 관여된다. 그들은 또한 경외심과 의문을 가지고 내담자가 스토리들을 정교화하도록 독려한다. 그들은 정서적 흐름을 원활하게 하고 표현된 정서의 풍부함을 느낀다. 현장전문가들은 내담자의 감정을 돌볼 뿐만 아니라 자기 자신이 어떻게 내담자의 스토리들에 정서적으로 반응하고 있는지도 살펴보아야 한다.

몇 가지 스토리들을 들은 후에, 현장전문가들은 주제가 되는 패턴을 강조하고 지배적인 영향을 처리하는 방법으로 내담자들이 자신의 매크로내러티브를 만드는 것을 시작하도록 돕는다. 이렇게 하기 위하여, 현장전문가들은 내담자로 하여금 현재 딜레마와 관련되어 있는 스토리의 의미가 무엇인지를 생각해보도록 독려하는 동안, 매우 반응적으로 대화에 참여한다. 그들은 스토리의 의미를 탐색하기 위하여 내담자의 스토리를 끌어내기 위해 사용했던 전략과는 다른 언어적 전략들을 사용한다. 예를 들면, 그들은 대화를 넓히고 의미를 느슨하게 완화하기 위하여 모호함을 사용할 수도 있다.

내담자들이 말하지 않은 것이 상당히 중요할 수 있다. 종종, 생애 스토리의 중요한 부분은 기꺼이 표현되지 않을 수 있다. 때때로 내담자들은 말할 수 없거나 말할 준비가 되지 않은 스토리를 가지고 있다. 만일 현장전문가들이 무언가 빠져있다는 것을 감지한다면, 종종 정서적 공명에 기초하여 큰소리로 놀라

워하며, 비어있는 소재들을 탐색할 것이다. 이러한 경우에, 현장전문가들은 내담자들이 들을 준비가 되어있는 소재에 대해서만 말하는 것에 민감해져야만 한다. 그들은 탐정의 역할이 아닌 목격자의 역할을 한다. 이 점에서 나는 셜록 홈즈와 같은 전형적인 탐정의 비유를 좋아한다. 내담자들은 뛰어난 탐정이 되어가는 홈즈와 닮았다. 현장전문가들은 홈즈에게 "당신은 어떻게 그것을 알아냈는가?" 그리고 "그것의 의미는 무엇인가?"를 끊임없이 질문함으로써 내면의 생각들을 드러내도록 역할을 하는 절친한 친구 왓슨박사와 닮았다.

▦ 격 려

내담자의 스토리와 상황을 조금 이해한 후에, 현장전문가들은 내담자들의 공감적인 반응들에 격려하는 진술들을 덧붙인다. 현장전문가들이 내담자의 진술들 안에 있는 느낌과 의미를 강조하고 재진술하는 방법으로 그들의 관점을 적극적으로 청취할 때에, 공감적 반응들은 더 깊은 자기-탐색을 촉진한다. 이와 비교하여, 격려는 현장전문가들의 관점에서 나오는 반응이다. 현장전문가들이 그들 자신의 유리한 위치에서 말할 때에, 내담자로 하여금 다른 관점과 가능성들을 고려하도록 돕고자 한다. 현장전문가의 또 다른 관점은 내담자로 하여금 그들 자신과 스토리를 어떤 방식으로 확장시키도록 요구하는 타자성이다. 이러한 확장은 변화와 선택으로 향하는 진보적인 불안정과 새로운 균형들을 요구할 것이다. 현장전문가들은 힘을 얻고 자신감을 형성하는 점진적 단계에서 이러한 헌신을 향한 움직임을 구조화해야 한다. 이러한 구조는 내담자가 최근의 경험했던 상황에서 바람직한 상황으로 옮겨가도록 하는 목적이 있는 행동들을 지지한다(Tiedeman & Field, 1962). 상담 과정에서 그리고 이후에도 내담자의 행동을 격려하기 위하여, 현장전문가들은 내담자로 하여금 요구되어진 목적이 있는 행동에 집중하도록 하는 진술을 가지고 용기를 내도록 돕는다. 원했던 행동은 의미가 풍부한 반응이다. 행동은 그 자체로 상담과 내레이션의 핵심성과를 나타낸다. 비록 내러티브 치료의 중심으로서, 말은 그 자체만으로 필수적이지만 충분하지는 않다. 말은 마침내 이해되고 선호된다; 실제의 선택과 변화는 내담자로 하여금 현실에서 수정된 정체성의 새로운 의미를 행동으로 옮기도록 요구한다.

▧ 의사소통 차원

진로 구성 상담의 내용차원은 스토리와 그것의 의미로 구성된다. 따라서 상담은 내담자들에게 의문을 제기하는 커리어 스토리 인터뷰로 시작한다. 그리하여 내담자들은 그들 자신의 삶에 대한 이야기를 들을 수 있고, 적절한 때가 되면 자신의 스토리를 이해할 수 있게 된다. 스토리를 드러내기 위한 도구로써, 구조화된 인터뷰는 내담자들이 스스로 더 좋은 질문을 할 수 있도록 돕는 것을 목적으로 한다. 그 질문들은 현장전문가가 자신의 경험을 말로 표현하도록 내담자를 초대하는 데 사용하는 대화적 지도를 제공한다.

인터뷰는 내담자들이 자기-정의 경험들을 상세하게 설명함으로써 삶을 펼치도록 독려한다. 그 질문들은 내담자가 자신의 삶에 대한 더 깊고 새로운 의미를 제공하기 위하여 고쳐 쓰는 바로 그 내러티브를 이끌어 낸다. 이렇게 자기-정의 스토리들

은 내담자들에게 무엇이 문제인지를 설명하고, 생애 목적은 그
것들을 좀 더 완전하게 만드는 역할을 한다. 그 스토리들은 내
담자가 생각하는 생애 목적과 그러한 목적들을 성취하는 도구
로서의 역할을 하는 문제－해결 전략들을 드러낸다. 생애 주제
를 드러낼 뿐만 아니라, 커리어 스토리 인터뷰를 하는 동안 스
토리들은 내담자의 자기－구성 유형과 진로 적응성 레퍼토리도
분명하게 나타낸다(Savickas, 2005).

▨ 구 조

진로 구성 상담에서 커리어 스토리 인터뷰를 적용하는 것은
내용이 아닌 프로세스를 지시하려는 구조화된 접근방법을 제공
한다(Neimeyer, 2004a). 그럼에도 불구하고, 그 틀은 무엇을 이야
기할 것인가를 선택함으로써 내용에 영향을 미친다. 현장전문
가들이 자기－내레이션 과정을 조직화함으로써 그 틀은 내담자
들의 사적인 삶 안으로 들어가는 길을 찾는 수단이 된다. 그
전략은 내담자들에게 경험적인 자기－탐색과 개인적 발견을 위
한 구조화된 기회를 제공한다. 이 전략은 주로 내담자들이 자
기 탐색에 집중하는 것을 돕는다. 각각의 내담자 욕구를 만족
시키기 위하여, 현장전문가들은 그 틀을 채택하거나 빼는 데
유연성을 유지해야 한다. 이 전략이 대화를 통제하기 위한 방
안으로 축소되어서는 안 된다. 대신에, 그 전략은 현장전문가
자신의 불안을 조절하는 기능을 한다. 왜냐하면, 커리어 스토리
인터뷰 질문들은 대화를 위한 프로세스 개요와 주의 깊은 경청
을 위한 틀 모두를 제공하기 때문이다. 그 질문들은 현장전문
가들이 독특한 스토리들을 이야기할 새로운 내담자들에게 다가
갈 수 있는 안전감을 제공한다.

진로 구성 모델과 인터뷰 방법은 현장전문가들에게 소설가인 Eudora Welty(1983)의 조언 ― 스토리를 듣기 보다는 스토리에 귀를 기울여라(스토리를 이해하기 위하여 경청하라) ― 을 따르도록 지시한다. 스토리를 듣는 것은 수동적이고 수용적이 되어 그것을 흡수하는 것을 의미한다. 반면 스토리에 귀를 기울이는 것은 적극적으로 그것을 분별하고 협력적으로 스토리를 만드는 것을 의미한다. 이러한 분별력은 적어도 의사결정, 핵심 개념들, 그리고 주제와 관련된 아이디어들에 대한 경청을 포함한다. 내담자의 마이크로내러티브를 듣는 동안, 진로 구성 현장전문가들은 직업적 플롯과 진로 주제, 캐릭터 아크를 듣기 위해 귀를 기울인다.

더 큰 스토리에 귀를 기울이는 동안, 현장전문가들은 내담자가 이야기할 수 있는 끝없이 많은 양의 전기적 세부사항과 작은 스토리들에 그들 자신을 맞추기 위하여 다섯 가지 주요 질문들을 사용한다. 그 질문들은 현장전문가들에게 Schultz(2002)가 "성격 분석적 가설 만들기"의 방법이라고 불렀던 것을 제공한다. 그 다섯 가지 질문들은 현장전문가들에게 함께 작업할 구체적인 어떤 것, 즉 가장 중요한 기억들, 자기 ― 정의 순간들, 그리고 핵심 장면들을 제공한다. 그 질문들은 내담자들의 내레이션을 작은 스토리들에 집중하도록 한다. 그 작은 스토리들은 현장전문가들이 내담자가 자신의 정체성과 적응성을 이해하는 큰 스토리를 구성하는 것을 돕는 데 사용한다.

▮ 대 화

Henry James(1908)는 "스토리를 말하는 사람이 스토리를 듣

는 사람이고, 읽는 사람이다"(p. ⅷ)라고 썼다. 진로 구성 현장
전문가들은 그의 말에 동의한다. 내담자 자신의 내러티브 정체
성에 대한 이해는 통찰이 아닌 대화에서 생긴다. 인터뷰 질문
에 대한 반응은 내담자로 하여금 공동체 안에서 자신의 스토리
를 들을 수 있도록 한다. 자원이 풍부한 대화와 경청을 동반하
는 대화적 만남은 내담자들로 하여금 자신의 삶에 대해 질문하
도록 만든다. 내담자들이 자신의 스토리를 말할 때 현장전문가
는 감정, 신념, 목표들을 상세히 설명하도록 독려한다. 질문들
은 그들의 경험이 자기와 정체성에 무엇을 의미하는지 숙고하
도록 지시한다. 현장전문가들은 시간이 지남에 따라 나타나는
내담자의 변화와 일관성 모두를 표현하는 스토리들 안에서 에
피소드들을 반영해준다. 이러한 반영과 재진술은 내담자의 삶
의 논리를 강조하고 의미 만들기를 발전시킨다.

　물론, 현장전문가들은 내담자들의 생각과 스토리에 더 많이
반응한다. 그들은 또한 정서적인 경험들을 처리하고, 현재의 감
정들에 공감적으로 반응한다. 현장전문가들은 내담자들로 하여
금 그들이 새로운 스토리 안으로 들어갈 때에, 전환에 대한 느
낌을 받아들이도록 돕는다. 그들은 끝날 수 있는 스토리에 주
의를 끌고, 적당한 때에 내담자들이 그 상실을 애도하도록 돕
는다. 요약하면, 현장전문가들은 직업적 플롯을 확대하고 커리
어 주제를 명료화함으로써 이러한 대화적 전략들을 정체성 내
러티브들의 이해력, 일관성, 지속성을 높이는 데 사용한다. 그
들은 자기를 좀 더 입증하고, 정체성을 좀 더 인식하며, 자기
주도성을 좀 더 증가시키는 것을 목적으로 한다. 궁극적으로,
현장전문가들은 내담자들이 자신의 삶을 보다 충만하게 살아가

고, 이미 되어 있는 것보다 좀 더 완전한 사람이 되도록 용기
를 주기 위하여 노력한다.

스페인의 시인 Antonio Machado(2003, p. 6)의 시집 안에 '그
들은 자신이 앞으로 나아가는 길에 있다는 것을 깨달아야만 한
다'는 시가 있다3);

Traveller, there is no road,
You make your own path as you walk.
As you walk, you make your own road,
and when you look back
you see the path.

나그네여, 길은 없습니다,
당신이 걸어가면서 당신 자신의 길(발자취)을 만드는 것입니다.
당신은 걸어가면서, 당신 자신만의 길을 만들고 있습니다.
그리고 당신이 뒤를 돌아보면,
당신은 그 길(발자취)을 봅니다.

내담자 마이크로내러티브들의 의미를 체계적인 방법으로 듣
는 것은 현장전문가들로 하여금 내담자의 내러티브 정체성들을
조직화하는 주제적 통합을 인식할 수 있도록 한다. 다섯 가지
질문들에 대한 내담자의 반응을 듣는 동안, 현장전문가들은 생

---

3) *There is no raod; Proverbs of Antonio Machado*(p. 6)'는 A. Machado가
쓰고, M. Berg and D. Maloney가 번역(2003)한 "xxix"에서 인용한 것이다
(Buffalo, NY: White Pine Press. Copyright 2003 by White Pine Press.
Reprinted with permission).

애를 구성하는 내러티브 논리의 중심축을 알기 위해 경청한다. 생애 주제를 파악하고 이해하기 위하여 개인의 커리어 스토리들을 경청하는 동안, 현장전문가들은 수많은 삶의 세부사항들에 의해 쉽게 방향감각을 잃을 수 있다. 내담자의 복잡성과 모순으로 인하여 혼란스러워지지 않기 위하여, 그들이 삶 전체를 만드는 주제를 이해하려고 노력할 때에 현장전문가들은 사실 자체가 아닌 사실들을 함께 붙드는 접착제 기능을 하는 것에 귀를 기울여야만 한다.

▓ 반 영

표면적으로 임의적인 행동과 사건들은 다양한 방식으로 직업적 플롯과 진로 주제 안으로 배열될 수 있는 마이크로스토리에서 보고된다. 진로 구성 이론은 이러한 목적으로 듣는 사람이 내담자 스토리의 전형을 걸러낸다고 제안한다. 현장전문가와 연구자들은 개인적인 집착이 공적 차원의 직업으로 전환되는 것을 포함하는 진로 구성의 원형적인 주제를 가정함으로써 그렇게 한다. 내담자들이 자신의 스토리들을 이야기할 때에, 현장전문가들은 욕구를 목표로, 긴장을 의도로, 강박을 전문적 직업으로 전환하기 위한 내담자의 개인적 패러다임을 확인하고 이해하는 데 집중한다. 따라서 커리어를 직업적 사다리를 올라가는 것으로 개념화한 20세기 발달 내러티브는 내담자가 수동적으로 고통을 감수하는 것에서 능동적으로 숙달하기 위하여 일을 하는 것으로 개념화한 발달 내러티브로 전환된다. 마이크로 내러티브들을 수집한 후에, 현장전문가들은 캐릭터 아크에 대한 가설들을 포함하는 진보적 내러티브에 그것들을 배열한다. 이러한 절차는 현장전문가들이 내담자 스토리로부터 일관성과 지속성을 지닌 정체성 내러티브를 만들 수 있도록 한다. 결국, 현장전문가와 내담자는 상담을 찾은 이유를 충분히 표현할 수 있도록 상호이해를 함께 구성하기 위하여 반복적이고 해석적인 과정에서 이러한 가설들에 관여한다.

현장전문가에게 자신의 스토리를 반영하고 재진술하는 것은 어떻게 좀 더 온전하게 되기 위해 일을 하고 그들과 커뮤니티 모두에게 문제가 되는 직업적 역할에 충분히 참여할 수 있는지를 이해하도록 내담자를 격려한다. 뿐만 아니라 현장전문가들은 내담자들로 하여금 스토리의 내러티브가능성을 증가시키고, 그들이 선택하고 취해야만 하는 결정에 진로 주제를 결부시키도록 돕는다. 어려운 선택은 내담자가 자신의 삶을 명료하게 하도록 한다. 내담자들이 이용할 수 있는 대안과 그들의 스토리를 진전시키는 방법을 논의할 때에, 현장전문가들은 가장 중요한 것이 무엇인지를 고려하고, 내담자의 커리어 적응성을 증진시키며, 내담자 스토리에서 그 다음 장을 작성하는 데 사용될 수 있는 직업들을 확인하도록 설계하는 방식으로 스토리를 재진술한다. 다시 이야기하기 위해서 현장전문가에 의해 배열될 때, 그 응답들은 인식할 수 있는 하나의 큰 스토리 주위에 있는 드러난 작은 스토리들의 발판을 구축한다. 그 발판은 반영과 자전적 추론이 가능한 의미공간을 조직한다. 혼자 설 수 있을 만큼 정체성 내러티브가 안정된 후에, 내담자의 매크로내러티브 주위에 있는 작은 스토리들의 발판은 제거될 수 있다.

📊 내담자 목표

모든 상담관계에서 현장전문가들은 내담자들이 반드시 해야한다고 느끼는 것을 다룰 수 있는 방법을 찾도록 도와야 한다. 따라서 현장전문가들은 내담자들에게 그들이 상담 경험을 통하여 무엇을 추구하는지를 분명하고 상세하게 표현하도록 요청하는 것으로 상담을 시작한다. 현장전문가들은 내담자에게 "당신이 커리어를 구성할 때 내가 어떻게 도움이 될까요?"라고 물어봄으로써 그렇게 할 수 있다. 이러한 의도적인 시작 질문은 내담자들이 인구통계학적 세부사항과 역사적 사실들보다 훨씬 더 중요한 정보를 말하도록 촉진한다. 이러한 시작 질문에 대한 개인의 반응은 현장전문가로 하여금 내담자의 자기-표현 양식과 정서적 톤, 다른 사람들과 관계 맺는 방식을 관찰할 수 있게 한다. 수십 명의 내담자들과 작업한 후에, 현장전문가는 내담자의 독특성에 주목하는 데 능숙해진다. 유사한 관심과 자기-구성 전략들을 가지고 있는 각각의 내담자들은 그들의 상담 목적을 언급할 때 강조점, 표현, 그리고 감정에 있어서 차이를 나타낸다.

이 시작 질문을 사용할 때에, 현장전문가들은 관계를 시작하기 위하여 목표에 대한 생각을 발전시킴으로써 책임을 가정한다. 그리고 그들은 관계의 중심에서 상호성을 모델화하는 방식으로 그렇게 한다. 효율적인 현장전문가는 내담자에게 목표를 강요하지 않는다. 대신에 시작 질문을 통하여 내담자들의 목표와 기대들을 이끌어낸다. 현장전문가는 내담자가 상담에 가지고 오는 문제뿐만 아니라 그 문제를 어떻게 보고 있는지를 알기 원한다. 물론, 그들은 내담자가 그 문제를 어떻게 다루고 싶어 하는지 알 필요가 있다. 그리고 현장전문가는 내담자가 상담에서 무엇을 원하는지 그리고 그것을 어떻게 해결하기를 원하는지 알아야한다(Neimeyer, 2004b). 만일 내담자가 "나는 흥미 검사를 받고 싶어요"와 같이 그들이 원하는 처치를 말한다면, 현장전문가는 내담자가 그 개입을 통해 무엇을 성취하고자 하는지 알기 위해 더 자세히 탐색한다. 현장전문가들은 내담자가 자신의 문제에 대한 개입 방식을 처방하는 것을 원하지 않는다; 그들은 내담자의 문제와 목표를 알고 싶어 한다.

현장전문가들이 상담 초기에 얻고자 하는 배경정보의 양은 각기 다르다. 어떤 현장전문가들은 내담자들이 알아야 할 것은 그 순간에 무엇이 일어나고 있는지에 대한 것이라고 믿기 때문에 히스토리에 대하여 거의 질문하지 않는다. 다른 현장전문가들은 그 순간에 무엇이 일어나고 있는지를 이해하는 데 중요하다고 믿기 때문에 내담자들의 히스토리에 관하여 수많은 질문을 한다. 대부분의 현장전문가들은 내담자가 자신의 커리어 스토리를 이야기하는 것이 필요할 때에, 그 히스토리가 펼쳐지도록 내버려두는 것을 선호한다. 그래서 그들은 전형적으로 문제의 배경이 되는 이야기에 대하여 한두 가지를 질문함으로써, 전후 맥락을 이해한다.

적절한 정도의 배경스토리를 이해한 후에, 현장전문가들은 시작 질문에 대한 내담자의 대답에 집중해야 한다. 비록 간결하지만, 정보의 세계는 내담자가 자신의 문제를 표현할 때 사용하는 문장들을 통하여 예상될 수 있다. 내담자들은 상담을 시작할 때 말할 수 있는 것보다 훨씬 더 많이 알고 있다. 시작 질문에 대한 그들의 대답은 아직 완전히 이해하지 못하고 있는 자신에 대한 하나의 스토리이다. 많은 내담자들에게 있어서, 시작 질문에 대한 대답 안에는 그들이 이미 알고 있는 것과 커리어 관심에 대하여 자신이 할 수 있을 것이라고 생각하는 것들이 포함되어 있다. 어떤 내담자들은 상담 초기부터 자신이 무엇을 하고자 하는지 그리고 때때로 그것을 어떻게 하고 싶은지에 대해 분명하게 알고 있다. 따라서 현장전문가들은 상담이 어떻게 유용할 수 있는지의 질문에 대한 내담자의 새로운 반응을 주의 깊게 고려한다. 현장전문가들은 혹시 내담자들이 이미 마음속에 가지고 있는 해답을 암시적으로 진술할 수 있는지를 듣고 싶어 한다. T. S. Eliot(1963)이 '네 개의 사중주'에 썼듯이, 결말은 이미 초기에 내포되어 있다. 상담 과정에서 현장전문가들은 내담자로 하여금 해결책을 상세히 검토하고 이야기하도록 한다. 그래서 그들은 자신이 다음에 무엇을 하고 싶은지를 알게 된다.

현장전문가의 일은 내담자들이 커리어 스토리 인터뷰에 응답할 때에 자신이 말하는 것을 다른 관점에서 듣도록 도움으로써 그리고 나중에 내담자의 정체성 내러티브를 함께 구성할 때에 그것을 여러 차례 반복함으로써 그들이 말한 것을 확대하는 것이다. 이미 잘 알고 있듯이, 내담자들은 현장전문가에게 제기했던 질문들에 대한 자신의 대답을 명확히 표현하는 것을 듣는다. 따라서 상담이 어떻게 자신에게 도움이 될 수 있을 것인가에 대한 내담자들의 설명은 종종 보다 큰 스토리를 위한 기초가 된다. 이러한 시작 질문에 대한 내담자의 반응은 회기를 위한 아젠다를 만들고 다음에 계속되는 대화의 틀을 만든다. 시작 문장은 현장전문가에게 스토리가 무엇에 관한 것인지에 대하여 말해준다. 그것은 현장전문가들로 하여금 곧 드러날 어떤 것에 관심을 가지도록 한다. 어떤 의미에서, 내담자의 반응은 말해질 스토리에 대하여 미리 알려주는 것이다. 현장전문가는 가능한 열심히 듣는다. 그래서 스토리가 시작됨에 따라 그것을 이해할 수 있게 된다.

몇 가지 예시들은 이러한 점을 잘 드러낸다. 최근에 한 내담자가 "내가 하고 있는 선택이 정말 내가 해야만 하는 선택일까요?"라고 말하면서 시작 질문에 대답하였다. 물론, "~해야만 하는(should)"은 핵심 문제를 알려준다. 그녀는 하고 있었던 일들에 매우 만족하고 있었다. 그러나 엄마와 이모는 그녀가 또 다른 것을 "해야만 한다(should)"고 주장하였다. 상담의 끝 무렵에, 그녀는 자신에게 강력한 영향을 주는 타인들에 의해서 부여된 플롯을 연기하는 것 보다는 자신의 생애 스토리를 만드는 데 몰입하고 있음을 확인하였다. 또 다른 내담자는 대답하였다. "내가 지금 적합한 일을 하고 있나요?" "지금(now)"은 중요한 의미를 암시하고 있다. 그는 농담 삼아 러시아의 5개년 계획을 모방하여 매 5년마다 직업을 바꾸는 것을 좋아한다고 하였다. 그는 지금 하고 있는 일에 만족하고 있었다. 그럼에도 불구하고 그는 다른 직업을 찾기 시작하였다. 왜냐하면 5년 이상 어떤 것을 하고 싶지 않았기 때문이다. 상담의 종결 무렵에 그는 현재 포지션에 만족을 표현하고 있었지만, 동시에 2년 안에 변화할 방향을 마음속에 그리기 시작하였다.

조용한 또 다른 내담자는 다음과 같이 대답하였다. "내가 성공적으로 사업을 발전시키는 데 나의 잠재력을 제대로 사용하고 있나요?" 물론 그는 그렇게 하고 있었다. 그리고 그것에 대하여 무엇이 행해져야 할지도 잘 알고 있었다. 마지막으로, 또 다른 내담자는 다음과 같이 대답하였다. "내가 이 대학원 프로그램에 시간을 낭비하고 있나요?" 그녀는 사회사업 학위프로그램 과정 중에 있었고, 로스쿨에도 가고 싶어 한다는 것을 알고 있었다. 결국, 그녀는 학위프로그램을 그만두는 것에 대하여 심각하게 생각하지 않을 것이라고 말했다. 상담을 통하여 그녀는 자신의 삶의 목적이 사회가 침묵하고 있는 사람들을 위하여 옹호자가 되는 것이었음을 명확하게 알게 되었다. 그녀는 자신의 시간을 낭비하고 있는 것이 아니라는 생각에 이르렀다. 오히려, 시민 권리 옹호자로서의 자신의 궁극적인 커리어에서 잘할 수 있도록 도와줄 일련의 기술들을 배우고 있었다는 것을 알게 되었다.

■ 목표 설정

Abraham Lincoln에 따르면, "제대로 설정된 목표는 반쯤 성취된 것이다"(Ziglar, 1997, p.37에서 인용). 따라서 현장전문가들은 내담자가 상담을 통해서 성취하고자 하는 것이 무엇인지를 이해하기 전까지 커리어 스토리 인터뷰를 시작하면 안 된다. 각각의 내담자가 서로 합의한 목표를 명쾌하게 드러낼 수 있도록 함께 작업하는 것은 몇 가지 이유에서 중요하다. 첫째, 현장전문가들은 내담자들이 자신의 목표에 도달할 수 있을지를 평가해야 한다. 만약 그것이 현장전문가가 할 수 없는 무엇이라면,

그런 경우에는 협상을 하거나 다른 현장전문가에게 의뢰하여야
한다. 예를 들어, 어떤 내담자가 이력서 작성하기나 직업 찾기
를 도와주기를 바란다고 말한다면, 많은 현장전문가들은 그러
한 커리어 서비스를 제공하는 취업알선 전문가에게 그녀를 의
뢰할 것이다. 현장전문가들은 커리어 스토리 인터뷰를 수행한
이후에 그 내담자가 찾는 서비스를 자신이 제공할 수 없다는
것을 알게 되는 것을 원하지 않는다. 만약 내담자가 학술적인
조언, 직업의 방향 또는 진로상담을 구한다면, 현장전문가들은
인터뷰를 계속하여 진행할 수 있다. 그들은 내담자들이 분명하
게 설명해왔던 그 목표들을 협력적으로 추구할 때에, 자신이
사용할 구조를 설명함으로써 그렇게 한다. 현장전문가들은 상
담 도입 부분에서 그 문제에 대한 언급을 능숙하게 명확히 한
다. 예를 들어 '시작이 반이다'라는 언급은 내담자가 환영받는
느낌과 편안함을 느끼도록 하며, 조화로운 상담협력관계로 이
끌게 될 것이다.

　진로 구성 현장전문가들은 시작 질문의 대답에 대한 두 번째
활용법을 가지고 있다. 그 회기나 회기 세트의 끝에, 그들은 질
문에 대한 내담자의 대답을 재진술한 다음 내담자에게 "우리는
이것을 했나요?"라고 묻는다. 이 마지막 질문은 내담자의 상담
을 찾은 이유를 다시 논의하면서 현장전문가가 초기 계약을 이
행하였다는 것을 확인한다. 내담자는 상담이 성공적이었고 만
족스러웠다고 믿으면서 상담관계를 떠나야 한다. 물론, 효과에
대한 많은 다른 지표들이 있다. 특히 상담실 바깥에서 변화된
행동과 태도들은 중요한 지표가 될 수 있다. 그럼에도 불구하
고 현장전문가들은 첫 번째 목표, 즉 내담자가 상담과정에서

일어난 변화들에 대해서 만족하는 것의 중요성을 잊어서는 안된다.

▪감정에 관여하기

　현장전문가들이 상담목표를 세우기 위해 내담자들과 공동 작업을 할 때에, 감정을 이끌어내고 편안함을 제공하면서 상담협력관계를 확립한다. 현장전문가들은 내담자들이 주로 감정 측면에서 커리어 문제의 진술을 상세히 말하도록 도우려고 노력한다. 진로 구성 현장전문가들은 감정을 따라간다. 그 감정은 내담자들이 상담을 찾아오도록 하고 그들의 관심을 필요로 하는 어떤 신호가 되는 느낌들이다. 현장전문가들은 발달 과제, 직업의 전환 또는 일 트라우마에서 야기된 의미의 단편화를 표현하는 그 감정에 주의를 기울여야 한다. 감정은 효과적인 상담을 촉진하고 현장전문가들이 다음에 어디로 가야하는지에 대한 방향을 안내한다. 그래서 현장전문가들은 감정을 따라간다. 왜냐하면 그것들이 내담자의 성장 측면을 보여주기 때문이다. 이러한 감정의 인식을 제고하는 것은 내담자가 해결해야 할 문제를 명료화한다.

　내담자의 정서적 혼란을 이해하고, 수용하며, 지지하면서 현장전문가들은 상담협력관계를 세운다. 감정은 상담을 하는 동안 자기를 수정하기 위한 버팀대를 제공한다. 의미가 인식되고 행동이 실행되기 전에, 감정이 변화해야만 한다. 각각의 상담회기에서, 현장전문가들은 이성과 감정의 새로운 통합을 통하여 인식하게 되는 의미체계를 동요시키는 도구로써 감정을 돌본다. 의미 만들기 과정을 시작하기 위하여 현장전문가들은 상담협력관계를 수립하는 동안 편안함을 제공한다.

위로는 정서적 안도감을 주는 사회적 지지의 한 형태로서, 상담 초기에 내담자가 필요로 한다면 제공될 수 있다. 위로는 내담자를 격려하고, 문제를 정상화시키며, 메타포를 재설정하는 수단이다(Miceli, Mancivi, & Menna, 2009). 현장전문가들은 내담자들의 대처 잠재력에 대한 신뢰를 표현하고 문제 해결을 위한 그들의 능력을 확신함으로써 위로한다. 현장전문가들은 어떻게 이해할 수 있고 더 나아가 어떻게 예상할 수 있는지를 설명함으로써 문제를 정상화시킨다. 통상적으로 현장전문가들은 내담자들이 문제를 전환으로 바라보도록 돕는다. 그렇게 하는 동안에, 현장전문가들은 문제를 축소하지 않으며, 그것은 그저 다루어질 수 있고 일시적인 것으로 함께 이야기한다. 만일 적합하다면, 현장전문가들은 문제가 내담자의 잘못이 아니고 어떠한 삶의 환경 또는 새로운 생애 단계의 결과일 뿐이라는 것도 설명한다. 문제가 내담자의 잘못은 아니지만, 그럼에도 불구하고 내담자는 대처 능력을 가져야 한다. 만일 내담자가 그 문제에 대한 문제를 나타낸다면 이러한 책임감은 특별히 중요하다. 위로는 덜 드라마틱한 용어나 구절로 내담자 메타포 또는 문제 진술을 재설정함으로써 문제의 크기를 감소시키는 것을 포함할 수 있다. 이와 같이 내담자의 감정에 관여하고, 목표를 세우며, 편안함을 제공하면서 현장전문가들은 커리어 스토리 인터뷰를 시작할 준비를 한다.

커/리/어/ 카/운/슬/링/

4 장

커리어 스토리 인터뷰

커리어 스토리 인터뷰는 30년 동안의 실행을 통해서 발전된 자극 질문들로 구성된다. 오래 지속된 시행착오적 접근을 사용하여, 나는 가장 효과적인 질문들을 통합하였다. 진로 구성 상담 모델은 이러한 질문들과 순서를 이론화한다. 따라서 커리어 스토리 인터뷰는 이론을 실행에 맞추기보다는 실행을 이론에 맞추는 대표적인 예가 된다(Neimeyer, 2004a).

틀

커리어 스토리 인터뷰에서 각각의 질문을 하는 이유는 현장 전문가들로 하여금 내담자가 대답할 때에 무엇을 들어야 하는지를 알려준다. 그 질문들은 대답을 촉진한다. 그것은 고립되지 않은 스토리들이다; 더 정확히 말하면, 그 대답들은 틀 내에서 그것들을 체계적으로 배치하는 각각의 방식과 관련된다. 따라서 현장전문가들은 모든 것을 함께 수용하는 틀 내에서 대답들을 배치하려고 시도한다. 그것은 퍼즐 조각들을 퍼즐 틀에 맞추는 것과 유사하다. 퍼즐을 풀기 위하여 퍼즐을 맞추는 사람들은 그 조각들을 정리할 때에 패턴을 인식하려고 노력한다. 따라서 현장전문가들은 퍼즐을 푸는 것 대신에 내담자의 대답들 속에서 패턴을 확인하기 위한 귀납적인 논리를 사용하는 도전을 받아들여야만 한다. 패턴을 알아차리고 주제를 묘사하기 위해서는 상식선에서 타당한 회의론이 필요하다: 기억하라, 모든 것은 다를 수 있다. 일단 현장전문가들이 내담자의 플롯 속에서 가능한 패턴과 진로 주제를 파악하면, 그들은 내담자에 의해 이야기되는 스토리 안에서 반복되는 에피소드들을 찾아냄으로써 그 패턴을 분명하게 확인하거나 또는 그 패턴이 틀렸다는 것을 확인하기 위하여 조사한다. 소설은 상세한 것으로부터 타당성을 얻는다; 따라서 그것은 내담자의 주제에서도 그렇다.

경험이 많은 현장전문가들은 그 틀에 적합한 스토리들이나 스토리 조각들을 선택하기 위하여 그리고 내담자에게 그 패턴을 어떻게 설명할 것인가를 결정하기 위하여 직관과 귀납법을 사용한다. 검사 점수를 사용하는 직업 지도는 분석적 사고와 연역적 논리에 의존한다. 이와 비교해서, 스토리를 사용하는 진로상담은 직관적 사고와 귀납적 논리에 의존한다. 진로상담에서 해결해야 할 문제는 기껏해야 부분적으로 분명할 뿐이다. 잘 구조화된 맥락으로써의 직업 지도에서, 그 목표는 상당히 명확하다. 지도 요원들은 문제에 대한 객관적인 해결 방법을 찾기 위하여 개인의 차이점과 법칙 결합의 과정에 대한 정보를 사용한다. 그들은 내담자의 능력과 관심들을 참고 기준 및 규범적인 샘플들과 양적으로 비교하기 위하여 검사들을 시행하고 조사 기록들을 활용한다. 내담자와의 상호작용은 그들의 특성들에 대한 검사 해석을 중심으로 돌아간다. 직업 지도가 보편적인 유형들과 규준 집단들에 대한 내담자의 유사성을 설명하기 위하여 객관적인 측정과 점수에 의존하는 반면, 진로 구성 현장전문가들은 내담자의 독특성을 이해하기 위하여 주관적 사정과 스토리들에 의존한다. 진로상담자들은 내담자들의 생애 주제와 그들이 추구하는 목적을 평가하기 위하여 비판적인 판단을 적용한다. 그들은 연결하는 것을 넘어서 의미를 만드는 것을 강조한다. 진로 구성을 위한 상담은 선택들을 명확히 하고 결정하는 능력을 향상시키기 위하여 이러한 의미를 분석하고 자세히 설명한다. 왜냐하면 상담은 덜 구조화된 맥락에서 일어나기 때문이다. 그것은 직관과 이성을 통합한다.

📊 구성 방식

커리어 스토리 인터뷰는 다섯 가지 주요한 질문 요소들로 구성된다. 각각은 특별한 토픽에 대한 스토리들로 들어가는 관문으로써 선택된다. 구조화된 구성 방식은 내담자의 생애 스토리를 해명하고 진로 주제들을 확인하는 것을 돕는 틀에 다섯 가지 자극 질문들을 배열한다. 그 토픽들은 자연스럽게 흘러간다. 그리고 내담자로 하여금 자기 자신에 대하여 현장전문가에게 설명할 때에 적극적으로 자기-반영에 몰두할 수 있도록 한다.

자극 질문들은 (1) 역할 모델들, (2) 매거진들, (3) 좋아하는 책, (4) 좌우명들, (5) 초기 기억들에 대한 내용들로 구성되어 있다.

■ 첫 번째 질문: 역할 모델들

열린 질문 방식으로, 현장전문가들은 내담자들이 어렸을 때에 존경했던 사람에 대하여 질문함으로써 커리어 인터뷰를 시작한다. 내담자에게 직접적으로 자기-개념에 대하여 말하도록 요청하는 것은 거의 효과가 없다. 따라서 현장전문가들은 내담자들이 존경하는 인물들 캐릭터 안에 자신을 포함시키는 것을 통하여 자기-개념을 분명히 표현하도록 요청한다. 물론 내담자들은 처음에는 그들 자신들을 개념화하고 있다는 것은 깨닫지 못한다.

내담자의 롤 모델들을 확인하기 위하여, 현장전문가들은 "당신이 6세경에 누구를 존경했습니까?"라고 묻는다. 만일 내담자가 이해하지 못한다면, 그때에 모방할 만큼 그들이 존경했던 사람에 대하여 물을 수 있다. 어느 누구도 떠올리지 못하는 내담자라면, 현장전문가들은 그 모델이 유명한 사람이거나 가상의 캐릭터일 필요가 없다고 제안한다. 이러한 방식은 흔히 내담자로 하여금 친척, 이웃 또는 교사의 이름을 말하게 한다. 내담자가 한 명의 모델을 거명한 후에는, 현장전문가들은 두 모델을 첨가하여 말해달라고 요청한다. 내담자가 세 명의 모델을 말하면, 현장전문가들은 "이 사람에 대하여 나에게 묘사해주세요"라고 내담자에게 요청하는 것을 시작으로 차례대로 각각의 모델들을 검토한다. 그것은 종종 내담자를 힘들게 할 수 있다. 따라서 현장전문가들은 내담자에게 "그냥 나에게 과거에 그녀 또는 그를 관찰했을 때 그 사람이 어떠했었는지에 대하여 말해주세요. 그들은 어땠나요?"라고 물을 수 있다. 내담자들이 자신의 모델들을 특징지을 때, 그들은 그것을 깨닫지 못한 채, 실제로는 자기 자신의 개념들을 이야기한다. 거의 자기ー알아차림을 드러내지 않는 내담자들조차도 일반적으로 구체화된 롤 모델로 자신의 자기ー개념에 대하여 말하는 것을 쉽게 볼 수 있다. 만일 내담자가 그 모델이 무엇을 하였는지에 대하여만 이야기한다면 현장전문가들은 특별히 그 내담자에게 그 모델의 특징들을 묘사해달라고 요청한다. 만일 내담자가 그 모델이 오늘날 어떻게 행동하는지에 대하여 말하면, 그때는 현장전문가들은 내담자에게 그들이 어렸을 때 그 모델을 어떻게 보았는지 기억해달라고 그리고 처음 그들이 끌렸던 모델의 특성들은 무엇인지에 대하여 질문한다. 각각의 모델과 무엇이 내담자로 하여금 그 모델을 존경하게 하였는지를 명확히 한 후, 현장전문가들은 각각의 모델에 대하여 "당신은 이 사람과 어떻게 비슷한가요? 그리고 이 사람과 어떻게 다른가요?"라고 묻는다. 또한 현장전문가들은 내담자에게 세 사람 모두의 공통점은 무엇인지 설명해달라고 요청할 수 있다.

내담자들은 그 모델들에게서 존경하는 특성들을 자세히 살펴봄으로써 자기 자신을 좀 더 명확히 보게 된다. 자신의 롤 모델을 보고함으로써 내담자들은 자기를 깨닫게 된다. 그들은 그들 자신에게 자기를 드러낸다. 이러한 인식을 강화하기 위하여, 현장전문가들은 그것은 내담자에 의하여 제공된 롤 모델에 대한 기술이라는 것과 결정적으로 중요하다는 것을 반드시 기억하여야 한다. 현장전문가들은 특별히 내담자가 그 모델에 대하여 무엇을 존경하는지 주의 깊게 들어야 한다. 그것은 내담자가 자기-구성을 위하여 자신의 청사진에 포함시킨 특성들이다. 그것은 내담자가 좋아하는 '누구'가 아닌 내담자가 좋아하는 '무엇'이다. 현장전문가들은 특별히 그 모델들 자신의 개념들을 사용하지 않도록 특별히 주의하여야 한다. 내담자가 유명한 캐릭터에 대하여 존경하는 것으로 추정하기 쉽다. 예를 들어서, 수퍼맨에 대하여 생각해보라. 현장전문가는 내담자가 엄청난 힘, 강함 그리고 '철의 남자'의 불사신을 존경한다고 상상할 수 있다. 그러나 포크송 가수인 Richie Havens는 2005년 Kent Stage에서 공연을 할 때에, 어렸을 적에 수퍼맨을 존경한 이유는 그의 영웅이 진실과 정의를 위해서 싸웠기 때문이라고 설명하였다.

많은 여성 현장전문가들은 어렸을 때에 원더우먼을 존경했다. 원더우먼은 하버드 심리학자에 의하여 편견의 체인들과 내숭, 남성의 거만함을 제거하였던 한 여성으로서의 모델로 창조되었다. William Moulton Marston은 원더우먼을 영양과 운동을 통하여 힘을 얻는 독립적인 여성으로 디자인하였다(Joyce, 2008). 그녀는 악을 물리치기 위하여 강함과 사랑을 사용하였다. 미국 Whiteman 대학의 정치학 교수인 Mary Hanna(1994)는 어느 날 원더우먼을 존경하게 되었다. 왜냐하면 그녀는 "우리들에게 중요한 교훈을 주기 때문이다: 어느 여성이든지 강함과 기술들을 손에 넣을 수 있다는 것, 사랑 안에서 그녀 자신이 될 수 있고 그녀 자신의 정체성을 유지한다는 것, 가족과 친구들은 매우 중요하다는 것, 특히 여성의 우애는 더욱 중요하다는 것"(p. 2-E). 원더우먼의 페르조나와 초상이 조심스럽게 공들여 만들어졌음에도 불구하고, 우리는 모든 사람들이 그녀의 이러한 특성 때문에 존경한다고 추측할 수는 없다. 비행 엔지니어가 한번은 나에게 소년이었을 때 원더우먼을 존경했다고 하였다. 그가 존경하는 특별한 점에 대하여 내가 묻자, 그는 그녀의 보이지 않는 비행기를 원했다고 대답하였다. 그는 무형의 비행기에 대한 그의 버전인 Stealth Bomber를 디자인 하는 것을 돕는 팀의 일원으로서 자신의 꿈을 이루었다.

롤 모델에 대한 일반적인 대답은 내담자의 어머니 또는 아버지이다. 현장전문가들은 롤 모델로서 부모를 찾은 내담자들에게 그 부모에 대하여 설명해달라고 요청한다. 그러나 아직 그들은 그 부모를 세 명의 모델 중 한 명으로 포함시키지는 않는다. 그들은 선택한 모델에 대하여 확실하게 하기 위하여 부모보다는 다른 사람에 대한 내담자의 이야기를 듣기 원한다. 부모들도 롤 모델로서 선택될 수 있다. 그러나 그것은 가이드로서 생각하는 것이 더 유용하다.

내담자가 모델로서 유명한 동물을 언급하는 것은 흔히 나타나는 현상이다. 초등 교육을 전공하는 적지 않은 학생들이 TV 쇼에 나오는 Lassie라는 개를 존경한다고 말한다. 왜냐하면 Lassie는 항상 아이들을 돕기 때문이다. Mighty Mouse를 존경하는 심리학 전공 학생은 결국에는 위기 진로상담전문가가 되었다. 그래서 그녀는 "그 날을 구할 수 있게" 되었다. 임상 심리학자는 분노 조절 개입에 대하여 학위논문을 써서 박사학위

를 취득하였다. 그의 아버지는 알코올중독자이었는데, 걸핏하면
화를 내는 그의 성격은 온 가족을 겁먹게 만들었다. 그 심리학
자는 기마 투우사를 공격하는 것보다 꽃냄새를 맡는 것을 더
좋아하는 Ferdinand 황소를 존경하는 자기 자신에게서 해결 방
법을 찾았다. 소녀이었을 때 약자를 위하여 싸웠기 때문에 Miss
Piggy를 존경한 한 의대 학생은 결국 도심 지역에 여성을 위한
병원을 개원하였다.

내담자들이 롤 모델들에 대하여 논의하는 과정에서, 현장전
문가들은 후속 질문들을 구성할 때에 그 모델들이 함축하고 있
는 의미가 무엇인지에 대하여 생각하여야 한다. 효과적인 후속
질문들은 해석이 아닌 추론을 표현한다. 따라서 내담자들은 그
들에게서 자극하는 생각과 가끔은 유머를 발견한다. 예를 들어
서, Zorro를 존경하는 어떤 사람에게 다음과 같이 물을 수 있
다. "당신은 자신의 진짜 정체성을 가리고 있습니까? 당신은 도
움이 되는 친구에게 의지하고 있습니까? 당신은 자신의 가족과
맞서서 잘못된 것을 바로 잡으려고 애쓰고 있습니까?" 내담자
는 자기-개념에 대한 이해를 증진시키는 현장전문가들의 후속
질문에 대하여 대답한다. 사람들이 자신의 모델에 대하여 묘사하
는 것을 주의 깊게 듣는 것을 연습하기 위해서, 독자들은 게스트
들이 그들의 모델에 대하여 논의하는 라디오 쇼인 'Great Lives'
의 팟캐스트를 들으면 된다(http://www.bbc.co.uk/podcasts/ser-
ies/greatlives).

▪ 질문 2: 잡지(Magazines)

이미 첫 질문에서 내담자의 자기-개념을 형성하는 데 있어서의 영향과 동일시에 대하여 고려하였다. 커리어 스토리 인터뷰에서 두 번째 토픽은 직업적 흥미를 다룬다. 진로 구성 이론적 관점에서, 흥미는 심리사회적인 변인을 상징한다. 라틴어로 'inter'는 'between'을 의미하고, 'est'는 'it is'를 의미한다. 따라서 'interest'는 'it is between(사이에 있음)'을 의미한다. 진로 구성 이론에서(Savickas, in press) 흥미는 개인의 필요들과 그 필요들을 만족시킬 수 있는 목표를 성취하기 위한 사회적 기회들 사이의 심리사회적 긴장상태를 나타낸다. 진로 구성 현장전문가들은 내담자가 선호하는 환경, 즉 그들이 자신의 목적을 추구할 수 있고 가치를 실현시킬 수 있을 것이라고 믿는 직업적 상황에 초점을 맞춤으로써 흥미들을 사정해야 한다. 그래서 롤모델에 대한 조사를 통하여 내담자의 자기-개념에 대하여 습득한 후에, 현장전문가들은 내담자의 관심을 사로잡는 작업 환경 유형들과 그에게 매력적인 직업적 환경들에 유의한다.

직업적 흥미를 평가하는 네 가지 방법이 있다(Super, 1949). 가장 효과적이지 않은 방법은 다양한 활동들과 직업들에 대한 사람들의 선호도를 조사하는 것이다. 흥미 조사는 응답자들이 그 항목들에 대한 어떤 지식을 가지고 있고 그들의 자기-보고가 객관적일 것이라고 추정한다. 좀 더 효과적이지만 현재 드물게 사용되는 방법은 흥미 검사이다. 그것을 통하여 사람들은 자신에게 관심을 끄는 활동에 대한 더 많은 지식을 드러낸다. 이러한 두 가지 도구보다 더 좋은 방법은 표현된 흥미, 즉 사람들이 미래에 하고 싶다고 이야기하는 것에 대하여 평가하는 것이다. 가장 효과적인 방법은 분명한 흥미, 즉 개인의 행동에 의하여 분명히 알 수 있는 성향을 평가하는 것이다. 예를 들어서 범죄자의 방을 살펴볼 때에, 범죄 조사자는 그의 행동에 의해 남겨진 것들에서 단서를 찾는다. 장식물이나 잘 정돈된 것보다는, 그들은 가장 좋은 단서를 제공하는 잡지나 책들을 살펴본다. 따라서 직업적 흥미를 평가함에 있어서, 현장전문가들은 내담자들이 조사나 검사에서 응답한 것을 카운트하기보다는 그들이 말하고 행한 것을 평가함으로써 그들을 더 잘 도와준다.

적절한 직업적 환경을 확인하기 위해서, 현장전문가들은 내담자들이 최근에 그들 자신들을 어디에 실제로 세팅하였는지에 대하여 고려한다. 내담자의 '가능한 자기'를 위한 선호하는 직업적 환경을 알아보기 위하여, 현장전문가들은 내담자에게 좋아하는 잡지, TV 프로그램 또는 웹사이트의 이름을 알려달라고 요청할 수 있다. 이러한 질문들에 대한 응답은 분명한 흥미와 미래를 예측함에 있어서 상당히 신뢰할 수 있는 어떤 것을 드러낸다. 진로 구성 현장전문가들은 일반적으로 내담자들에게 가장 좋아하는 잡지들에 대하여 질문함으로써 분명한 흥미들을 평가하기 시작한다. 만일 내담자가 몇 개의 출판물을 가지고 대답한다면, 현장전문가는 전형적으로 이것으로 충분하다고 생각한다. 그러나 만일 내담자가 거의 잡지를 읽지 않는다면, 현장전문가는 TV 프로그램에 대하여 알아본다. 만일 이것이 선호하는 환경에 대한 의미 있는 정보를 이끌어내지 못한다면, 마지막 선택은 자주 방문하는 웹사이트에 대하여 질문하는 것이다. 내담자가 좋아하는 잡지, TV 프로그램 또는 웹사이트는 내담자가 있기를 원하는 장소를 드러내는 간접적인 환경이다.

먼저 잡지에 대하여 생각해보자. 잡지는 간접적으로 독자들을 선호하는 상황이나 편안한 환경에 끌어넣는다. 사람들은 그 안에 덮여있는 것들 사이의 세계에 거주하기 위하여 잡지를 읽는다. 좋아하는 잡지를 언급하면서, 내담자들은 현장전문가들에게 자신이 살기 원하는 환경의 유형에 대하여 이야기하는 것이다. 내담자가 정기적으로 읽거나 관심을 가지고 찾아보는 둘 또는 세 개의 좋아하는 잡지를 이끌어내도록 시도하는 것이 더 좋다. 그리고 나서 다음에 각 출판물에서 읽으며 즐기는 것이 무엇인지에 대하여 설명해달라고 요청한다. 특히 각각의 잡지에서 내담자로 하여금 매력을 느끼게 하는 것이 무엇인지 아는 것은 중요하다. 발행부수가 적은 정기 간행물은 좁게 정의된 토픽에 대한 철저하고 상세한 정보가 기록되어 있다. 내담자가 이러한 정기간행물을 언급할 때에, 그러한 끌림은 상당히 명확할 수 있다. 관심 잡지들의 구체적인 예로는 'Road and Track', 'Science', 'Photography', 'Psychology Today', 'Money', 'Scrapbooks' 등이 포함된다. 내담자가 많은 대중들의 관심을 끄는 다양한 정보를 담고 있는 일반적인 잡지를 언급할 때에는, 현장전문가들은 내담자들이 가장 좋아하거나 맨 처음 읽는 섹션에 대한 더 세부적인 사항들을 모아야 한다. 예를 들어서, 만일 내담자가 Time 또는 Newsweek를 가장 좋아하는 잡지라고 말을 하면, 현장전문가들은 내담자에게 그들이 처음 읽는 섹션 − 정치, 오락, 과학, 의학, 등등 − 에 대하여 물어보아야 한다.

잡지를 잘 읽지 않는 내담자들은 일반적으로 정기적으로 몇 개의 TV 프로그램을 본다. 좋아하는 잡지와 유사하게 좋아하는 TV 쇼들은 선호하는 상황에 대한 정보를 제공한다. 세상의 창문으로서 TV는 시청자들을 데려다 놓는다. 그 프로그램들은 '쇼'라고 불린다. 왜냐하면 그것들은 시청자로 하여금 다른 장소들을 보게 하고, 사람들이 특별한 과정으로 특별한 문제들을 다루는 것을 관찰하게 하기 때문이다. 'This Old House'를 시청하는 것은 물건을 만들거나 고치는 매우 힘든 활동들에 종사하는 사람들의 물질적 환경에 시청자들을 데려다 놓는다. 'Divine Designs'는 시청자들에게 인테리어 디자이너들이 어떻게 아름답고 스타일리쉬한 방들을 만드는지를 보여준다. 'Crime Scene Investigation'은 사람들이 미스터리를 풀기 위하여 분석적인 기술들을 사용하는 매우 충격적인 환경으로 시청자들을 데리고 간다. 'Friends'는 시청자들을 사람들이 우정을 만드는 의사소통 기술들을 사용하는 사회적 환경으로 데리고 간다. 'Boston Legal'은 시청자들을 사람들이 내담자들을 옹호하기 위하여 설득력 있는 기술들을 사용하는 법률 사무소와 정치적 상황들로 데리고 간다. 그리고 마지막으로, 'Martha Stewart'는 사람들이 살아가기 위하여 그리고 다른 사람들에게 공헌하기 위하여 기술들을 조직하기 위한 비결들을 사용하는 관습적인 상황으로 사람들을 데리고 간다. 'Oprah Winfrey(사회적 상황)'와 'Martha Stewart(관습적인 상황)' 같은 어떤 유명 인사들은 TV 프로그램과 잡지 모두를 통하여 한 상황에 들어갈 수 있는 기회를 사람들에게 제공한다는 것을 주목하라.

어떤 내담자들은 책을 읽거나 TV를 보는 것보다 컴퓨터를 하는 데 더 많은 시간을 사용한다. 이러한 내담자들과 함께 하는 현장전문가들은 'Word Wide Web' 상에서 그들이 방문하는 곳에 대하여 질문한다. 웹 페이지를 열 때에, 사람들은 더 선호하는 상황으로 들어간다. 방문했던 페이지로 들어가기 위하여 내담자의 컴퓨터에서 인터넷 브라우저를 여는 것은 내담자의 분명한 흥미를 드러낸다. 왜냐하면 그것은 반복적으로 들어가는 상황을 열거하기 때문이다. 사람들은 자신의 흥미를 끄는 것에 지속적으로 클릭한다. 현장전문가들은 내담자들에게 그들의 웹 브라우저를 열도록, 'Control H'를 클릭하도록, '선호하는 것'을 클릭하도록 그리고 현장전문가에게 보여주기 위하여 사이트의 목록을 복사하도록 요청할 수 있다. 나는 이전의 문장을 쓴 후에, 나 자신의 좋아하는 사이트들의 목록을 살펴보기 위하여 잠시 멈추었다. 첫 번째는 내가 글을 쓰는 동안 자주 사용하는 사전과 유의어 사전 사이트였다. 이 사이트를 보면서 현장전문가는 내가 단어들과 아마도 글쓰기에 관심이 있다고 추측할 수 있다. 물론 그 현장전문가는 맞았다고 할 수 있다. 왜냐하면 글 쓰는 동안 나는 항상 프랑스 말로 'mot juste'라고 부르는 정확한 단어를 찾기 때문이다. 두 번째 자주 방문하는 사이트는 내가 클래식이나 재즈 음악을 항상 듣는 인터넷 라디오 사이트인 'Shoutcast'이다. 세 번째 사이트는 'Travelocity'인데, 그것은 자주 가는 여행을 준비하기 위해 사용한다. 따라서 나의 분명한 흥미는 글쓰기와 음악, 여행이다. 최근 한 내담자는 서점에서 일을 하였다. 그녀의 가장 선호하는 웹사이트는 www.facebook.com과 www.poetry.org이었다. 물론 그녀의 직업적 흥미는 사회적인 것과 예술적인 것으로 평가될 수 있다. 그녀의 직업적 꿈은 창조적인 글쓰기를 가르치는 교사가 되는 것이다. 독자가 추측하는 것처럼, 목록을 조사하는 것은 흥미

검사의 결과를 살펴보는 것보다 더 좋을 수 있고, 그것보다 비용이 더 저렴하다.

    상황에 대한 내담자의 대답을 주의 깊게 듣고 평가하는 동안, 현장전문가들은 내담자의 자기−개념과 논의되는 상황에서 그런 자기로 어떻게 살아갈 수 있는지를 잊지 말아야 한다. 자기−개념과 직업적 흥미 사이의 연결은 전형적으로 강하고 명확하다. 예를 들어서, 미국에서 태어난 미국 내담자는 그녀가 선호하는 TV 쇼가 'Star Trek'이라고 언급하였다. 왜냐하면 그 승무원은 이전에 그 누구도 가지 못했던 곳을 갔기 때문이다. 그녀의 롤 모델은 포카혼타스였는데, 그 이유는 그녀가 두 세계를 연결하는 다리를 놓았기 때문이다. 물론 포카혼타스는 우주선 'Enterprise'에서 훌륭한 승무원이 되었다. 그 내담자는 결국 두 문화 집단 사이에서 소통을 유지하는 연락 담당자로서 스크립트를 실현시켰다. 우리 모두와 마찬가지로, 그녀는 자기를 통합하기 위한 적합한 스크립트와 의미 있는 방법으로 세팅하는 것이 필요했다. 상황의 선택은 발생될 수 있는 스토리의 범위에 깊이 영향을 준다. 세팅은 스토리 가능성을 발생시키며, 어떤 스크립트는 필연적으로 만들고 다른 스크립트들은 불가능하게 만든다. 따라서 이제는 내담자가 마음에 두고 있는 스크립트들에 주목할 차례이다.

▪ 질문3: 선호하는 스토리

    커리어 스토리 인터뷰에서의 처음 두 가지 질문들로부터, 현장전문가들은 내담자의 자기−개념과 선호하는 일 환경에 대한 좋은 아이디어를 얻는다. 세 번째 질문은 스크립트를 수행함으로써 그러한 환경에서 자기를 규정하는 것을 다룬다. 따라서 세 번째 토픽은 삶의 스크립트들에 초점을 맞춘다. 어떤 의미에서 그 세 번째 질문은 '개인-환경 조화' 사이에 있는 논리 실증주의자 패러다임 내의 하이픈, 즉 자기와 세팅의 연결에 초점을 맞춘다. 그것은 개인의 가능성에 대한 공개적인 해답을 만들어내는 것을 포함한다.

내담자의 생애 스크립트를 알기 위하여, 현장전문가들은 내담자에게 자신이 좋아하는 스토리를 정확히 이야기해달라고 요청한다. 현장전문가들은 내담자들이 자신의 삶을 형성하는 데 사용한 스토리들에 대하여 알기를 원한다. 스토리의 제목을 들은 후에, 그들은 내담자들에게 그 스토리에 대하여 이야기해달라고 요청한다. 현장전문가가 이미 그 스토리의 버전을 알고 있다고 하더라도, 내담자들이 자신의 언어로 그 스토리를 말하는 것을 듣는 것은 중요하다. 현장전문가들은 그 스크립트가 어떻게 내담자의 자기와 선호하는 상황을 통합하는지 자세히 듣는다. 말해지는 스토리에서, 내담자들은 일반적으로 자기 자신의 가능한 미래에 대하여 말한다. 전형적으로 내담자들의 선호하는 스토리는 핵심적인 삶의 문제와 그들이 그것들을 어떻게 다룰 수 있을 것이라고 생각하는지를 분명하게 묘사한다. 현장전문가들은 내담자의 습관적인 스크립트의 구조와 도구들을 알아내기 위하여 조심스럽게 듣는다. 예를 들어서, 의과 대학 예과 여학생은 자주 '바람과 함께 사라지다'를 반복하여 읽는다. 왜냐하면 여자 영웅인 Scarlett O'Hara는 그녀를 매혹시켰기 때문이다. 분석되지 않은 수준에서 그녀는 자신의 여성성을 포기하지 않고 어떻게 내과의사가 될 것인지를 다루었다.
그녀는 이 책이 성공에 대한 필요성과 그와 모순된 친밀성에
대한 두려움에 초점을 맞추고 있다는 것을 발견하였다. 또 다
른 내담자는 그의 창조성과 과민성을 나타내는 우화로서 헤밍
웨이의 '노인과 바다'를 읽었다. 그는 또한 자신의 예술을 파괴
하는 상어를 다루는 것에 대하여 배웠어야 했다. 세 번째 내담
자는 영화 '대부'를 반복해서 보았다. 왜냐하면 그것은 그녀에
게 가치 시스템을 제공하고 살아가는 법칙들을 설명함으로써
커뮤니티에 질서를 가져다주는 남자의 스토리를 전달해주기 때
문이다. 그녀는 사회와 범죄가 아닌 그것의 가치에 대하여 논
평하는 작가이자 라디오 유명 인사가 되었다.

■ 질문4: 좌우명

커리어 스토리 인터뷰에서 네 번째 토픽은 내담자들이 자기
자신에게 하는 충고에 초점을 맞춘다. 현장전문가들은 내담자
들에게 자신이 좋아하는 격언을 말해달라고 요청한다. 만일 내
담자들이 좌우명을 가지고 있지 않다면, 현장전문가들은 그들
에게 자신이 들었던 격언을 다시 말하거나 심지어는 지금 격언
을 만들어 보라고 요청할 수 있다. 격려를 하면, 주저하던 내담
자들조차도 어떤 것을 분명히 표현한다. 그 순간 그들이 구성
한 어떤 것은 앞으로 어떻게 움직일 것인가에 대한 그들 자신
의 직관적 이해를 이끌어 낸다. 그들의 좌우명은 일반적으로
그들의 직업적 플롯에서 다음 에피소드로의 이동을 시작하기
위한 직관적 전략을 간결하게 알려줄 것이다. 포카혼다스를 존
경하는 내담자는 "위험을 무릅쓰고 하지 않으면 얻는 것은 없

다"라는 좌우명을 지지하였다.

■ 질문5: 초기 기억

가장 개인적인 질문은 마지막을 위하여 남겨두었다. 처음 네 가지 토픽들에 대한 논의를 한 후에, 내담자들은 현장전문가들을 믿어도 된다는 것을 알게 된다. 그러므로 그들은 절대로 드러낼 수 없는 최대의 근본적인 비밀이 아니라면, 근본적인 스토리들을 더 드러낼 만큼 충분히 안정감을 느낀다. 또한 커리어 스토리 인터뷰에서 일련의 토픽들은 내담자들을 자신의 사적인 집착으로 안내하는 계기를 만든다. 현장전문가들은 내담자들이 자신의 생애 스토리들을 요약하는 가운데 핵심적인 장면들을 고려함으로써 삶에 대한 내담자들의 신념을 알아내기 위하여 애를 쓴다. 초기 기억의 형태에서 이러한 장면은 현장전문가들에게 삶에 대한 내담자들의 관점을 알려준다.

진로 구성 현장전문가들은 전형적으로 자신들이 내담자의 어렸을 적 기억들에 관심을 가지고 있다고 언급함으로써 초기 기억에 대하여 알려달라고 요청한다 ─ 일종의 내담자 삶의 이야기가 시작된 곳. 그들은 전형적으로 세 가지 초기기억에 대하여 묻는다. 왜냐하면 내담자들은 종종 서너 개의 스토리들에서 자신의 집착과 문제들을 탐색하기 때문이다. 현장전문가들은 내담자로 하여금 각각의 기억들에 대하여 그 상황, 사건과 결과들을 묘사하도록 한다. 현장전문가들은 내담자들에게 그 사건이 일어났을 때 그들이 경험한 느낌에 대하여 정확히 말해달라고 요청한다. 이것은 종종 내담자로 하여금 자신이 자주 경험하는 느낌이나 삶에서 두드러지게 나타나는 감정에 대하여 보고하게 한다. 내담자가 이야기한 세 가지 초기 기억들을 듣고 나서, 그들은 내담자에게 각각의 스토리를 리뷰하고 그것의 본질을 잡아내는 표제를 달아달라고 요청한다. 현장전문가들은 내담자에게 그 스토리가 내일 신문에 실리고, 편집자가 표제를 달라고 요구하는 척 하면서 요청할 수 있다. 그들은 또한 내담자에게 표제에 동사를 포함시키라고 지시할 수도 있다. 삶이 움직임으로부터 에너지를 얻는 것처럼 표제는 동사로부터 에너지를 얻는다. 만일 내담자가 아무런 반응을 하지 않으면, 현장전문가는 몇 가지 제안을 하고, 내담자가 표제를 타당하다고 인정할 때까지 내담자와 함께 수정 작업을 한다. 그 다음 내담자와 현장전문가는 두 개의 남은 초기 기억에 대한 표제를 구성하는 것을 진행한다.

　현장전문가들이 초기 기억에 대한 표제 작업을 마치게 되면, 그 커리어 스토리 인터뷰는 끝난다. 그러고 나서 현장전문가들은 내담자들에게 그 외의 다른 것을 첨가하고 싶은지에 대하여 묻는다. 이 시점에서 현장전문가들은 그 세션 동안 성취된 것이 무엇인지 간단히 요약하고, 내담자로 하여금 다음 세션 동안 일어날 것에 지향하게 하고, 다음 세션을 위하여 준비하면서 내담자에게 유익이 되는 어떤 과제를 부여해야 한다. 그들이 함께한 논의는 확실한 신념으로 수용될 것이라는 것을 내담자에게 상기시키는 작업은 언제나 필요하고 반드시 해야 하는 일이다. 다음 세션을 준비하기 위하여, 상담자들은 커리어 스토리 인터뷰에 대한 내담자 반응들의 의미를 사정한다. 이것은 5장에서 다룬다.

5 장
커리어스토리 평가

　커리어 스토리 인터뷰를 마치고 내담자와 상담에 들어가기 전에, 현장전문가들은 반드시 내담자의 스토리에 나타난 의미를 이해해야 하며, 그 의미를 그들이 상담을 찾은 처음의 이유에 연결시키고, 캐릭터를 선명히 그리는 방식으로 내담자의 스토리를 바꾸어 말할 수 있도록 준비하며, 진로 주제를 강조하고, 직업적 플롯을 확장하는 시나리오를 마음속에 그릴 수 있어야 한다. 인터뷰를 마친 후 바로 상담이 이루어질 수 있도록 숙련된 현장전문가들은 커리어 스토리 인터뷰를 하면서 이러한 준비를 한다. 예를 들어, 내담자와의 만남이 한 번이라면 현장전문가는 만남의 반은 인터뷰에 나머지 반은 상담에 할애한다. 만일, 1회기 이상이 가능하다면, 인터뷰와 상담을 나눌 수도 있다. 일반적으로, 진로 구성 현장전문가들은 커리어 스토리 인터뷰에서 내담자의 진로 구성을 이끌어 내는데 첫 번째 세션을

할애하고, 두 번째 세션에서는 재구성된 스토리를 내담자에게
이야기하고 내담자와 함께 공인된 정체성 내러티브를 구성하기
시작한다. 그리고 세 번째와 마지막 세션에서 상담을 완성하고
마무리한다. 첫 번째와 두 번째 세션의 간격은 일주일 정도 그
리고 두 번째와 세 번째 세션은 2주에서 4주의 간격을 두는 것
을 선호한다. 처음과 두 번째 세션 사이의 일주일 동안, 현장전
문가들은 커리어 스토리 인터뷰에 대한 내담자의 반응들을 상
담의 초기 요구를 표현하는 생애 묘사로 재구성하는 평가 절차
를 수행함으로써 두 번째 세션을 준비한다.

📊 평가 목표

현장전문가들이 내담자의 반응을 의미 있는 패턴으로 재구성
하기 위해서는 내담자의 직업적 플롯과 진로 주제에 관한 작은
스토리를 조합하여 하나의 큰 스토리로 만들어야 한다. 나는
이러한 조금 더 큰 스토리 또는 매크로내러티브를 생애 묘사라
고 부른다. 내러티브 예술가로서 현장전문가들은 외견상 분명
한 연결점이 거의 없는 이질적인 작은 스토리들을 명백하고 일
관성 있는 정체성 내러티브로 가져가도록 심리학적인 묘사를
한다. 그런 다음 내담자와 현장전문가는 함께 제시한 문제에 관
하여 숙고하고 반영하는 데 이 묘사를 사용한다. 일반적으로,
생애 묘사를 연구하는 것은 내담자가 왜곡된 딜레마 또는 직업
적 일탈을 다룰 수 있는 변형적 학습 과정을 촉진한다.

현장전문가는 모든 작은 스토리들을 통합하는 상위의 매크로

내러티브로 자기와 환경, 스크립트, 전략 등의 마이크로내러티브들을 조합하여 초기 생애 묘사를 구성한다. 당신이 미술관에서 마지막으로 관람한 특별 전시회와 그곳에서 전시물들이 어떻게 전시되었는지를 생각해 보라. 이 책을 집필하는 동안, 나는 Ansel Adams의 사진 전시회에 갔었다. 전시회 큐레이터는 단지 이미지들을 수집하여 전시하는 것이 아니었다; 그는 숨겨진 미학이 드러나도록 내용을 배치했다. 그는 내러티브 기법을 사용하여 흩어져 있는 이미지들과 감정을 다른 사람들이 이해할 수 있도록 분명하고 일관성 있는 주제가 담긴 경험적 비네트로 바꾸었다.

그러므로 현장전문가들은 적어도 활력을 불어 넣어주고, 의미를 드러내며, 처리해야 할 삶의 문제를 묘사하는 방식으로 내담자들의 작은 스토리들을 배열해야 한다. 무수히 많은 작은 스토리에서 요소들을 흡수하여, 현장전문가는 삶의 자원이 되는 내러티브 정체성 또는 그랜드 스토리를 재구성한다. 재구성-자기, 환경, 스크립트 및 전략의 틀에 맞추는 것-은 마이크로내러티브들을 내담자가 상담에 가져온 관심사에 초점을 맞추는 매크로내러티브 기술로 조직한다. 마이크로내러티브들은 이해, 의도 그리고 행동을 발전시키기 위하여 재구성된다. 그 아이디어는 내담자의 삶에 대해서 말하는 것이 아니라 내담자의 삶이 말하도록 내버려 두는 것이다. 특히 그것은 그가 현재 가지고 있는 이슈에 대하여 말하도록 허용한다. Ansel Adams의 사진 전시회는 적절한 스토리를 포함하고 있다. 1933년 Adams는 저명한 모더니스트 사진작가인 Alfred Stieglitz의 비평을 듣기 위해 그의 작품을 뉴욕으로 가져갔다. Adams는 Stieglitz가 자신을 가르치지 않았다고 보고하였다. Adams가 자신의 사진들을 그에게 보여줬을 때에, Stieglitz는 그것들에 대하여 논평하였다. 그리고 "내 자신에게 나를 드러내 보였다." Adams(1936)는 후에 Stieglitz에게 다음과 같이 편지를 썼다. "당신과의 만남은 나의 관점에 전에 없었던 새롭고, 흥분되는 일종의 혁명을 일으켰다. 아마도 단순화라는 단어가 더 적합할 수도 있다.... 나의 작품은 갑자기 나에게 새로운 어떤 것이 되었다." 현장전문가들은 내담자의 스토리를 묘사하고 조직화하는 데 있어서 내담자를 그들 자신에게 드러내도록 하는 데 목표를 두어야 한다.

커리어에서 주제를 발견하고 명료화하는 것은 현장전문가들로 하여금 내러티브 역량을 갖추도록 요구한다. 이 내러티브 역량의 예는 영화감독 Martin Scorsese에서 볼 수 있다. 그는 내러티브 역량을 흩어진 이미지들을 분명하고 일관된 스토리로 바꾸는 것으로 설명한다. 영화 *No Direction Home: Bob Dylan*을 제작할 때에, Scorsese(2005)는 10시간의 인터뷰와 300시간의 콘서트 테이프에서 주제를 찾아내야 했다. 스토리를 구성하기 위하여, Scorsese는 "그의 인생에서, 영화의 특정 장면에 담아낼 내러티브를 찾아야 했고, 그런 다음 청중에게 말하는 방식으로 예술가의 여정을 이야기해야 했다"고 말하였다. 그렇게 하기 위하여, 그는 Dylan이 자신의 느낌을 기술하기 위해 선택한 단어들에 세밀한 주의를 기울였다. 결국, Scorsese는 Dylan이 한 인터뷰에서 언급했던 한 문장으로 핵심 주제를 표현하였다: "나는 단지 집에 가려고 했을 뿐이다." 그는 이 주제를 Dylan의 가장 유명한 노래 "Like a Rolling Stone"의 가사를 이용하여 정교화 하였다. 그 노래에서 가수는 "온전히 자기 자

신이 되는 것"이 어떤 느낌인지를 설명하기 위해 은유를 사용
하였다. 따라서 영화의 타이틀은 "direction home"을 찾으려는
Dylan의 평생의 투쟁을 상징화 하였다.

  Scorsese(2005)가 보여준 내러티브 역량을 개발하기 위해서
현장전문가들은 세 가지 스킬을 갖추어야 한다. 첫 번째 스킬
은 '스토리 속으로 들어가기'로, 스토리를 포용할 수 있는 직관
과 공감 능력, 부정적 상황과 느낌에 집중하기, 스토리의 분위
기를 감지하는 능력, 고통을 인내하고 애매모호함을 견딜 수
있는 능력을 포함한다. 두 번째 스킬은 '스토리 이해하기'로, 커
리어 주제를 인식하고 그것을 표현하기 위해 내담자의 은유를
사용할 수 있는 능력을 포함한다. 이러한 은유의 한 예는
Dylan의 "no direction home"이다. 세상으로부터 완벽주의 뒤
로 숨으려는 내담자는 "거짓 얼굴 꾸미기"의 은유를 사용한다.
세상으로부터 숨으려는 또 다른 내담자인 한 화학 교수는 "나
는 대학으로 피한다"라고 말한다. 세 번째 스킬은 '의미 정교화
하기'로, 행동하기 위한 새로운 가능성을 여는 또 다른 해석과
새로운 의미를 그려보는 다양한 관점을 갖는 것을 포함한다.
이러한 스킬의 한 예를 살펴보면, Pearl Jam의 리드 싱어
Eddie Vedder(2008)는 노래 Alive에 붙인 그의 가사에 대한 청
중들의 해석이 욕설에서 축하로 어떻게 그 단어의 의미가 바뀌
어졌는지에 대하여 설명하였다. Pearl Jam의 팬들과 유사하게,
현장전문가들은 내담자의 스토리에 귀 기울이는 청중의 역할을
해야만 한다. 좋은 청자는 스토리를 개선한다.

  내러티브 역량을 활용하면서, 현장전문가들은 내담자의 인생

과 그것을 관통하는 주제를 강조하는 커리어를 묘사한다. 매크로내러티브는 현재의 상황 전개를 재구성하는 타당한 캐릭터 아크를 포함해야 한다. 광범위한 아크를 포괄하는 내러티브는 전체를 지향하는 움직임에 대한 감각을 포함하는 종합적인 인생의 목적과 방향을 제시한다. 각각의 스토리마다, 현장전문가들은 때때로 특정 사항에 의해 강조되는 통찰의 조각을 사용하여 커다란 내러티브로 재구성한다. 내러티브는 이러한 상세한 내용을 통하여 그 타당성을 입증한다. 그것은 또한 동화된 경험들에 의해 의미 전환을 불러일으키고, 새로운 이해를 수용하기 위해 인과관계를 재설정해야 한다. 생애 묘사는 현재의 딜레마를 다루기 위한 전기적 에이전시를 강화하는 방식으로 조직되어야 한다. 생애 묘사는 행동으로 옮기기 위한 새로운 가능성을 열고 기대하는 방향으로 캐릭터 아크를 구부림으로써 변화를 촉진해야 한다. 현장전문가들은 스토리 구조 속에 존재하는 에이전시를 기억해야 한다. 무엇이 문제인가를 명확히 하는 것과 증가하는 에이전시를 통하여, 정체성 내러티브는 내담자들이 자신의 삶을 향상시키기 위하여 필요한 용기와 세상으로 복귀하는 데 요구되는 자신감을 얻을 수 있도록 도와야 한다.

📊 패턴과 문제 평가하기

매크로내러티브는 일상의 마이크로내러티브를 "자기-이해를 굳건히 하고, 감정의 특성 범위와 목표들을 설정하며, 사회세계의 무대에서 우리의 수행을 안내하는" 스토리로 통합한다 (Neimeyer, 2004b, p. 54).

진로 구성 이론(Savickas, 2005)은 내담자의 마이크로내러티브를 내담자가 과거를 이해하고, 현재 상황을 정의하며, 미래에 무엇을 할 것인지를 그릴 수 있도록 돕는 이해 가능하고 일관된 정체성 내러티브로 재구성하기 위한 개념 틀을 제시하였다. 이 틀은 세 가지 일반적인 원리에 근거를 두고 있다. 첫째, 내러티브는 내담자의 현재 경험을 흡수한다. 내러티브는 내담자의 현재 견해와 충분히 일치해야 한다. 그래야 내담자는 자신의 내러티브를 들을 수 있게 된다. 만일 그것이 기존 스토리와 너무 다르다면, 내담자는 그것을 이해하지 못할 수 있으며 따라서 그것을 사용하는 것이 어려울 수 있다. 두 번째, 내러티브는 내담자가 상담에 가져온 스토리 내의 틈을 일관성 있게 채울 수 있는 새로운 어떤 재료를 제공해야 한다. 새로운 재료는 내담자가 받아들일 수 있는 방식으로 기존 스토리를 정교화 한 것이어야 한다. 정교화는 내담자가 자신과 상황을 재구성할 수 있는 새로운 의미를 부여한다. 세 번째, 매크로내러티브는 그것의 새로운 관점과 심화된 의미로 내담자가 행동에 나서도록 활력을 불어넣어야 한다.

■ 패턴 찾기

현재 커리어 스토리 인터뷰에서 내담자가 한 반응을 가지고, 현장전문가들은 정체성 내러티브의 핵심 주제를 강조하는 패턴을 규명하기 위하여 스토리 콜라주를 검토할 필요가 있다. 비록 내담자의 스토리들은 일반적으로 캐릭터, 배경과 환경에 따라 다르지만 스토리는 전형적으로 각각의 스토리가 증폭시키는 주제를 공유한다. 이러한 증폭은 현장전문가들로 하여금 스토리들이 내는 소리 속에 내재된 멜로디를 들을 수 있게 한다. 진로 구성 현장전문가들은 다양한 마이크로내러티브를 하나의 매크로내러티브에 맞추기 위한 체계적인 행동 절차를 따른다. 그들은 그것들이 내담자의 경험, 기대 그리고 설명과 연결되도록 안내하는 일상적인 글쓰기 방법과 절차를 적용한다. 그러나 생애 묘사를 구성하는 것은 단지 이 일상적 방법과 절차에 의한 단계를 따르는 것 이상을 포함한다. 현장전문가들은 반드시 그들 자신만의 직관과 아이디어를 사용해서 요소들을 구성하고 생기를 불어넣어야 한다.

생애 묘사를 구성하는 데 필수적인 요구는 매크로내러티브를 구성하는 진로 주제와 패턴을 규명하는 것이다. '패턴'은 내담자에게 가장 중요한 것들을 함께 담지하고 있는 잠재적 구조이다. 내담자가 생각해 볼 수 있는 의미 있는 매크로내러티브를 구성하기 위하여 현장전문가는 반드시 패턴을 인식할 수 있어야 한다. 현실은 혼돈스럽고, 예측불가능하며 무작위적인 원초적 경험을 제시한다. 경험은 형태 없이 흘러가고 있는 물과 닮았다. 물을 담고 있는 유리잔과 유사하게, 스토리들은 그들이 의식의 흐름을 구성하는 동안 경험을 담는다.

진로 구성 현장전문가들은 내담자의 마이크로스토리를 어떤 패턴으로 담을 수 있는 자신만의 그릇을 필요로 한다. 패턴을 부과하는 것은 현장전문가들로 하여금 사건을 선택하고 그것들을 매크로내러티브로 빚어낼 수 있도록 한다. 매크로내러티브가 새로운 아이디어들을 제공해야 할 필요는 없다. 단지 내담자에게 자신의 생각을 살펴보는 새로운 방식을 줄 수 있을 때

상담은 성공한다. Proust(1923)의 다음 표현은 이것을 잘 표현하고 있다. "실제 발견을 위한 항해는 새로운 땅을 찾는 데 있는 것이 아니라 새로운 눈으로 보는 데 있다"(p.762). Rogers(1942)에 의하면, 현장전문가들은 내담자가 "오래된 사실을 새로운 방식으로 바라보고(p. 77)", 익숙한 스토리들 사이의 새로운 연결점을 찾고, 새로운 패턴에 함축되어 있는 의미를 수용하도록 돕는다. 상담은 이미 거기에 있는 것을 명확하게 밝힌다. 커리어 스토리 평가 프로토콜은 내담자의 스토리 속에 있는 패턴을 명확히 밝히기 위한 틀을 제공한다. 다음의 일상적인 요소들은 지금까지 독자들에게 잘 알려져 있다: 자기 기술, 자기를 세팅에 위치시키기, 자기가 행동하는 스크립트를 추가하기, 스크립트를 실행하기 위한 전략 명료화하기. 이러한 내러티브를 구성하기 위한 프로토콜은 중요한 이슈를 조명하고 그림자 속의 부적절한 세부사항들은 무시하는 신뢰할 만한 구조를 제공한다. 이것은 이해할 수 있고, 일관되며, 지속적인 매크로내러티브로 이끄는 방식으로 마이크로내러티브를 고려하기 위한 구조를 제공한다.

다시, 여기서 주의할 점이 있다. 평가 프로토콜은 현장전문가들에게 시작점과 안정 장치를 제공함으로써 창의성을 높이는 수단이 된다. 현장전문가들이 반드시 방법과 절차를 엄격히 적용해야 하는 것은 아니다. 대신에, 그들은 아젠다에 유연하게 따라야 하고 내담자가 상담에서 추구하고자 하는 것이 무엇인지를 기억해야 한다. 변화하는 일상에 개방적이 되는 것은 매크로내러티브가 현장전문가의 선호가 아니라 내담자의 요구에 따라 발전되는 것을 허용한다. 프로토콜의 엄격한 적용은 매크

로내러티브를 너무 단순하고 심지어는 낡은 것으로 만든다. 확
실히, 경험의 단순화는 매크로내러티브를 구성하는 데 있어 하
나의 목표이다. 단순화는 의사소통을 더 용이하게 한다. 하지만
이러한 단순화는, 간단하게 되는 것을 피하기 위하여, 삶의 복
잡성을 유지하는 구조에 의해 균형 잡혀져야 한다. 질서는 복
잡성을 단순화 하지만, 그것을 간단하게 만들 필요는 없다. 구
조는 복잡성을 핵심 의미를 강조하는 인식 가능한 디자인으로
재구성한다.

　작은 스토리들을 정체성 내러티브로 구성하기 위하여, 커리
어 스토리 평가 프로토콜은 여덟 가지 요소를 가지고 있다. 평
가 프로토콜에 있어서 처음의 두 단계는 가장 중요할 수 있다.
그것은 내담자의 상담 목적을 검토함으로써 문제를 확인하고,
그런 다음 기본 캐릭터 아크의 기저에 있는 집착을 확인함으로
써 그 패턴을 인식하고자 한다.

▪ 내담자 목표를 검토하기

　현장전문가는 내담자가 상담 경험을 어떻게 활용하고 싶어
하는지를 검토하는 것으로 평가를 시작한다. 이러한 목표들은
이후의 마이크로스토리에 대한 탐색과 다음 상담 회기에 초점
을 둔다. 이 목표들은 스토리를 여과하는 필터를 제공한다. 예
를 들어, "당신의 진로를 구성하는 데 내가 어떻게 도움이 될까
요?"와 같은 서두의 질문에 대한 반응으로 한 내담자는 자기가
왜 전공을 선택하지 못하는지 모르겠고 그래서 선택을 할 수
있도록 도와주기를 바란다고 말하였다. 이것은 나에게 두 가지

참조점을 제공한다. 그녀는 자신의 의사 결정 역량을 제고하는 것뿐만 아니라 왜 자신이 선택을 하지 못하는지를 이해하기 위하여 도움 받기를 원하였다. 그녀는 결정 불안으로 꼼짝하지 못하는 것처럼 보였다. 그래서 그녀의 커리어 스토리를 검토하는 과정에서, 나는 의사결정에 대한 그녀의 태도와 경험에 귀를 기울였다. 나는 의사결정이 그녀의 생애 주제와 어떻게 연결되어 있는지에 대하여 특별히 관심을 기울였다. 그 중의 하나는 딸의 삶에 대한 엄마의 목표로 인하여 발생한 지배로부터 벗어나기 위하여 씨름하였던 경험이다. 적어도 처음에는 그녀가 선택을 확인하는 것에 있어서 도움을 요청하지 않았다는 것에 주목하라. 그녀가 먼저 알기 원했던 것은 자신을 뒤로 잡아 끄는 것이 무엇인가이다. 또 다른 내담자는 자신이 강점과 약점을 확인하기를 원한다고 말하였다. 왜냐하면 자신이 일을 할 때에 단지 한 부분에만 집중하는 것이 어려웠기 때문이다. 곧, 한 가지에 집중하지 못하는 그녀의 무능력은 그녀의 강점이 스페셜리스트가 아니라 제너럴리스트가 되는 것이었음을 알아차림에 따라 핵심 주제가 되었다. 세 번째 내담자는 자신이 선택한 대학원 과정에 대한 불안을 없애기를 원한다고 말했다. 물론, 그가 자신의 선택에 대하여 매우 확신하고 있다는 것이 곧 명백해졌지만, 그러나 과도한 책임이 부여된 장남으로서, 그는 그 선택에 대해 자신을 안심시켜 줄 권위 있는 인물을 원했던 것이다.

■ 집착을 확인하기

평가 프로토콜의 두 번째 단계에서 캐릭터 아크의 기저에 있

는 집착을 확인하기 위하여 현장전문가는 내담자의 초기 기억
을 검토한다. Adler(1931)는 내담자가 직업 지도를 원할 때 마
다 생의 초기 기억을 묻는다고 썼다. 그는 이 기간 동안의 기
억이 그들 자신을 지속적으로 길들여온 것이 무엇인지를 결정
적으로 보여준다고 믿었다. William James는 세상에 대한 내담
자의 초기 경험으로부터, 어떤 특성은 그들에게 아주 깊은 인
상을 주고 그때부터 그들은 중요한 상황을 이해하기 위하여 유
추할 때에 그것을 사용한다고 믿었다(Barzun, 1983). 그들의 삶
의 질을 향상시키거나 습관을 바꾸기 위하여, 개인들은 전체로
서의 삶을 유추하는 방식을 깨닫고 보다 더 효과적인 삶의 방
향을 선택할 필요가 있다(Barzun, 1983, p.9). Adler와 James에
동의하여, 진로 구성 현장전문가들은 내담자가 자신의 삶을 유
추하는 방식을 평가하고 파악하는 데 도움이 될 수 있도록 초
기 스토리를 사용한다.

현장전문가들은 초기 기억에 대하여 질문한다. 왜냐하면 내
담자가 처음 삶을 깨닫고 자신의 세상이 어떻게 돌아가는지에
대한 자신의 생각을 결정할 때부터 이러한 기억들은 스토리를
만들어내기 때문이다. 이 시기 동안에 아이들은 세상을 이해하
고, 그들의 관점에서, 페르조나 또는 가면을 형성하기 시작하며
그러한 모습으로 세상에 참여한다. 초기 기억들은 내담자 자신
과 다른 사람들 그리고 세상에 대한 내담자의 기본 이해를 나
타내는 근원 경험을 묘사한다. 이러한 기준 경험은 삶의 원칙
을 유지하고, 삶을 살아가는 데 있어서 그것에 대한 전형적인
예를 보여주는 원형의 역할을 한다. 초기 기억은 아동기에 학
습되는 삶의 교훈으로 이행한다. 현장전문가들은 매번 새로운

상황에 새롭게 그 의미를 각인시키며 자기에 대한 이러한 유추를 빈번하게 반복함으로써 삶을 유지하는 핵심 의미를 이해하고자 원한다.

초기 기억은 이러한 기본적인 정보를 묘사하기 때문에, 현장전문가들은 매크로내러티브를 시작하기 위하여 그것을 내러티브 촉매제로 활용한다. 어떤 의미에서, 현장전문가들은 내담자의 생애 스토리의 시작점에서 출발한다. 물론, 현장전문가들이 추구하는 것이 문자 그대로 생애 스토리의 시작을 의미하는 것은 아니다; 오히려, 삶의 기본적인 방향이다. 따라서 초기 기억을 검토할 때에, 현장전문가들은 그 사람을 그렇게 만드는 관심사에 집중한다. 이러한 관심사들은 그들이 내담자의 삶에 있어서 핵심적인 힘이라고 표현할 만큼 중요한 문제이다. 그것들은 자기와 정체성을 정의하는 집착이다. 소설가 Agatha Chistie(1977)는 그녀의 자서전에 다음과 같이 썼다. "나는, 내 자신에 대하여, 어떤 이의 기억들은 그들이 보기에는 그렇게 중요하지 않지만 그럼에도 불구하고 가장 실제적으로 내 자신으로서의 내적 자기를 표현하는 그러한 순간들을 드러낸다고 생각한다"(p. viii).

초기 기억들은 내담자의 삶에 주문을 건 경험을 드러낸다. 강력한 특성을 포함하고 있는 이러한 스토리들은 그것들이 오래된 만큼 깊게 새겨져 있다. 기억들은 종종 그들의 비밀을 이야기하기 위하여 그리고 내담자가 직면한 도전을 강조하기 위하여 깨어난다. 생애 스토리의 압축된 버전으로서, 그것들은 삶의 leitmotif, 즉 지배적으로 반복되는 주제를 보여 준다. 그것

들은 내담자가 무시할 수 없는 이슈에 주의를 집중한다. 내담
자들은 이 이슈들을 피해 돌아갈 수 있도록 도와달라고 요구할
수도 있지만, 현장전문가들은 반드시 그들이 이 쟁점들을 다루
고 해결하도록 도와야 한다. 현장전문가의 일은 그 기억들을
삶으로 온전히 가져오도록 하는 것이다. 그렇게 함으로써 내담
자들은 그것들로부터 교훈을 듣고 강요된 원칙들을 해체할 수
도 있다. 진로 구성 상담의 경우에, 내담자가 도전에 대처하기
위해 어떻게 일을 사용할 것인지에 집중한다. 초기 기억에 의
존하여, 현장전문가들은 의미와 열정을 내담자가 상담에 가져온
직업 선택과 일 적응 문제에 스며들게 하기 위하여 한 개인의
신화적 본질을 불러일으킨다. 목표는 매일의 일상적 활동에 그
들의 혼을 어떻게 불어넣을지를 내담자에게 보여주는 것이다.

▓ 왜 초기 기억인가?

어떤 사람들은 진로 구성 현장전문가들이 명확히 규정하는
순간들(McAdams, 1993), 핵심 장면(Carlson, 1981) 또는 성공 스토
리(Haldane, 1975)와 같이 다른 전기적 스토리에 반대되는 초기
기억을 선호하는 이유가 무엇인지를 묻는다. 이러한 내러티브
유형들은 내담자의 집착에 대한 이해로 이끈다. 그러나 나는
초기 기억을 더 선호한다. 왜냐하면 삶에서 불과 몇 년 후의
스토리와 다르게, 이러한 기본적인 스토리들은 내담자의 개인
적 드라마의 고동치는 심장 한가운데를 쪼개기 때문이다. 그들
은 자기를 설명하는 작품에서 핵심 스토리를 드러낸다. 내담자
의 원형적 도식의 전형처럼, 초기 기억은 이질적이거나 혼란스
러운 세부사항 없이 단일의, 단순한 그리고 일관된 행동을 보
고한다. 그것들은 개개인의 삶의 진실을 묘사하는 간단명료한

내러티브이다. 우화와 유사하게, 초기 기억들은 삶에 대한 추상화된 결론을 제시하기 위하여 구체적인 내러티브를 사용한다. 어떤 의미에서, 그것들은 내담자의 신념과 열망을 포함한 삶에 대한 내담자의 처방전을 담고 있다. 게다가, 인생 우화와 같이 초기 기억들은 종종 상응하고 상징화된 그리고 표현되지 않고 내포된 의미들을 가지고 있다. 따라서, 이러한 은유적이고 상징화된 언어는 현장전문가들에 의하여 어렵고 복잡한 이슈들을 보다 더 쉽게 논의하기 위하여 활용될 수 있다.

초기 기억들은 전형적으로 이슈들, 즉 어려움과 같은 내담자의 경험을 다루기 때문에 그것들은 종종 자기 실행을 일으킨다. 현장전문가들은 내담자들이 초기 기억을 이야기할 때에 그들이 현재 순간에 다루기 원하는 그러한 느낌들을 실행한다는 것을 확신하면서, 이러한 정서를 기대하고 더 나아가 환영하는 것을 배운다. 현장전문가들은 이러한 느껴지는 의미를 잘 따라가야 한다. 왜냐하면 그것들은 내담자의 성장점과 주의를 필요로 하는 신호를 보여주기 때문이다. 이러한 감정들은 일반적으로 그들이 상담에 가져온 커리어 이슈들과 관련된 매우 유사한 것들이다. 이 감정들을 다루는 것은 내담자의 자기-인식과 새로운 행동 에너지를 위한 버팀목을 제공한다. 미숙한 현장전문가들은 내담자의 초기 기억들과 수반되는 느낌을 상담에서 얼마나 자주 직접적으로 말해야 하는지에 대해 놀랄 수 있다. 베테랑 현장전문가들은 기억하는 것은 개인들이 현재와 미래의 준비를 가능하게 하는 적응적 행동이라는 것을 안다. 내담자들이 이야기하기로 선택한 스토리들은 그들 자신의 자기-치유이고 개인적인 발달이다. 모든 이용 가능한 스토리들로부터, 내담자는 그들 자신이 들을 필요가 있는 그 스토리들을 들려준다. 과거의 현존으로서, 초기 기억들은 내담자가 현재 어디에 있는 지를 다루는 것이지 그들이 어디서 왔는지를 다루는 것이 아니 다. 그것들은 또한 미래에 어디로 향하는지를 다룬다. 많은 이 론가들은 과거의 기억이 미래에 투영되는 것과 강한 관계가 있 다고 주장하지만, 소수의 이론가들은 심지어 "기억은 미래의 처음이자 맨 앞에 위치한다"라고 주장한다(Fivsh, 2011, p.73).

　기억은 현재이지 파내야할 현재 자체의 원천은 아니다. 현재 의 활동이 계속적으로 기억을 바꾸지만 기억 자체는 항상 현재 의 의미를 보존한다. 한정된 규칙 패러독스에 의해 제안된 일 러스트레이션을 고려하라. Wittgenstein(1953)은 유한한 숫자의 배열은 다양한 방법으로 이어질 수 있다고 설명한다. 예를 들 어, 숫자를 나열한 "2, 4, 8"은 다음에 10, 16, 또는 31이 올 수 있다. 네 번째 오는 숫자는 그 앞 숫자 배열의 의미를 바꿀 수 도 있다. 삶에서도 마찬가지로, 새로운 경험은 앞선 경험의 의 미를 바꿀 수 있다. 사람들은 실제로 자기와 현재 목표를 지지 하는 사회에 관한 스토리를 이야기하기 위해 자신의 기억과 의 미를 재구성하고, 미래 행동에 영감을 불어넣는다. 그러므로 기 억은 현재 상황의 필요에 따라 재-기억되거나 또는 재구성된 다. 나중에 온 것은 이전에 온 것의 의미를 재구성한다. 그들의 기억을 이야기하는 과정에서, 내담자들은 기억되어진 경험에 대한 해석으로 들어가서 자기를 거꾸로 읽는다. 현재 이야기는 오늘의 관점에서 해석한 것을 제공한다. 재-기억하기의 행위 에서 내담자는 현재 상황을 이해하기 위하여 과거 지식을 능동 적으로 활용한다.

▨ 내러티브 진실

한 오래된 유대 격언에 "진실보다 더 진실한 것은 무엇인가?"라는 질문이 있다. 대답은 "스토리"이다. 초기 기억은 허구적 관점에서 이야기될 수도 있는 사적인 진실들을 다룬다. 초기 기억은 역사적 사실들을 보고하지 않을 수 있다; 현재에서 재-기억하기는 "사실들"을 지어내거나 왜곡할 수도 있다. 사실 대신에, 초기 기억들은 현재에 과거의 진실을 가지고 온다. 진로 구성 현장전문가들은 이 내러티브 진실들을 역사적 사실로 믿는 실수를 해서는 안 된다. 예를 들어, 한 내담자가 다섯 살이었던 해의 크리스마스 때에 카우보이 부츠를 기대하며 자신의 요람에서 누워있던 기억을 보고하였다. 그는 사실들을 왜곡하여 자신이 느꼈던 의존적이고 무력한 주관적 진실을 상징화하였다. 내담자는 무작위적으로 역사적 사실을 왜곡하지는 않는다. 그들이 과거를 재구성함으로써 이전 사건은 현재의 선택을 지지하고, 미래의 행동에 대한 기반을 마련하게 된다. 각각의 내러티브 말하기는 서로 다른 맥락, 목적 그리고 청중을 가지고 있다. 따라서 각각의 말하기는 내러티브 진실을 표현하는데, 이것은 변화에 직면하여 지속성과 일관성을 유지하기 위하여 과거를 허구화할 수도 있다.

과거 사실은 정교해져야 할 필요가 있지만, 사적인 진실들은 충분하고 적절하기만 하면 된다. 현장전문가나 내담자 모두 미래를 결정하는 것으로서 초기 기억들을 보지 않는 것은 중요하다. 대신에, 그들은 의미 있는 미래를 만들기 위한 적극적인 노력으로 스토리 만들기를 보아야 한다. 스토리들은 기회와 한계를 평가함으로써 적응을 안내한다. 자신의 스토리를 말할 때에, 내담자는 가능한 미래를 구성하는 방식으로 과거를 재－기억한다. 재－기억하기는 개인들이 현재를 다루고 미래를 준비하는 하나의 적응적 행동이다.

▨ 스토리는 빈틈을 기술한다

초기 기억을 이해하는 방법은 여러 가지이다. 진로 구성 현장전문가들은 그것들을 내담자의 가슴속에 있는 구멍을 드러나게 하는 X－ray처럼 다룬다. 구멍, 결함 또는 흔적은 사람이 놓친 것, 원한 것 또는 결핍을 나타낸다.

초기 기억들은 상처 난 마음을 치료하려는 내담자의 욕망에서 나온 내러티브들이다. 많은 해설가들은 스토리가 기대하지 않았던 어떤 것 또는 빈틈에 관한 것이라고 설명한다. 만일 모든 것이 그대로 되었다면 스토리화될 필요가 없다. 빈틈이 발생했을 때 경험을 이해하기 위해서 스토리가 필요하다. 진로 구성 현장전문가들은 초기 기억들을 삶에서의 빈틈을 기술하는 것으로 본다. 이 기술들은 종종 경험과 설명 사이의 빈틈을 줄이려고 시도한다. 그들은 일어나지 말아야 했었지만 이미 일어났던 어떤 것을 설명한다.

대부분의 경우에 초기 기억에서의 상황은 문제이며, 실제로 사람이 무엇보다도 해결하기를 원하는 문제이다. 그러나 일부 사람들은 문제라 불리는 것이 적절치 않을 수 있는 초기 기억을 기술하고, 그리고 문제라는 단어에 움츠러든다. 그럼에도 불구하고, 그들의 최초 기억 안에 집착이 놓여 있다. 삶에서 고통스러운 빈틈이 더 많을수록, 빈틈을 채우고, 잘못된 것과 일탈을 바로잡으려는 개인의 집착은 더욱 강해진다. 사람들의 삶은, 다양한 방식으로, 그들이 가슴속의 구멍을 채움으로써 보다 온전해지기 위한 반복적인 시도로 보일 수 있다. 그러나 숙달의 더 높은 수준에서 일탈의 버전은 매 시간 반복되고 있다.

그래서 내담자의 초기 기억들을 이해함에 있어서, 현장전문가들은 그것으로 인하여 자라나는 삶의 개념을 이해하는 것을 추구한다. 그들은 내러티브를 현재 직업적 과업, 직업 전환 또는 일 트라우마와 관련된 주제적 이슈의 반복을 나타내는 것으로 봄으로써 그렇게 한다. 이것은 상담을 찾는 직접적인 이유이며 따라서 내담자가 지금 당장 듣고자 하는 스토리가 될 것이다. 처음 초기 기억을 살피는 데 있어서 두 가지 관점이 유용하다. 처음에, 그것은 현재 문제에 대한 가능한 요약으로 검토될 수 있다. 다른 말로 하면, 현장전문가들은 그것이 내담자의 현재 문제를 간결하게 요약했는지를 자문해 본다. 그런 다음 그것이 또한 캐릭터 아크의 기저를 형성하는 주된 집착일 수 있는지를 고려하기 위하여 기억을 재검토할 수 있다. 일반적으로 특정 기억에서 현재 문제와 계속 반복되는 집착 모두를 인식할 수 있다. 때로 단지 하나 또는 다른 것이 분명해 보일 수도 있다. 항상 기억에는 내재된 중요한 어떤 것이 존재한다.

내러티브 촉매로 초기 기억을 활용함으로써, 현장전문가들은 인식과 재평가를 증가시키기 위하여 스토리에서 주목할 만한 것을 확대할 수 있다. 융의 확장 기법을 적용하는 데 있어서, 현장전문가들은 특정 언어적 요소나 이미지에 관한 그들이 할

수 있는 모든 지식을 동원한다. 그들은 첫 번째 동사에 집중하
고 "이것을 내가 전에 어디서 들은 적이 있나요?"라고 묻는다.
나는 최근에 "나는 새로운 집으로 이사 가는 것을 기억한다"라
고 초기 기억을 말한 내담자와 작업을 끝냈다. 나는 동사 '이사
하다'를 확장하고, 이것이 그의 생활에서 빈번한 행동으로 나타
나는 것이라고 생각하였다. 그래서 이 내담자를 위하여, 나는
이사하는 데 예민해지는, 이사를 즐기는, 이동하는 것을 좋아하
는, 세상을 뒤흔드는 사람이 되는, 감동받는, 동기를 가지는, 움
직이지 못하는 것을 싫어하는 그에게 집중하였다. 나는 또한
그가 기술했던 움직임은 새로운 집으로 이사한다는 것이었음을
깨달았다. 그래서 새로운 상황으로의 움직임은 아마도 긍정적
이고 부정적인 요소 모두를 가지는 중요한 주제이다. 두 번째
초기 기억에서, 그는 움직임에 적응하는 데 어려움이 있었다는
것을 기억하였다. 어느 날 그는 차도에서 자신의 자전거를 타
고 올라가고 있었는데, 문제의 소지가 되는 언덕 내리막길에
빨려 내려가는 것을 피하기 위하여 그가 할 수 있는 한 힘껏
페달을 밟았다. 이 두 가지 기억은 이동하는 것에 대한 그의
커리어 문제, 즉 또 다른 새로운 직업임에도 불구하고 이동하
는 것 그리고 자신의 통제밖에 있는 힘에 의해서 밑으로 당겨
짐에도 불구하고 그가 할 수 있는 한 최선을 다하며 일을 하는
것에 대한 문제를 재현하였다.

  두 번째 예는 한 학기 과정을 막 끝낸 학생의 진로 구성 상
담에서 찾을 수 있다. 그가 기말 시험을 남기고 있을 때에, 그
는 나에게 초기 기억을 활용하는 것에 대해 신뢰하지 못하겠다
고 말하였다. 나는 그에게 초기 기억을 말해달라고 요청하였고,

그는 "누군가 나의 기저귀를 바꾸려고 했는데 나는 그것이 바뀌는 것을 원하지 않았어요. 그대로 놔둬요!"라고 대답하였다. 그가 동사 '바꾸다(change)'를 두 번 반복해서 말하는 것을 듣고 나는 그것을 확장하였다. 나는 변화(change), 이동(displacement), 발달(development), 변형(transformation), 그리고 전환(transition)이 그를 사로잡고 있다고 말하였다. 특히 그와 다른 사람들이 변화를 원하지 않을 때에 더욱 그랬다. 그는 즉시 심리학에서 자신의 주된 관심은 전환이며, 강제로 집을 떠나 미국으로 이주한 난민에 관한 학위 논문을 준비하고 있다고 말하였다. 그는 초기 기억의 효용성에 대한 자신의 마음이 바뀌었다는 것을 생각하면서 강의실을 떠났다.

▓ 스토리 순서 분석

내담자에게 세 가지 초기 기억에 대하여 이야기해달라고 요청하는 것은 좋은 방법이다. 왜냐하면 사람들은 종종 자신의 집착을 몇 가지 스토리에서 탐색하기 때문이다. 첫 번째 초기 기억은 다른 어떤 이슈보다 더 관심을 끄는 이슈, 즉 집착을 드러낸다. 언제나 그런 것은 아니지만, 두 번째 기억은 종종 관심사를 반복하거나 스토리를 통해서 그것을 정교화 한다. 세 번째 기억은 대부분 잠재적 해법을 제시한다. 한 예로, 새로운 집으로 이사 가는 첫 번째 기억을 가지고 있는 내담자가 두 번째 기억에서는 그곳에서 자리를 잡는 것에 대하여 어려움을 느꼈던 것을 상기해보라. 그의 세 번째 기억은 잠재적 해법을 지시하고 있다. 그 기억에서 그는 네 살 때 어머니가 자신에게 몇 장의 생일 카드를 어떻게 가져다주었는지에 대하여 이야기하였다. 그녀가 카드를 읽어주었을 때에, 그는 사람들이 종이에 말을 넣을 수 있고 그것을 이해하는 것에 놀랐다. 그는 "나는 그때에 경이로움을 느꼈다."라고 말하였다. 아마도 종이에 적힌 단어들은 밑으로 당겨지는 문제를 해결할 수 있을 것이다. 동일 직업에서 10개 이상의 직위를 들락날락 이동하면서 자신의 경력을 소비한 후, 55세 때 직업 전환을 위한 상담을 찾았다. 그는 재정적으로 안전했고 새로운 어떤 것을 추구하기를 원했다. 새로운 어떤 것은 동기부여 강사나 작가가 되는 것임이 금세 분명해졌다. 그의 특성은 '어떻게 실패 없이 새로운 환경에 적응할 수 있는가'이다. 이러한 프리젠테이션의 순서가 특정한 내담자에게 어떻게 나타나든지 간에, 현장전문가들은 첫 번째 기억에서 문제에 대한 언급을, 두 번째 기억에서 그것이 어떻게 반복되는가를, 그리고 세 번째 기억에서 그것의 해결책을 찾아야만 한다. 더 깊은 의미는 세 가지 기억 모두를 잡고 있는 실마리를 보여주는 순서에서 찾아질 수 있다.

많은 진로 구성 현장전문가들은 내담자들이 자신의 초기 기억에 부여한 세 가지 헤드라인을 순서에 따라 읽는 것이 특별히 도움이 된다는 것을 발견한다. 헤드라인은 스토리를 걸러내기 때문에, 그것들을 순서대로 읽는 것은 종종 더 큰 스토리를 드러낸다. 진로 전환 문제로 상담을 원한 한 과학 연구자의 예를 생각해보자. 그녀는 일에서 즐거움을 느끼지 못했고 동료와도 잘 지내지 못했으며, 정부나 단체로부터 연구비를 확보하는 데 성공적이지 못하였다. 그녀의 세 가지 초기 기억의 헤드라인을 순서대로 읽으면 다음과 같다. "책임감 있는 사람", "그녀는 그것을 어떻게 해야 할지 몰랐다", "바보 같은 느낌." 이러한 문장들을 그녀에게 다시 읽어주는 것은 강력한 내러티브 촉매제가 된다는 것이 증명되었다. 그녀는 고용주가 그녀가 할 수 없는 어떤 일을 하도록 하는 책임을 지웠고, 그것은 그녀로 하여금 바보 같다고 느끼게 만들었다는 것을 마침내 알게 되었다. 다음 진로상담 회기에서 그녀는 곧바로 과학연구자에서 자그마한 자유 인문대학의 과학 교수로 직업을 바꾸었다. 그녀는 즉시 교수로서 성공했다. 그녀는 더 나아가, 학생들로 하여금 전공과 그들의 능력을 일치시키도록 돕는 학술적 조언자로서의 역할에 만족하였다. 이와 같이 스토리의 순서를 분석할 때에, 현장전문가는 Arnold(1962)의 원칙과 방법의 도움을 받을 수 있다. 초기 기억의 활용 기술을 숙달하고자 하는 현장전문가는 일반적으로 상담과 심리치료에서의 활용에 초점을 맞춘 Clark(2002)의 저서를 참조할 수 있다.

▨ 자 격

나는 현장전문가들이 관례화하여 초기 기억에 대해 질문하기를 제안한다. 대부분 내담자들은 스스로 다룰 준비가 되어있는 현재의 쟁점과 관련된 초기 기억을 나눔으로써 자신들을 보호한다. 통상적인 평가 과정에서, 현장전문가들은 내담자와 집착을 다룰 것인지 그렇다면 어떻게 할 것인지를 결정할 수 있다. 내담자의 정서적 준비와 현장전문가의 편안함 정도에 따라 초기 기억은 표면적인 것에서부터 심오한 것까지 다양한 깊이 수준에서 논의될 수 있다. 더욱이 초기 기억들이 상담 중에 전혀 논의되지 않더라도 내담자의 핵심 관심사를 이해하는 것은 세심한 생애 묘사를 하는 데 유용하다.

몇몇 현장전문가들은 이러한 제안에 동의하지 않는다. 왜냐하면 초심자들은 문제들을 직면하거나 내담자가 초기 기억을 통하여 드러내는 고통을 다룰 준비가 되어있지 않을 수 있다고 믿기 때문이다. 상담 관계는 안아주는 환경(holding environment) 을 제공하고, 어려운 스토리의 논의를 문화적으로 구조화한다. 현장전문가들은 내담자의 스토리를 담아내고 그것을 진심으로 다루어야 한다. 초기 기억들은 일상적으로 내담자가 느낀 의미 대로의 자기-해석을 불러일으킨다. 따라서 현장전문가가 만일 격한 감정을 다룰 준비가 되어있지 않다면 초기 기억들에 대하여 질문해서는 안 된다. 만일 현장전문가가 이 선택사항을 받아들이고, 때때로 시간이 제한되어 있는 문제로 이것이 요구된다면, 현장전문가는 롤 모델에 관한 처음 질문에 대한 대답에서 집착과 문제를 찾아볼 수 있다. 그 모델은 그 이슈에 대한 내담자가 제한했던 해결책을 나타낸다. 따라서 현장전문가들은 내담자의 집착과 고통을 직접적으로 표현하는 것을 피하고 단지 그 해결에만 집중할 수 있다. 예를 들어, 만일 내담자의 모델들이 용기에 찬 영웅이라면 초기 기억은 두려움에 관한 것일 수 있다. 다른 일반적인 예로는 수줍음의 이슈를 해결하는 외향적인 모델들 또는 의존성의 이슈를 해결하는 독립적인 모델들이 있다.

초기 기억들의 활용이 유용하다는 것을 입증하기 위하여, 어느 날 1학년 아이가 방과 후 집으로 돌아와서 엄마를 찾을 수가 없었다고 기억한 한 내담자의 스토리를 생각해보라. 온 집안을 찾아다닌 끝에 그녀는 침실 바닥에서 손목에 피를 흘리며 누워있는 엄마를 발견하였다. 그 아이는 무기력하게 서서 엄마가 죽어가는 것을 지켜볼 수밖에 없었다. 현장전문가들은 이러한 고통을 담아낼 준비가 되어있어야만 한다. 이렇게 함으로써 그 내담자는 그것을 자신의 생애 스토리에서 핵심 장면으로 고려할 수 있다. 만일 현장전문가가 스토리에 압도되는 느낌을 갖는다면 상담 효과는 저하된다. 물론 압도된다고 느끼는 현장전문가도 여전히 이러한 공유된 고통을 표현하고 내담자와 함께 이러한 감정을 처리하기 위하여 노력할 수 있다. 하지만, 이것은 진로 구성 상담의 목표가 아니다. 엄마의 생애 마지막 순간을 수동적으로 목격한 내담자와의 상담에서, 그 목표는 그녀가 커리어를 구성하는 것을 돕기 위하여 내담자의 욕구를 만족시켜주는 것이다. 이러한 초기 기억을 활용함에 따라, 그녀가 죽어가는 사람을 다루는 데 있어서 수동적에서 능동적으로의 변화를 원한다는 것이 분명해졌다. 나는 그녀가 아마도 자살방지 센터에서 일하는 데 관심을 가지고 있을 지도 모른다고 생각하였다. 그러나 그 내담자의 반응은 자살방지는 자신의 어머니가 죽을 때에 무기력하게 지켜보는 고통을 충분히 다룰 수 없다는 것을 보여주었다. 그녀는 지금까지 그 누구와도 공유해본 적 없는 하나의 비밀을 이야기하였다. 그녀는 "죽음의 산파"가 되기를 소망하였다. 그녀는 죽어가는 사람들의 곁을 지키면서 할 수 있다면 우아하고 존엄성을 지니며 죽음을 맞이하도록 돕기를 원했다. 그녀는 자신의 커리어로 호스피스 일을 선택하였다. 그리고 어떤 면에서는, 그녀가 환자의 존엄한 죽음을 도울 때마다 자신이 치유되었다. 내담자의 문제와 집착을 평가하면서, 다음으로 현장전문가는 내담자가 현재 살면서 사용하고 있는 해결책을 고려한다.

6 장

해결책에 대한 평가

평가 프로토콜에서 세 번째 단계는 내담자의 초기 기억에서 제기된 문제들에 대한 내담자의 해결책들을 찾는 것이다. 내담자들 마음속의 집착들을 가지고, 현장전문가들은 롤 모델에 대한 질문의 대답들을 고려하기 시작한다. 이러한 질문은 내담자가 삶을 위한 그들 자신의 자원이라고 할 수 있는 자기를 어떻게 세웠는지에 대한 답을 요청한다. 그들 자신의 캐릭터의 설계자로서, 사람들은 자신이 현재 직면한 문제들을 어떻게 해결할 것인가에 대한 청사진을 제공해주는 롤 모델들을 선택한다. 모델들은 내담자의 삶에서 직면한 어려움에 대한 잠정적인 해결책을 보여주기 때문에 선택된다. 내담자들은 자아 이상으로서 이러한 핵심 인물들을 확인하고, 그들의 두드러진 행동들을 모방하고, 결국에는 자신의 자기-개념에 그들의 특성들을 포함시킨다. 내담자들은 내부로부터 새롭게 생성된 자기를 충분히 이해하지 못한다. 따라서 진로 구성 상담은 내담자가 자기 자신을 관찰할 수 있는 비유적 거울로서 롤 모델을 제시한다. 내담자들이 자신의 롤 모델들을 어떻게 묘사하는가는 자신의 자기-개념들에 있어서 핵심 요소들을 드러낸다. 그들의 롤 모델들을 살펴보는 것은 그들로 하여금 자기 자신을 가장 잘 들여다 볼 수 있게 한다. 생애 묘사에서 내담자의 '자기'에 대한 시스템적 재구조화는 내담자로 하여금 그들의 자기-개념들을 입증하고 자신의 특성들을 강조하도록 격려한다.

롤 모델이라는 단어는 남용함에 따라 진부한 표현이 된다. 롤 모델의 깊은 의미는 사람들이 그들 자신을 디자인하는 데 사용하는 청사진 또는 본질적인 패턴을 보여준다는 것이다. 이전에 설명했던 것처럼 자기는 주어진 것이 아니라 프로젝트이다. 자기의 설계자로서 살아가기 위해서, 사람들은 자기-디자인을 위한 적절한 청사진을 선택하여야만 한다. 그러고 나서 그들은 그 특성들이 온전히 자신의 것이 될 때까지 그 모델의 특성들을 받아들이고 연습함으로써 자기를 세운다. 바디 빌더이자 배우였던 Steve Reeve가 2000년에 사망했을 때, 캘리포니아 주지사인 Arnold Schwarzenegger(2001)는 그의 웹사이트에 다음과 같은 글을 올리면서 그의 롤 모델에 대한 애정을 표현하며 기억하였다.

> 사춘기 시절에 나는 Steve Reeve와 함께 성장하였다. 그는 영화에서 내가 응원하였던 영웅이었고, 나의 방에 그의 사진을 걸어놓았고, 나로 하여금 최고가 되도록 격려하고 용기를 준 바디 빌더 챔피언이었다. 그의 주목할 만한 업적은 내 주

위사람들이 나의 꿈을 이해하지 못할 때에 항상 나에게 무엇
이 가능한지에 대한 감각을 준 것이다. 그런 의미에서 Steve
Reeve는 다행스럽게도 내가 성취해온 모든 것의 일부분이 되
었다. Steve Reeve는 나에게 영감이었고 나의 미래의 부분으
로 지속될 것이다. 세상은 한 사람 이상을 잃었다. 그들은 진
정한 영웅을 잃었다.

개인이 자기를 어떻게 개념화하는가를 조사하기 위하여, 현
장전문가들은 생애 초기 자기 구성 과정에 있어서 내담자들에
의해 사용되었던 청사진과 모델들을 살펴본다. 이러한 관점으
로부터, 현장전문가들은 첫 번째 커리어 선택으로서 롤 모델들
을 본다. 내담자들은 그들의 역경을 함께 공유할 수 있는 모델
들, 그러나 잘 지낼 수 있는 방법을 찾은 모델들에게 매력을
느낀다. 영웅들은 성인기를 위한 로드 맵을 제공한다. 왜냐하면
그들은 성장하는 과정에서 내담자들이 겪었던 어려움에 대한
해결책들을 만들어내기 때문이다. 많은 사람들에게, 우리는 그
들이 다른 어떤 문제보다 더 많은 관심이 있는 문제를 가지고
있다고 말을 할 수 있다. 또 다른 사람들에게, 우리는 그들이
자신의 생각을 사로잡고 있는 이슈를 가지고 있다고 더 편하게
말할 수도 있다. 어떤 경우이든, 여러모로 그들의 삶은 그 문제
에 대한 해결책이 되거나 또는 그 집착을 드러내는 현상이 된
다. 롤 모델에 대한 질문에 대답할 때에, 내담자들은 현장전문
가들에게 자신이 다른 모든 것들보다 더 간절히 해결하기 원하
는 문제들에 대하여 함축적으로 이야기한다. 영웅들에 의하여
만들어진 특성들은 내담자가 그 자신의 어려움을 해결하기 위
하여 필요하다고 믿는 방법들로 여겨진다. 따라서 이러한 자질

들이 이후의 스토리에서 어떻게 사용되는지를 듣는 것은 유용하다.

📊 롤 모델과 가이드

롤 모델들은 사람들이 자신의 정체성을 알리고 형성하는 데 사용하는 창의적인 자원이다. 예를 들어서, TV 쇼 Frasier에서 Lilith 역할을 하였고 브로드웨이 뮤지컬 Chicago에서 스타로서 이름난 Bebe Neuwirth는 그녀의 영웅인 Bob Fosse를 다음과 같이 묘사하였다.

> 나는 얼마나 철저하게 모든 것이 그가 했던 것에 달려있는지 정확히 설명할 수는 없다. 내가 열세 살 때에 나는 그가 하는 것을 보았고, "맞다, 저 무대가 나에게 전부이다. 나는 그것을 안다. 저것이 나이다." 그렇게 되었다. 나는 그 순간에 나 자신을 찾았다.(CBS, 2010)

Neuwirth와 유사하게, 사람들은 자신의 삶을 이해하기 위하여 자신의 모델로부터 의미를 찾는다. 개인은 사회에 의하여 등장한 영웅들의 레파토리로부터 모델을 선택한다. 이러한 모델들은 그들이 목표를 추구하고 문제들을 해결하는 특유의 방법들을 보여주는 민족 특성 또는 매우 좋아하는 인물의 전형이 됨으로써 거의 신화적인 차원을 지닌다. McAdams(2008)는 성공을 추구했던 Ben Franklin과 Horatio Alger, 건강을 추구했던 Ralph Waldo Emerson과 Oprah Winfrey, 구원을 추구했던

Mother Teresa, 그리고 사회적 정의를 추구했던 Martin Luther King, Jr.를 예로 들면서, 그 영웅들이 어떻게 목표들의 전형이 되는지를 설명하였다. 사회에 의하여 등장한 영웅들은 쉽게 일반화되는 강력한 신화이다. 이로써 많은 다양한 사람들은 자신이 어린 시절과 초기 청소년기에 직면한 깊고 성가신 이슈들을 다루기 위하여 그 모델들을 모방할 수 있게 된다. 사람들은 실제적으로 자신이 요구하는 특별한 의미에 딱 들어맞도록 이러한 일반적인 모델들을 선정하여 맞추게 된다. 그리고 나서 그들이 더 좋아하는 형태로 이러한 특성들을 분명하게 드러낸다. 이러한 전형적인 패턴으로서, 그 모델들은 지속되는 활력을 가진 의미를 유지한다.

사회는 지속적으로 오래된 모델들을 업데이트하고 새로운 모델들을 제공한다. 영화 Coraline을 예로 들어보자(Jennings, Selick, & Gaiman, 2009). 2009년 초기에 영국과 미국 사회는 계속 반복되는 목표를 추구하는 새로운 영웅을 첨가하는 시도를 보였다. Coraline은 돌풍을 일으키는 소녀의 새로운 모델이 되었다. 이전 세대들은 Lewis Carroll의 Alice가 어떻게 토끼 구멍으로 내려갔는지 그리고 Frank Baum의 Dorothy가 오즈에 갔는지를 배웠다. Coraline의 감독 Henry Selick은 다음과 같이 언급하였다.

Alice와 Dorothy는 나의 삶에서 그리고 우리의 공동의 문화에서 Coraline과 비슷하게 매우 중요한 캐릭터들이다. 그들은 문을 지나면 또는 코너를 돌면 무엇이 있는지 알기를 원했다. 그들은 그것의 한복판에 가고 싶어 하는 용기 있는 소녀들이

다.(Wloszczyna, 2009, p. D-1에서 인용함)

Wloszczyna에 따르면(2009), Coraline은 어려운 시기의 완벽한 영웅이다. 의도적으로, Coraline과 그녀의 모험에는 교훈이 들어있다. 그 교훈은 소심한 소녀들에게 모험에 대한 불안으로부터 벗어나기 위한 잠재적인 롤 모델의 역할을 제공한다.

롤 모델들은 사람들에게 자신의 가슴속에 묻어 두었던 생각에 대한 항구적 교훈을 가르친다. 그들은 오늘날까지 내담자에게 남아있는 어린 시절 본래의 열정을 드러낸다. 롤 모델들은 젊은 사람들을 격려하고 권면한다. 왜냐하면 그들은 앞으로 나아가는 길을 보여주기 때문이다. 따라서 롤 모델들의 선택은 정말로 자기-구성과 삶이라는 드라마에서 수행해야 할 더 좋아하는 역할에 대한 결정이다. 그의 자서전에서, 철학자인 John Stuart Mill(1873/1990)은 존경하고 모방하는 영웅을 갖는 것에 대한 중요성을 논의하였다. 그는 Condorcet(1787)의 *Life of Torgot*을 감탄하며 보았다고 설명하였다.

> 내가 지지하는 의견들에 대한 이와 같은 장엄하고 전형적인 대표들의 영웅적 덕은 나에게 깊은 영향을 주었다. 그리고 느낌과 사고의 끌어올려진 영역으로 가지고 갈 필요가 있을 때에, 나는 다른 이들이 가장 좋아하는 시를 떠올리는 것처럼 그것들을 끊임없이 회상하였다.(Mill, 1873/1990, p.76)

John Stuart Mill은 우리들의 삶 속에서 롤 모델이 어떻게 존재하는지를 보여주었다. 그는 John Morley(1981)에게 "그가 젊었을 때, 무기력함에 빠져드는 경향이 있던 그때에, 그는 Condorcet의 Life of Torgot으로 전환하였다; 그것은 정확하게 그 자신이 가지고 있는 모든 것들을 회복시켰다"(p.57)라고 말하였다.

롤 모델을 향한 끌림은 환상과 역할 수행 속에서 모방을 이끈다. 반복과 리허설을 통하여 그것은 기술과 능력, 습관들을 발달시킨다. 몇 세기 전에 Plato(380 BCE/2007)는 "젊었을 때 시작된 그리고 삶 속에서 한참 지나도록 지속되는 모방이 어떻게 한참 있다가 습관들이 생기고, 제2의 본성이 되고, 몸과 목소리, 마음에 영향을 주는지 설명하였다. 음악 연주자들 속에서 우리는 노래 부르는 스타일의 에뮬레이션까지 발견할 수 있다. 청소년기에 Michael Bublé와 Kevin Spacey는 Bobby Darin을 존경했다. Bublé의 노래 부르는 스타일과 레파토리는 Darin의 것과 유사하다. 그리고 Spacey는 Darin에 대한 영화인 '*Beyond the Sea*'에서 직접 그의 노래를 불렀다(Spacey, 2004).

■ 가이드 대 모델

내담자들은 롤 모델로서 부모를 확인한다. 그러나 가이드로서 부모를 고려하는 것이 더 쉽다(Powers, Griffith, & Maybell, 1994). 대부분의 현장전문가들은 남자 또는 여자가 되는 것이 무엇을 의미하는가에 대한 내담자의 첫 번째 아이디어로서 가이드에 대한 묘사를 듣는다. 종종 가족 드라마에서는 사회적 역할들에 대한 이러한 묘사가 발견된다. 예를 들어서, 한 내담자는 아버지를 터프하게, 어머니를 부드럽게 묘사하였다. 그는 그들 모두를 사랑했다. 뿐만 아니라 다른 사람들이나 상황들과 연관된 그들의 모순된 스타일 사이에서 찢기는 느낌을 받았다. 그는 터프하게 됨으로써 아버지를 기쁘게 하기를 원했다. 그러나 그는 이것이 부드러운 사람이 되기를 원하는 엄마를 기쁘게 하지 못할까봐 두려움을 느꼈다. 이러한 모순적인 태도를 통합하는 그의 방법은 악당을 패배시킬 때에는 터프하지만 도움을 필요로 하는 사람들에게는 부드러운 로빈 훗을 모방하는 것이었다. 그 내담자는 결국 터프하게 행동하지만 부드러운 매너를 가진 역할로서 사회적 일 에이전시를 연출하였다. 두 번째 예로, 두 세계를 연결했기 때문에 포카혼타스를 존경했던 내담자를 기억해보라. 그 내담자는 아파치 출신의 엄마와 아일랜드 출신의 아버지 사이에서 태어난 딸이었다. 그녀는 자신이 태어났던 시기의 세계들을 연결하는 것을 시작하였다.

가끔은 내담자로 하여금 부모의 가이드를 롤 모델과 비교해보도록 하는 것이 유용하다. 가이드와 모델 간의 차이는 내담자의 문제들과 목표 사이를 연결한다. 이렇게 하여 마이너스 느낌으로부터 인지된 플러스로 이동하는 내담자의 라인에 대한 정보를 보여준다. 근본적으로, 진로 구성 현장전문가들은 선택되지 않고 내담자의 삶에 주어진 부모의 가이드와는 다른, 첫 번째 커리어 선택으로서 롤 모델을 살펴본다. 내담자가 부모를 선택하는 것이 아니라, 부모 또는 부모상이 내담자를 결정한다.

부모의 가이드는 영향력이 있다. 반면 역할 모델들은 심리적으로 동일시된다. 세상에 대한 내면화는 세상에서 대상들에 대한 자기를 모델링하는 것을 의미한다. 개인은 다른 사람들, 특별히 부모라는 환경 내에서 자기를 구성한다. 부모의 가이드를 내면화하는 심리적 과정은 롤 모델들을 내면화하는 과정과 다르다. 내면화를 위한 주된 방법들은 내적 투사(내사)와 체내화이다. 가이드는 내사로서의 내면화이다. 왜냐하면 그것들은 전체로 삼켜지기 때문이다(Wallis & Poulton, 2001). 따라서 내사는 내적 공간에서 그 가이드에 대한 재현이 된다. 어떤 의미에서 내사가 가이드에 대한 재현보다 더 내면화한다; 그것은 가이드와 함께 개인의 관계를 내면화한다. 그 사람은 내면화된 재현과 더불어 다이얼로그에 실제적으로 참여할 수 있다.

내사된 가이드의 영향과 대조적으로, 롤 모델들은 체내화된 심리적 동일시이다. 비록 내사가 그 사람에 의하여 받아들여졌을지라도, 그들은 결코 자신의 선택이라고 받아들이지 않는다. 이와 비교해서, 사람들은 자신의 단면을 반영하는 이미지들을 자유롭게 선택하는 것으로써 동일시를 경험한다. 모델에 대한 체내화는 자기－구성의 핵심 과정이다. 인간은 모델과 유사하게 자기를 수정한다. 그러나 모델은 여전히 외부에 남아있다. 그것은 내부의 다른 사람이 되는 가이드와는 다르다. 어느 의미에서, 어린이들은 그들이 찾은 모델들의 어떤 특성들을 받아들이는 것이 아니라 가이드를 내면으로 흡수한다. 가이드는 지각 표상으로서 마음에 담겨져 있는 사람들의 재현이다. 이와 비교해서, 모델들은 그 사람을 바꾸고 자기를 구성하는 개념으로서 통합된다. 동일시는 의식적으로 또는 무의식적으로 다른 사람을 닮기 위하여 자기를 변화시키는 것을 포함한다. 동일시의 어원은 'idem'으로, 그것은 '같다'라는 의미의 라틴어이다. 동일시 즉, 어떤 모델과 같음을 만드는 과정은 자기가 다른 사람의 특성들을 포함할 때에ㅡ그 자체의 꽤 지속되는 부분으로 서ㅡ 발생한다. 사람들은 다른 사람의 어떤 모습들을 확인한다. 그리고 유사한 것들을 얻을 수 있는 방향으로 자신의 삶을 지향시킨다. 그러한 목적은 그들 자신의 문제들을 다루는 것과 관련이 있다. 그리고 그들은 자신이 현재 직면하고 있는, 성장 과정에서의 동일한 문제들을 해결한 롤 모델들을 확인하고 모방한다.

어떤 가이드들ㅡ그것은 부모이다ㅡ은 그들의 자녀들이 모방할 롤 모델들을 제시하려고 노력한다. 예를 들어서, 소설가 Brad Meltzer는 그의 아들이 존경했으면 하는 사람을 선택하기 위하여 오랫동안 힘들게 애를 썼다고 설명하였다. 그의 아들을 격려하기를 바라며, 그는 '나의 아들의 영웅들'(Meltzer, 2010)이라는 제목의 책을 출판하였다. 물론, 그는 그 자신의 영웅들, 수퍼맨을 창조한 Jerry Seigel과 Joe Shuster를 포함시켰다. Meltzer는 이 두 청소년들이 부유하지도, 외모가 뛰어나지도, 유명하지도 않았다고 기록하였다. 그러나 하나의 꿈을 꾼 가장 친한 이 두 친구들은 믿고 있는 것들 가운데 어떤 것을 세상에 주었다. 코믹 책 독자들은 '정의 리그'에 대한 다섯 가지 이슈로 제한된 시리즈(수퍼맨을 포함함; Meltzer, 2005)인 *Identity Crisis*를 쓴 Meltzer를 알 것이다. 종종 어린이가 어떻게 자신의 롤 모델로서 부모의 롤 모델을 선택하는지 의아하게 생각하는 사람이 분명히 있을 것이다.

▪ 모델과 가이드 연합시키기

롤 모델들에 대하여 질문할 때에, 세 명의 모델들을 이끌어 내는 것이 가장 좋다. 왜냐하면 내담자의 자기와 자기-개념은 영향들과 동일시의 복합적인 혼합물이기 때문이다. 여기서 한 예가 도움이 될 것이다. Seigel과 Shuster가 결국 슈퍼맨이라고 이름을 지은 캐릭터를 디자인할 때에, 그들은 자신의 슈퍼 영웅 속에 통합시킬 캐릭터들을 찾았다. 마지막에, 그들은 타잔의 머리와 Flash Gordon의 장비, 역도 선수의 검정 부츠를 혼합한 형태로 슈퍼맨을 디자인했다(Nobleman, 2008). 내담자가 세 명의 롤 모델들을 묘사하는 대답들을 고려할 때에, 현장전문가들은 내담자가 어떻게 이 세 가지 캐릭터들과 캐릭터의 요소들을 잘 화합되고 일원화된 자기 속으로 통합시키는가를 숙고한다. 내담자들이 자신의 롤 모델들을 묘사할 때에 사용하는 분리된 형용사들은 자기-선택된 특성들을 나타낸다. 역할 연습, 또는 모델 모방은 성장 과정에서 문제들을 다루기 위한 기술 발달과 자신감으로 이어지는 관심들과 활동들을 집결시킨다. 청소년기와 초기 성인기 동안, 사람들은 선택적인 동일시의 수집품들을 일관성 있는 전체로 통합시킨다. 이것은 요약하는 것이 아니라 합성, 즉 성장 과정에서 문제들에 대한 통합적인 해결 방법을 생산하는 다양한 추상적인 관념들을 조화시키는 배열이다.

동일시의 연합을 통한 자기-구성의 두 가지 예는 내가 이 장을 쓰고 있었던 몇 달 동안 나타났다. 당신이 '60 Minutes'의 제작자인 Don Hewitt와 대법관 Sonia Sotomayor에 대한 스토리들을 읽을 때에, 각각이 한 명의 남성과 한 명의 여성 롤 모델을 선택한 것을 주목해보라. 먼저, Don Hewitt의 모델들에 대하여 생각해보라. 2009년 8월 23일, TV 프로그램 '60 Minutes'(CBS, 2009)는 8월 19일에 사망한 그 프로그램 제작자를 추모하였다. Hewitt는 뉴스와 비즈니스 쇼를 결합시킴으로써 TV 첫 번째 뉴스매거진인 '60 Minutes'을 창조하였다. 뉴욕시에서 성장한 소년이었을 때에, Hewitt는 그의 롤 모델들을 영화에서 발견하였다. 그는 시스템을 통제하는 투지를 가진 악동들과 동일시하였다. Hewitt는 "나는 우울증이 매우 심했을 때에 화려한 뮤지컬의 성공적인 무대 제작을 상연하였던 독보적인 브로드웨이 감독인 Julian Marsh가 되고 싶은지 또는 'His Girl Friday' 리포터인 Hildy Johnson이 되고 싶었는지 전혀 몰랐다"라고 언급하였다. 42번가의 기획자였던 Julian Marsh는 밝은 빛들과 브로드웨이 쇼걸들로 에워싸였다. Don의 아버지와 같이, Hildy Johnson은 신문계로부터 나타났다. 그녀는 짧고 분명한 말투와 경쟁적인 특종을 보도함으로써 뉴스룸에서 번창하였다. 1948년 CBS는 첫 TV로 방송되는 뉴스 프로를 상영했다; Hewitt는 25살이었고, 전시 리포트 경험을 조금 가지고 있었다. 한 친구는 그에게 CBS 뉴스 스튜디오를 방문할 것을 제안하였고, 그는 그것에 대하여 다음과 같이 회상하였다: "내가 안으로 걸어 들어갔을 때에, 나는 믿을 수가 없었다. 빛과 카메라들, 화장을 하는 사람들이 있었고, 그것은 마치 헐리우드 세트 같았다. 나는 사랑에 빠졌다"고 Hewitt는 기억하였다. 그리고 가장 좋은 것은 그가 에이스 리포터인 Hildy Johnson이 될 것인가 또는 브로드웨이 스타 메이커 Julian Marsh가 될 것인가의 사이에서 더 이상 선택할 필요가 없어졌다는 것이다. "나는 생각했다, '오 나의 하나님, TV 안에서 당신은 그것들 모두

가 될 수 있습니다.' 그리고 나는 채용되었다." Hewitt는 나중
에 회상하였다. '60 Minutes'를 처음 제작할 때에, Hewitt는 자
신이 편집자와 제작자와 마찬가지로 뉴스맨과 쇼맨을 통합하여
행동할 수 있도록 자기 자신을 위한 꼭 맞는 역할을 만들었다.

Justice Sonia Sotomayor는 U. S. Supreme Court 자리를 위
한 예약을 확인하는 동안, 그녀의 어린 시절 동일시들을 회상
하였다. 어린 나이였을 때에, 그녀는 유명한 어린이 미스터리
시리즈의 Nancy Drew와 동일시하면서 형사가 되기를 열망하
였다. 그러나 여덟 살 때에, Sotomayor는 당뇨병을 진단받았고,
그녀는 형사가 될 수 없다는 것을 듣게 되었다. Sotomayor는
또 다른 소설 속 캐릭터가 그녀의 다음 선택에 대한 영감을 주
었다고 회상하였다.

> 나는 Nancy Drew를 읽는 동안 매료되었던 동일한 종류의 수
> 사 업무에 Perry Mason 또한 상당히 관련되어 있었다는 것을
> 알아차렸다. 그래서 나는 변호사가 되기로 결심하였다. 일단
> 내가 변호사가 되는 것에 집중하자 나는 그 목표로부터 일탈
> 할 수가 없었다.(CNNPolitics, 2009)

Sotomayor는 단지 진취적인 활동에 집중하기보다는 많은 수
사 업무와 관련된 변호사가 되고자 하는 그녀의 생각을 구체화
했다. 그녀의 오빠인 Juan은 그녀가 Nancy의 부지런함과 꾸준
히 하는 성격들까지 자신의 일부로 통합시켜나가는 것을 목격
하였다.

Nancy Drew를 동일시하는 사람들 모두 그녀의 탐구 능력과 꾸준함에 초점을 맞추는 것은 아니다. 'Good Morning America''의 두 작가인 Shipman과 Rucci(2009)는 몇 가지 실례들을 제공하였다. '60 Minutes'의 진행자인 Daine Sawyer는 '명석한, 거센, 분명하게 독립적인' 존재양식 때문에 Nancy Drew를 존경하였다. 대법관 Ruth Bader Ginsberg는 Nancy의 모델링에서 두려워하지 않는 특성을 통합하였다. 'O Magazine'의 편집장인 Gayle King은 다음과 같이 언급하면서 '용감함'에 초점을 맞추었다. "나는 항상 그녀의 용감성에 감동을 받았다. 왜냐하면 나는 용감하지 못한 아이였다... 그리고 잘 알려지지 않은 어두운 곳을 손전등을 가지고 갈 수 있던 그녀에게 경이로움을 느끼곤 하였다. 나는 지금도 여전히 용기가 없다." 여배우 Ellen Barkin은 다음의 사실을 확인하였다. "Nancy Drew는 직업을 가지고 있었다. 그녀는 직업을 가지고 있었지만 보수를 받지 않았었다는 것을 내가 깨달았던 첫 번째 여성이었다. 그러나 그녀는 목적을 가지고 있는 여성이었다."

종합하면, 롤 모델은 내담자들이 자신의 주요 문제들이나 또는 주된 집착들을 극복하기 위하여 필요하다고 생각하는 고유 특성들을 드러낸다. 사람들은 그 모델의 특성들을 모방하고 따라한다. 왜냐하면 그 특징들은 그들 자신의 관심들을 직접적으로 다루기 때문이다. 이것이 두려워하는 사람들이 용기를 내고 수줍어하는 사람들이 적극적으로 변하는 이유이다. 용기를 위하여 두려움을 완전히 제거시킬 필요는 없다. 적극적인 사람이 되기 위하여 내부에 머무르는 느낌을 가져서는 안 되는 것도 아니다. 따라서 진로 구성 상담은 내담자로 하여금 그들이 부

모의 가이드들을 내사한 것과 자신의 롤 모델로부터 취사선택
하여 받아들인 것이 무엇인지 자세히 살펴봄으로써 그들 자신
들을 좀 더 선명하게 이해할 수 있도록 돕는다.

📊 자기 스케치하기

　내담자의 롤 모델들에 대한 기술은 그들 자신의 핵심 개념을
드러낸다. 현장전문가들은 이러한 개념들을 신념, 즉 내담자의
일반적인 설명을 묘사하는 언어적 스케치 속으로 통합시킨다.
자기의 윤곽에 대한 스케치를 하는 과정에서, 현장전문가들은
우선성과 반복에 근거한 핵심 자기−개념을 확인한다. 그들은
내담자가 첫 번째 롤 모델에 대하여 이야기하는 첫 번째 것을
확인함으로써 시작한다. 우선성은 일반적으로 중요성을 동반한
다. 첫 번째 초기 기억 속의 동사와 유사하게, 롤 모델을 묘사
하는 첫 번째 형용사는 중요한 특성을 암시한다. 우선성뿐만
아니라, 빈도 또한 중요한 자기−개념을 강조하는 것으로서의
중요성을 지시한다. 현장전문가들이 세 명의 롤 모델들에 대하
여 묘사한 내용들을 검토하는 동안, 그들은 반복되는 단어들과
유사한 구절들에 동그라미 표시를 한다. 그리고 나서, 우선성과
빈도에 근거한 자기와 연관된 기술을 가지고, 현장전문가들은
내담자의 신념과 자기−개념에 대한 선명하게 그려진 성격 묘
사를 세심하게 진술한다. 상황과 스크립트에 대한 이후의 스토
리들에서, 그들은 내담자가 그러한 특성들을 어떻게 사용했는
지에 대하여 주의를 기울여 듣고자 할 것이다.

　여기서 두 가지 예가 유용할 것이다. 첫 번째 예는 의학 실습 과정을 즐기지 못하는 이유로 상담을 받고자 했던 여자 내과의사에 대한 것이다. 그녀의 첫 번째 롤 모델은 그녀가 성장할 때에 이웃에서 살던 Sharp 박사였다. Sharp 박사에 대하여 묘사할 때에, 그녀는 그가 그의 공동체 의식들을 만들었고, 이웃들을 돌보았고, 공동체에서 활동적이었을 뿐만 아니라 아무런 갈등이 없는 평화로운 가정을 가지고 있었다고, "그것을 지속했다"고 이야기하였다. 내가 이러한 특성들이 내과 의사보다는 사회사업가와 더 유사한 것 같다는 말을 했을 때에, 그녀는 동의하면서 그것이 자신의 문제라고 하였다. 적절한 때에 그녀는 의학 실습을 마무리하고, 의대에서 부학생주임이 됨으로써 그 문제를 해결하였다. 그 위치는 그녀에게 의학박사가 되는 것을 요구하였고, 자신의 내과의사로서의 경험을 사용하도록 하였다. 그러나 더 중요하게, 그것은 그녀로 하여금 학교를 위한 의식들과 전통들을 창조하고, 평화를 유지하기 위해 갈등을 해결하고, 좋은 일들을 지속하고, 학생들과 교직원, 스태프들 사이의 공동체 의식을 조성하는 것으로서의 자기 – 개념을 드러내게 하였다.

　두 번째 롤 모델의 예는 사진작가로 활동하고 있고, 자신의 사업을 시작하는 것에 대하여 논의하기를 원했던 아프리카 출신 미국인 내담자에서 찾을 수 있다. 그는 Pablo Picasso와 Dizzy Gillespie를 존경하였다. 그 내담자는 진짜 자기 자신이 됨으로써 Dizzy처럼 살려고 했다고 말하였다. 그러나 그는 다른 사람들에게 나눠주는 것을 지속하였다. 그는 Picasso를 그가 다른 사람들의 인식을 변화시켰기 때문에 존경하였다. 그 내담자는 지역 재즈 클럽에서 일주일에 한 번씩 밤에 연주를 하였고, 그곳에서 그는 청중들의 음악에 대한 인식들을 변화시키려고 애를 썼다고 하였다. 그는 자신만의 방식으로 다른 사람들에게 나눠줄 수 있는 사진 촬영 스튜디오를 열기로 결심하였다.

▪ 비밀들을 다루기

내담자들이 자신의 어린 시절 특별한 사람을 기억해내는 경우 때때로, 그들은 자신의 과거와 씨름을 하곤 한다. 그들은 자신의 첫 번째 세상에 살았던 중요한 인물들에 의해 어린 시절 공고화된 습관적인 오해들을 축출하기 위하여 고투할 수도 있다. 고투하는 동안 가끔 내담자들은 삶 전체에 영향을 미치는 비밀, 감추고 있던 이야기를 드러낸다. 이러한 비밀들은 자주 성적 학대와 연관되어 있다. 관리직을 수락할지에 대하여 의견을 구하는 아프리카 출신 미국인 사회사업가의 예를 생각해보라. 그녀의 롤 모델은 여배우 Doris Day, 그녀의 이모인 Harriet, 그리고 8학년 때 선생님인 Mrs. Evans이었다. 그 내담자는 Doris Day를 남자를 꾸짖을 수 있는 여성, 그녀 자신의 방식으로 살아가는 커리어 우먼, 그리고 활기 넘치는 개인으로 묘사하였다. 이모인 Harriet은 교사였고, 명석했으며, "그녀가 했던 일은 잘 해내었던" 여성이었다. Mrs. Evans는 잘 교육받았고, 올바른 가치관과 원칙들을 가지고 있었다. 따라서 우리는 독립성, 교육, 열정과 진실성의 자기-개념으로 추론할 수 있다. 그녀는 첨가된 이야기들을 가지고 이 추론을 확인하였고, 그리고 나서 적극적이고 독립적인 커리어 우먼으로 결론지었다. 그녀는 좋은 관리자가 되었다. 다시 말하면, 제안된 진급은 그녀의 자기-개념을 실행하게 하였다.

　비록 우선성과 일상적인 반복이 핵심적인 개념들을 가리킨다고 할지라도, 자주 누락되는 경우가 있다. 이 내담자는 이모인 Harriet이 무엇을 잘 하지 못했던가에 대한 내용은 빠뜨렸다. 그녀는 "그녀가 했던 일은 잘 해내었다"고 언급함으로써 누락시켰음을 알려주었다. 나는 그 내담자에게 이모인 Harriet이 무엇을 잘하지 못하였는지에 대하여 질문하였다. 그녀는 머뭇거리면서 Harriet 이모의 남편이 그녀가 고등학생이었을 때 여러 번 자신을 강간했었다는 사실을 털어놓았다. Harriet 이모는 자신의 남편이 무엇을 하였는지 알고 있었지만, 그에 대한 아무런 조치도 하지 않았다고 하였다. 이모인 Harriet은 다른 모든 면에서는 그녀의 롤 모델이었다. 그녀의 이모는 자신이 하고자 했던 일은 잘 하였다. 그녀의 이모가 실패했던 것은 다름 아닌 그녀가 자신을 위하여 Harriet 이모가 해주었으면 하고 바라던 그것이었다. 그것은 조카딸의 미션이 되어 다른 사람들을 위하는 방향으로 움직이게 하였다. 그 내담자는 다른 두 모델인 Doris Day와 Mrs. Evans에 대하여 설명하였다. 그들은 그녀의 문제를 어떻게 해결해야 하는지를 보여주었다. 그녀는 남자를 꾸짖는 법을 배우고, 홀로 서며 다른 여성들을 위하여 투쟁하기 위한 진실성과 용기를 발달시켰다. 그녀는 사회사업자로서 학대받는 소녀들과 여성들을 도왔다. 그녀는 관리자와 지지자로서 자신이 학대받은 여성들과 관련된 공공 정책과 전문적 실천에 더 많은 영향력을 줄 수 있다고 믿었다. 그녀는 Harriet 이모의 남편과 같은 남자들을 꾸짖는 일을 지속하였다.

비밀을 끌어내는 롤 모델에 대한 질문의 두 번째 예로는 이
사로서 일을 하는 히스패닉 남자를 들 수 있다. 그의 첫 번째
롤 모델 중 한 명은 그가 매우 존경하는 친절한 이웃이었다.
불행하게도 믿었던 그 멘토는 그들이 함께 극장에서 집으로 돌
아오는 길에 그 소년의 바지 속으로 손을 집어넣었다. 그 소년
은 어느 누구에게도 그 사건에 대하여 말을 하지 않았다. 그것
은 그가 왜 추구하는 열정이 없는지에 대하여 상담을 할 때에
언급되었다. 그는 자신의 일을 좋아하였다. 그럼에도 불구하고
무엇인가 중요한 것을 잃어버린 것 같은 느낌이 들었다. 물론
말할 수 없었던 그 이야기를 밝힌 후에, 그는 자신이 혹독한
고통을 어떻게 질식시키고 있었는지를 깨달았다. 그의 비밀에
대한 노출은 학대받은 소년들을 도와주고자 하는 그의 열정에
불을 붙였다. 그는 자신의 자유 시간을 그 일에 투자하고, 중요
한 공동체 프로그램을 만드는 일을 착수하였다. 이러한 자원봉
사 활동은 그의 가슴 속 구멍을 가득 채웠고, 그로 하여금 자
신의 '직업'을 더욱 즐길 수 있게 하였다. 이 두 내담자들은 진
로 구성 상담이 어떻게 내담자로 하여금 어린 시절 트라우마를
회복시키도록 도울 수 있는지와 마찬가지로 현재라는 시점에서
어떻게 과거의 비밀들에 생기를 불어 넣을 수 있는지에 대하여
분명히 보여준다.

■ 문제와 해답 연결하기

분명하게, 사회사업가의 롤 모델들은 그녀에게 성장 과정에
서의 문제들을 해결하는 방법에 대하여 보여주고 있다. 사실상
모든 내담자들에게 롤 모델들은 오래된 문제들과 지속되는 집

착에 대한 해결책을 보여준다. 따라서 진로 구성 상담 현장전문가들은 내담자들의 롤 모델들이 어떻게 자신의 초기 기억 속에 연결되어 있는 문제들을 해결하는지 이해하는 데 있어서 성실해야만 한다. 현장전문가들은 언제나 이러한 특성들이 그 집착을 어떻게 다루는지 결정하기 위하여 내담자의 자기-개념화를 초기 기억과 직접적으로 연결시키는 작업을 시도한다. 이지점에서 현장전문가들은 내담자의 삶에서의 패턴과 과정에 대한 아이디어를 구성하기 시작한다. 오래된 것은 결코 완전히 초월되거나 대체되지 않는다; 그것은 마음속에 여전히 남아있다. 정신분석가 Hans Loewald(1960)는 치료 작업이란 유령에서 조상으로 바꾸는 것이라고 언급한 적이 있다. 이것은 현장전문가들이 초기 기억 속 집착을 가지고 무엇을 시도해야 하는가에 대하여 알려준다. 그들은 초기 기억 속에서 드러내 보이는 관심들에 대한 성공적인 반응으로써 내담자들의 자기-구성적인 내러티브를 재구성한다. 목표는 그들의 불안을 누그러뜨릴 뿐만 아니라 그들의 문제들과 집착들을 다룰 수 있는 자기를 어떻게 세울 것인가에 대하여 내담자로 하여금 이해할 수 있도록 돕는 것이다. 현장전문가들은 내담자가 구성한 자기가 어떻게 초기 기억들에서 언급된 문제들을 해결할 수 있는 영웅이 될 수 있는가를 설명하기 위하여 초기 기억들과 롤 모델들을 연결시킨다. 자기의 핵심은 직면한 문제들을 해결하는 존재로서 묘사된다. 가장 단순한 수준에서, 용감한 롤 모델들과 연결되어 있는 겁먹게 만드는 초기 기억 존재의 예를 들어볼 수 있다. 용감성은 두려움을 해결한다. 요약하면, 초기 기억들은 롤 모델로부터 반영된 자기가 해결하기로 작정한 문제들을 분명히 보여준다. 이 점을 분명히 하고 독자들로 하여금 캐릭터 아크를

따라오게 하는 데 있어서 약간의 연습을 할 수 있도록 다음의
세 가지 예를 제시한다.

첫 번째 내담자의 캐릭터 아크는 '무력한'에서 '도움이 되는'
으로 이동한다. 그녀는 다음의 세 가지 초기 기억들을 보고하
였다:

> * 나는 삼촌의 수영장에 빠졌던 것을 기억한다. 나는 어떻게
> 수영하는지 몰랐다. 천천히 바닥으로 가라앉았고, 위를 쳐다
> 보기만 했고, 누군가의 팔이 나를 꺼내주는 것을 보았다. 나는
> 무서웠고 무기력했다.
> * 나는 자전거 타는 법을 배우는 것에 대한 좌절감을 기억한
> 다. 나의 아버지는 나를 밀어붙였고, 처음에는 두려웠지만 그
> 다음에 나 혼자서 자전거를 탈 수 있다는 것을 깨달았을 때에
> 는 자랑스러웠다.
> * 나는 아버지가 일을 마치고 집으로 돌아오셨던 순간을 기억
> 한다. 나는 문 앞에서 그를 만나기 위해서 침대에서 뛰어내렸
> 다. 나는 아버지가 마침내 집에 돌아오셨다는 것이 매우 행복
> 했다. 나는 안전하고 보호받는 느낌이 들었다.

첫 번째 두 가지 기억들이 무기력한 느낌(두 가지 기억에서 반복
되는)을 가져다주고 있다는 것에 주목하라. 바닥으로 가라앉았
고, 무서웠다. 그녀는 집에서는 안전하고 보호받는다는 느낌을
받았다. 게다가 그녀의 아버지는 그녀로 하여금 자전거를 타도
록 밀어붙였고, 그녀는 성공한 후에 비로소 스스로에 대한 자
부심을 느꼈다. 그녀의 첫 번째 롤 모델은 '오즈의 마법
사'(LeRoy & Fleming, 1939)에 나오는 Dorothy였다. 왜냐하면 "그

녀는 독립적이었고, 다른 사람들로 하여금 자신의 삶에서 부족한 부분들을 성취할 수 있도록 도울 수 있었기 때문이다." 그녀는 Wicked Witch와 싸울 수 있고 미지의 세계를 여행할 수 있는 용기를 가지고 있었다. Dorothy는 두려워하지 않는 용기뿐만 아니라 독립성, 무기력하지 않음의 모델이었다. 그 내담자는 다른 장소로 이동할 수 있었고, 거기서 그녀의 아버지가 그녀에게 했던 것, 즉 삶에서 부족한 부분들을 성취할 수 있도록 도움을 제공하는 그 일을 다른 사람들을 위해서 할 수 있게 되었다. 그녀의 경험은 그녀로 하여금 심리치료사로서의 일을 잘할 수 있도록 준비시켰다. 그녀는 내담자들에게 안전한 토대를 마련해 주었고, 그들에게 다른 곳으로 이동할 수 있도록 용기를 주었다. 현재에도 그녀는 다른 사람들이 어려움에서 빠져나오도록 밀어붙이고 있다.

두 번째 내담자의 캐릭터 아크는 '다른 사람들을 신뢰하지 못하는'에서 '자기 자신을 신뢰하는'으로 이동하였다. 그녀는 다음의 초기 기억을 보고하였다:

내가 유치원생이었을 때에, 나는 어린 아이처럼 엄마와 논쟁을 했던 것을 기억한다. 우리가 차를 타고 이동하는 동안, 엄마와 이모는 나에게 산타는 존재하지 않는다는 것을 밝히기로 작정하였다. 그들이 그렇게 하기로 한 이유는 내가 예수를 산타와 같은 크리스마스 신화라고 믿고 성장하기를 원하지 않았기 때문이다. 나는 슬펐고 화가 났었던 것을 기억한다. 왜냐하면 나는 여전히 산타가 존재한다고 믿고 싶었기 때문이다. 나는 나의 엄마가 나로부터 어린 시절의 신념을 빼앗아갔다고

느꼈다. 그리고 지금도 잘 어울릴 수 없다. 나는 산타를 믿지
않을 준비가 되어있지 않았다.

그 내담자는 신데렐라를 존경했다. 왜냐하면 "그녀는 너무
많은 것들을 극복했기 때문이다. 그녀는 진실하고 배려심이 깊
다. 다른 사람들은 그녀가 마땅히 취급받아야할 방식으로 그녀
를 대하지 않았다. 그럼에도 불구하고 그녀는 자신의 모습 그
대로를 유지하였고, 자신의 꿈에 대한 견해를 잃어버리지 않았
다." 그 내담자에게 신데렐라는 다른 사람들이 마땅히 해야 할
방식으로 자신을 대하지 않을 때에 어떻게 행동해야 하는지,
적절하지 않은 것들을 어떻게 진실한 방식으로 다루어야 하는
지, 그리고 당신의 꿈을 변함없이 신뢰하는 것에 대한 모델이
되었다. 그녀의 경험은 그녀가 여배우로서의 일을 잘 감당할
수 있도록 준비시켰다. 그리고 많은 거절에도 불구하고 여전히
자신의 꿈에 충실할 수 있도록 하였다. 현재에도 그녀는 자기
자신을 신뢰하고 있다.

세 번째 내담자의 캐릭터 아크는 '갈등'에서 '화해'로 이동하
였다. 그녀는 다음의 초기 기억을 보고하였다.

나는 집을 가출하고 아버지에게 불순종하였던 오빠를 기억한
다. 나는 위층 복도에서 그들이 주먹다짐을 시작했을 때에 마
음이 매우 좋지 않았다. 나는 그들이 바닥에서 싸우면서 뒹굴
던 것을 기억한다. 나는 엄마가 그들에게 그만 하라고 소리치
던 일을 기억한다. 나는 그 일이 발생하고 그들 모두가 얼마
나 화가 났는지를 보면서 두려움을 느꼈던 것을 기억한다. 나

는 무기력함을 느꼈다. 왜냐하면 나는 그냥 견디었고 지켜보
았기 때문이다. 나는 다만 그것을 멈추게 하고 싶었다.

그리고 그녀는 그것을 멈춘다. 그 내담자는 Smurfette(유일한
여자 스머프)를 존경하였다. 그 이유는 다음과 같다.

그녀는 고투하고 있는 상황에서도 긍정적인 성격을 가지고 있
다. 그녀는 모든 다른 스머프들이 자신의 일을 잘 수행할 수
있도록 꽤 잘 도와주었다. 그들이 그녀에게 친절하지 않을지
라도 그녀는 모든 이들에게 친절하고 상냥하였다. 그리고 그
녀는 언제나 상황에서 옳은 행동을 하였다. 그녀는 최고의 관
점을 가지고 있었고, 다른 스머프들의 삶에 교훈을 주었다.

그녀의 두 번째 모델은 'Muppet 아이들'에 등장하는 엄마였다.

그녀는 항상 돕는 장면에 등장했다. 그녀는 자신의 아이들을
돌보았고, 그들이 말썽을 피울 때에는 다른 관점을 그들에게
제공하였다. 그녀가 떠난 후에, 그 Muppet 아이들은 항상 옳
은 일을 하기를 원했다. 왜냐하면 그녀가 그렇게 이야기를 했
기 때문이다.

Smurfette과 Muppet 엄마 모두 분노와 갈등, 두려움을 어떻
게 다룰 것인가에 대한 모델이 되었다. 그 내담자는 그녀의 긍
정적인 성격과 삶의 교훈을 가르치는 것을 사용함으로써 갈등
하고 있는 다른 사람들을 무기력하게 지켜보는 것으로부터 탈
출하였다. Smurfette과 Muppet 엄마로서의 그녀의 경험은 그녀

로 하여금 대학 생활관 책임자로서의 일을 잘 수행할 수 있도록 준비시켰다. 그곳에서 그녀는 문제를 일으키는 학생들에게 새로운 관점을 제공한다. 심리치료사, 여배우, 생활관 책임자 각각은 직업적 세팅을 찾았다. 그곳에서 그들은 자기 자신이 될 수 있었고 일의 세계에서 자신의 개인적 해법들을 사용할 수 있었다. 평가 틀, 즉 내담자가 이야기 속에서 자기를 위치시킬 수 있는 관심 있는 세팅을 확인하는 것이 다음 과제이다.

7 장
세팅, 스크립트, 시나리오의 평가

　내담자가 자기-개념을 분명하게 하고 캐릭터 아크를 추적할 때, 현장전문가들은 평가 프로토콜에서 네 개의 요소를 진행한다. 그들은 내담자가 좋아하는 잡지들, 텔레비전 쇼 또는 웹사이트들을 통해 나타내는 교육적, 직업적 흥미를 평가한다. 이러한 대리 환경에 대한 기술은 선호하는 직업 세팅과 매력적인 직업 환경에 대한 내담자의 관심을 제시한다. "inter est"는 "사이에 있다"를 의미한다는 것을 기억하라. 흥미는 개인적 의미 만들기 과정을 그것들을 유지할 수 있도록 하는 사회적 생태학과 연결한다. 직업적 흥미는 중요하다. 왜냐하면 그것들은 내담자의 접근 행동을 이끌기 때문이다. 내담자의 목표는 가장 이로운 세팅을 선택하고 점유하는 것이다. 세팅은 그들의 요구, 일상, 그리고 보상에 따라 차이가 난다. 내담자들의 장점과 단점을 담고 있는 이상적 세팅은 관계되어진 일상에 그들을 참여시키고, 동기를 부여하는 보상을 제공한다. 소설 속에서 캐릭터는 세팅에 적합하여야 한다. 커리어에서도 동일하다; 자기와 세팅은 조화를 이루어야 한다. Holland(1997)는 조화를 자기와 직업적 세팅 간의 일치성(congruence)이라고 하였고, 반면 Lofquist와 Dawis(1991)는 그것을 개인과 환경이 상호적으로 서로에게 반응적이어야 한다는 의미에서 일치성(correspondence)이라고 하였다. Super, Starishevsky, Matlin과 Jordaan(1963)은 세팅이 개인의 자기-개념을 입증해야만 한다는 의미에서 결합성(incoporation)이라는 용어를 더 선호했다. 진로 구성 이론은 직업적 세팅이 개인을 유지하는 안전한 장소를 제공해야 한다고 말한다.

진로 구성 이론은 직업적 환경을 역동과 환경의 핵심 기능을 강조하는 것에 비유한다. 직업적 세팅은 고정된 환경이 아니다. 그것은 자기-묘사를 둘러싸고 있는 틀 그 이상의 의미를 가진다. 세팅은 어떤 것들은 가능하게 만들고, 다른 것들은 불가능하게 만드는 문화적 맥락을 드러낸다. 세팅은 활동 가능성을 연결하는 것으로서 편안함과 제약 모두를 제공한다. 게다가 세팅은 적절한 종류의 캐릭터들과 원형적 근로자들을 만들어낸다. 예를 들어서, 교실은 대인관계 기술을 가진 사람을 요구하고, 자동차정비소는 기계적 기술을 가진 사람을 요구한다.

📊 장소, 사람, 문제, 그리고 절차

내담자가 적합한 역할을 확인하도록 돕기 위하여, 현장전문가는 네 개의 차원을 따라 그들의 흥미를 끄는 세팅을 분석하기도 한다: 장소, 사람, 문제, 절차. 현장전문가들은 내담자의 직업 흥미를 평가함으로써 그들이 일하고 싶어 하는 장소, 상호작용하기를 원하는 사람들, 다루고 싶어 하는 문제들, 그리고 사용하고 싶어 하는 절차들을 알고 싶어 한다.

사람들은 옥외 활동 대 실내 활동, 깨끗한 대 더러운, 단정한 대 어수선한, 주로 앉아서 일하는 대 활동적인, 혼자서 일하는 대 함께 일하는, 그리고 안전한 대 위험한 등의 차원에 따라 환경에 대한 선호가 다양하다. 예를 들어서, 옥외 활동의, 깨끗한, 단정하고, 주로 앉아서 일하는, 혼자서 일하는, 그리고 위험한 직업 환경을 선호하는 개인은 트럭 운전의 직업을 탐색할 수 있다. 환경 또는 직업 환경에 대한 선호는 일반적으로 잡지, TV 프로그램, 웹사이트와 관련된 질문에 대한 내담자의 대답을 통하여 상당히 명확해진다.

물리적 장소보다 더 중요하지만 덜 명확한 것이 함께 일하는 사람에 대한 선호이다. Schneider(1987)는 "사람이 장소를 만든다"고 설명했다. 따라서 세팅의 가장 중요한 요소는 그것을 점유하고 있는 사람들이다. 조직 문화는 함께 모여 있는 사람들의 독특한 모임을 반영한다. 다른 사람들은 내담자를 환영하고, 편안하게 그와 상호작용해야만 한다. 이러한 생각은 종종 "유유상종"이라는 사자성어로 표현된다. 요약하면, 직업적 세팅은 재직자들의 가치를 공유하는 사람들을 이끌고, 선택하고, 유지한다.

어떻게 사람들이 흥미를 형성하고 접근 행동들을 촉발시키는가에 대한 예는 대학원 과정을 선택하기 원하는 대학 3학년생과의 진로상담 회기에서 찾아볼 수 있다. 내가 학생에게 학부

전공을 어떻게 선택하게 되었는지를 물었을 때, 그의 대답은
Schneider(1987)의 ASA(attraction－selection－attrition) 이론을 요
약하였다. 그 학생은 1학년 동안 매 학기 5개 과정을 이수했다
고 보고하였다. 그는 상이한 학문분과에서 10개 과정을 선택하
였다. 두 학기 동안, 그는 본인이 교실에 도착하는 시간과 떠나
는 시간을 놓치지 않고 기록했다. 그는 그가 가장 일찍 도착하
고 가장 늦게 떠나는 교과과정이 속한 분과가 전공이 되어야
하고, 두 번째로 가장 많은 시간을 보낸 교과과정이 속한 분과
가 부전공이 되어야 한다고 추측했다. 나는 그에게 이러한 기
준에 대한 근거를 설명해달라고 요청하였다. 그는 자신이 사용
한 시간은 친구들과 교수와 얼마나 잘 지내는지를 가리키는 것
이라고 말하였다. 그는 함께 할 때에 가장 즐거운 사람들이 있
는 세팅에서 전공을 해야 한다고 믿었다. 그는 자신에게 끌리
고 동료와의 상호작용을 즐길 수 있는 세팅 안으로 들어가야
한다는 것을 알고 있었다.

실제로, 세팅은 재직자를 끌어당기고 선택하고 유지하는 것
이상의 기능을 한다. 다양한 수준에서 그들은 예측 가능한 방
식으로 재직자들을 재구성한다. 직업적 사회화의 과정을 통하
여 동료들은 직업을 구성하는 행동들을 수행함에 따라 더욱 유
사해진다. 직업적 사회화의 과정을 통하여 직업인들은 또한 그
들의 직업적 공동체의 가치와 태도들을 습득한다. 먼저 개인은
세팅에 매력을 느껴야 하고, 그 다음 그 세팅에서 일을 할 때
에 소속감을 느껴야 한다. 맥락이 개인의 행동을 형성하는 데
압력을 줄 때에, 그 사람은 맥락적 요구에 적응한다. Little과
Joseph(2007)는 사회－생태학적 적응 모델에서 변화무쌍한 자

아(mutable selves)에 대해 글을 썼다. 그들은 개인들이 의미 있는 목표를 형성하고, 핵심적인 생애 프로젝트를 추구하기 위해서 개인적 특성들과 맥락적 요소들 사이에서 어떻게 협상해야 하는지를 기술하였다. 그들은 중요한 비즈니스 미팅에서 열정적인 연설가처럼 말하는 내성적인 피고용인을 예로 들었다. 여러 번의 수행 후에, 개인은 실제로 더 외향적인 것처럼 보일 수 있다. 따라서 세팅을 선택함에 있어서 사람들은 적절한 것 이상을 선택한다; 그들은 동료들과의 상호작용을 통하여 자신이 되고자 하는 그런 사람을 따라 포부를 선택한다.

환경과 동료의 유형을 결정하는 것은 언제나 직업 세계를 탐색하기 시작하는 젊은 사람들에게 충분한 방향성을 제공한다. 예를 들어서, 중학생들은 바로 이러한 두 가지 차원에 자신의 탐색을 집중시킬 수도 있다. 그러나 학생들이 성숙해짐에 따라, 그들의 흥미는 점차적으로 분화된다. 환경과 사람의 유형에 따라 직업 세팅을 구별하는 것은 발전된 탐색을 위한 완전한 토대를 형성하는 데 실패한다. 후기 청소년과 초기 성인은 더 심층적인 구분이 있어야 한다. 따라서 환경의 특정 유형 내에서 그리고 어떤 사람들의 유형 가운데서, 우리는 문제와 절차의 다양성에 초점을 맞추어야 한다. '문제'는 만들어지는 사회적 기여를 말하고, '절차'는 직업인이 그 문제를 해결하는 방법을 일컫는다. 예를 들어서, 내담자가 교사처럼 사회에 관심을 가지는 실내 세팅을 더 좋아한다면, 그들은 가르치기를 원하는 과목과 학년을 결정해야만 한다. 가르치는 일에 관심을 갖고 있는 사람은 그들이 가르치고 싶은 학생들의 유형(예, 연령, 능력 수준, 사회경제적 지위)과 그들이 선호하는 교수 절차(예, 강의, 소그룹

활동, 컴퓨터 기반 학습, 자율 학습)에 대한 더 많은 선택을 해야만
한다. 의사와 심리학자의 경우도 마찬가지이다. 왜냐하면 그들
은 아주 많은 전문 분야 가운데서 선택을 해야만 하기 때문이
다. 예를 들어서, 소아과 의사와 병리학자는 건강 심리학자와
조직 심리학자가 그런 것처럼 다루는 문제와 절차에 있어서 크
게 다르다.

📊 직업적 흥미 분류법

　너무 많은 다양한 직업 세팅 또는 직업 환경이 있기 때문에,
현장전문가들은 종종 내담자의 선호 환경을 개념화하고 요약하기
위하여 간단한 분류법을 사용한다. 직업 세팅 분류 방식에 있어
가장 유명한 두 가지의 분류법은 ACT(2011)의 World－of－Work
Map과 Holland(1997)의 RIASEC 직업 환경 유형 분류 체계이다.
각각의 분류법은 세팅을 기술하기 위하여 구분하는 어휘와 그것
들에 대하여 생각할 수 있는 지식 체계를 제공한다. ACT(2011)의
World－of－Work Map은 상식적인 분류를 제공한다. 두 가지 교
차, 양 극단의 축은 지도를 정의한다: 사람 대 사물 그리고 아이
디어 대 데이터. 이러한 두 개의 축에서 위치를 잡는 것은 4분
면 중 하나에서 정확하게 직업과 대학 전공을 찾아내는 것이다.

　현장전문가들의 대다수는 Holland(1997)의 RIASEC 유형 분
류 체계를 사용하는 것을 선호한다. 왜냐하면 그것은 사람들이
환경을 정의한다고 가정하기 때문이다. 직업 환경을 점유하는
사람의 유형을 기초로 하여, Gottfredson과 Holland(1996)는 여

섯 개의 기본적인 코드 중 하나를 할당했다: 기계적이고 외부 세팅을 선호하는 실재형(R), 과학적이고 분석적 세팅을 선호하는 탐구형(I), 창조적이고 심미적인 예술형(A), 돌봄과 교육적인 세팅을 선호하는 사회형(S), 경영적이고 정치적인 세팅을 선호하는 진취형(E), 그리고 사무실과 체계적인 세팅을 선호하는 관습형(C). 하나의 문자 코드 또는 지정은 대략적으로 일반적인 환경에 대한 그림을 제공한다. 그것은 세팅과 그 안에 무엇이 있는지에 대한 경제적이고 간단한 요약을 제공한다. 이렇게 대략적으로 시작한 후에, 그 그림은 두 번째와 세 번째 코드가 추가되면서 더 상세하게 그려질 수 있다. 예를 들어서, 내가 가르치고 있는 교육 대학에서 사회형-실재형은 건강 교육과 직업 교육을 포함하고, 사회형-탐구형은 운동 과학과 청각학을 포함하고, 사회형-예술형은 초기 아동 교육과 특수 교육을 포함하고, 사회형-진취형은 레크레이션 관리와 건강 돌봄 관리 행정을 포함하고, 사회형-관습형은 경영 교육과 공동체 교육을 포함한다. 세 번째 코드의 추가는 더 특수한 것에 초점을 맞춘다. 예를 들어서, 같은 대학에서 상담 교육 프로그램에 등록한 학생들은 전형적으로 사회형-예술형과 유사하다. 그러나 세 번째 코드는 학교에서 일을 할 것인가(사회형-예술형-진취형), 공동체 에이전시에서 일을 할 것인가(사회형-예술형-탐구형) 또는 재활 단체에서 일을 할 것인가(사회형-예술형-실재형)에 따라 학생들의 집단을 구분한다.

커리어 스토리 인터뷰에 대한 반응을 평가할 때, 현장전문가들은 쉽게 잡지, TV 프로그램, 웹사이트를 RIASEC의 유형으로 전환할 수 있다. 예를 들어서, People이라는 잡지는 사회형인 반면, Car and Driver 잡지는 실재형이다. House는 탐구형에 속하는 TV 쇼이고, This old House는 실재형의 프로그램이다. 만일 내담자의 흥미를 끄는 직업적 세팅이 분명하게 드러나지 않는다면, 현장전문가들은 여러 가능성을 찾기 위하여 직업적 정보 분류체계를 사용할 수 있다. 예를 들어, 내담자의 흥미를 구분해내기 위하여 RIASEC 목록을 적용하는 것은 현장전문가 들로 하여금 Holland 직업 분류 사전(Gottfredson & Holland, 1996) 또는 O*Net(http://online.onetcenter.org)에서 적합한 직업을 확인하는 것을 더 쉽게 만든다.

스크립트는 자기(Self)와 세팅을 통합한다.

 세팅이 맥락을 제공하는 반면, 스크립트는 텍스트를 제공한 다. 일상적인 평가의 다섯 번째 요소에서, 현장전문가들은 내담 자가 어떻게 선호하는 세팅에서 가능한 자기를 실현시킬 수 있 는가에 초점을 맞춘다. 세팅에 자신을 위치시킨 후에, 개인은 행동으로 옮길 필요가 있다. 내담자의 스크립트를 확인하기 위 하여, 현장전문가들은 책이나 영화에서 내담자가 가장 좋아하 는 스토리를 검토한다. 그것은 내담자가 어떤 문화적 이야기를 재생산하는지 그리고 그들의 삶에서 어떠한 진실이 반향을 불 러일으키는지에 대하여 알려준다. 내담자들은 그들의 공동체가 제공하는 마스터 내러티브로부터 이러한 스크립트를 선택하였 다. 특정 문화에서 살면서, 개인들은 그들이 공유하는 사회가 어떻게 작동하는지를 묘사하는 담론들과 그들의 삶 가운데 어 떻게 참여하고 있는지를 설명하는 대화의 구조에서 태어난다.

이전에 남겨진 이야기와 신화는 그들이 문제에 직면하거나 삶에서 전환점을 맞닥뜨릴 때에 사람들이 무엇을 할 수 있는가의 원형을 보여준다. 따라서 이러한 마스터 내러티브에 담겨 있는 전통은 사회가 개인이 자신의 삶을 디자인하고, 그 문화의 구성원으로서 참여하도록 도움을 제공하는 상징적 자원이다. 개인들은 자신의 경험을 이해하고, 선택을 명료화하기 위하여 이러한 스크립트를 사용한다(Bohn & Berntsen, 2008).

사람들이 사회역사적 맥락에 빠져있는 익숙한 스토리에 개인적 내러티브를 뒤엉키게 할 때에, 문화적 내러티브는 개인적 재생산으로 전용되어진다. 스크립트는 그들 안에 살거나 그들 속에서 거주하는 것이다. 이러한 "습관"은 사회가 그것의 객관적인 사회 구조를 개인의 주관적 경험에 심어줌으로써 발생한다. 따라서 의미 구성에 대한 습득된 습관들은 사회화된 주관성이다.

커리어 구성 현장전문가들은 다문화주의와 개인적 차이에 대한 이슈에 민감성을 유지하면서, 내담자가 거주하는 문화적 레퍼토리로부터 나온 내러티브에 집중한다. 비록 각각의 문화가 마스터 내러티브를 만들어 낸다고 할지라도, 문화는 자신의 경험에 대한 설명을 제공하는 자기-구성 개념에 있어서 서로 다르다. 자서전적 기억은 그것을 구성하는 사회 상호작용에 대한 문화적인 형태에 따라 달라진다(Fivush, 2011). 서구 문화는 개인의 에이전시뿐만 아니라 개인의 활동, 생각, 감정을 강조하는 상세한 내러티브를 만드는 경향이 있다. 상대적으로, 동양 문화는 집단의 요구와 관련되고 공동의 규범으로부터 크게 벗어나지 않는 개인의 행동들을 강조하는 간결한 내러티브를 형성하는 경향이 있다. 문화를 안다는 것은 그 문화가 제공하는 전형적인 스토리들을 안다는 것이고, 어떻게 사람들이 그들의 삶 속에서 자신의 스토리들을 재생산하는가를 관찰하는 것을 의미한다.

문화적 차이에도 불구하고, 커리어 구성 실행은 특별히 문화를 가로질러 적용 가능해 보인다. 물론 특정 기법에 있어서 차이가 있을 수 있다. 나의 관찰에 의하면 — 비록 제한된 경험을 근거로 할지라도 — 아이슬란드에서 영웅 전설 전통(saga tradition) 속으로 커리어 구성을 엮어 넣는 것은 효과가 있다. 이러한 방법은 아프리카, 중국, 캐나다의 First Nations(원주민 단체의 하나)와 같이 강한 구전의 스토리텔링을 가지고 있는 문화에서도 효과가 있었다. 오스트레일리아에서도 진로 구성 상담은 효과가 있었다. 그러나 롤 모델 질문은 '키가 큰 양귀비는 쓰러진다(모난 돌이 정 맞는다)'고 믿는 나라에서는 주의해서 표현되어야 한다. 포르투칼에서 현장전문가는 자신의 문제에 대한 개인적 책임감을 너무 강조함으로써 "희생자를 비난"하지 않도록 조심해야만 한다. 그럼에도 불구하고, 약간의 수정으로 진로 구성 상담은 다양한 나라에서 효과를 나타낼 수 있다.

각각의 문화적인 맥락 안에서, 현장전문가는 그 사람을 빠져들게 하고, 그들의 삶을 붙잡는 그 이야기를 들어야만 한다. 현장전문가들은 그들의 포부와 행동을 조직화하기 위하여 내담자들이 선택하는 내러티브들을 알고 싶어 한다. 따라서 현장전문가들은 내담자들로 하여금 책이든지 영화이든지 간에 그들이 가장 좋아하는 이야기에 이름을 붙이도록 요청함으로써 이를 조사한다. 내담자들이 책이나 영화에 이름을 붙인 후에, 현장전문가들은 그들에게 그 스토리에 대해 간단하게 말해 달라고 요청한다. 그들은 내담자의 삶 속에서 신화적 존재로 추정되는 상세한 스토리를 듣고 싶어 한다. 내담자의 개인적 신화는 사회에서 어떻게 나아가야 하는지에 대하여 제안하는 강력하고 탄력적인 메타포가 된다.

스토리들은 개인이 배운 삶의 교훈을 고정시킨다. 그리고 이러한 교훈들은 과거의 성취를 미래의 계획과 연결시키는 시나리오를 만듦으로써 모호함을 뚫고 나아가는 길을 가리킨다. 의미와 연속성을 제공하는 스토리의 형식에서 자기를 붙잡음으로써, 개인들은 생의 목적을 진전시키고 가장 중요한 목표를 성취할 수 있다. 신화적 기획으로서, 이러한 스토리들은 개인을 담고 있고, 자기를 유지한다. 외부 세팅이 객관적인 환경을 제공하는 반면, 내적 스토리는 주관적인 환경을 제공한다. 스토리로서 커리어는 의미를 유지하고, 감정에 영향을 미치고, 경험을 형성하고, 불안을 누그러뜨리며, 탐색을 위한 공간을 보호한다. 커리어 스토리가 개인을 붙잡는 정도에 따라, 그들은 직업 발달 과제와 직업 전환, 직업 트라우마를 마스터할 수 있다. 이러한 변화가 일어나는 동안에, 스토리로서 커리어는 의미를 안정화시키고, 정서적 혼란을 누그러뜨리는 기능을 한다. 그 스토리는 개인으로 하여금 과거를 회상함으로써 전환의 불확실성을 편안하게 만나는 것을 가능하게 한다. 그것은 가능한 구조를 가지고 불가능한 위기를 만나게 함으로써 그들로 하여금 도전적인 전환을 지향할 수 있게 한다. 그 스토리는 개인이 자신의 경험을 언어로 표현하고, 의미를 반영하고, 그 다음 어떻게 진행시켜 나아갈지 선택하는 것을 가능하게 한다.

현장전문가는 내담자들이 사회에 의해 스크립트된 프로젝트 메뉴로부터 어떤 내러티브를 선택해왔다는 것을 알고 있다 (McAdams, 2008). 내담자들이 자신의 스토리를 이야기하는 것을 듣는 동안, 현장전문가는 그것이 책인 것처럼 내담자들의 삶을 상상한다. 그들은 내담자가 플롯과 핵심 장면들 그리고 전환점에 대하여 이야기하기를 원한다. 그 스토리의 신화와 메타포는 내담자의 문제를 개념화할 수 있는 수단을 제공한다. 문제를 반복하는 것보다 그 스토리에 집중하는 것이 위기를 창의적으로 해결할 수 있는 방법이 될 수 있다. 특히 내담자와 현장전문가가 그 스토리들을 처방이 아닌 초대로 여길 때에, 이러한 과정은 미래를 향한 창의적인 움직임을 위한 선택과 가능성을 마음속에 그려볼 수 있도록 에너지를 자유롭게 한다. 초대는 함축적인 의미를 가지고 있다. 왜냐하면 좋아하는 스토리들은 임의적으로 선택된 것이 아니기 때문이다.

현장전문가가 하는 일은 어떻게 그 스토리의 플롯이 현재의 딜레마를 해결하는지 보여주는 것이다. 사람들은 주인공이 그들 자신의 것과 유사한 문제들을 경험하는 책을 좋아한다. 내담자가 좋아하는 스토리들은 그들 자신의 상황을 말해준다. 더 나아가 좋아하는 스토리는 앞으로 움직이기 위한 하나의 스크립트를 추려낸다. 내담자들은 그 스크립트가 문제를 어떻게 묘사하고 그것에 어떤 방식으로 대처하는가에서 용기를 얻는다. 다른 사람이 유사한 문제를 어떻게 해결하는가에 대하여 배울 때, 그 스토리의 스크립트는 내담자들에게 위안이 된다. 요약하면, 좋아하는 스토리는 내담자가 찾은 특히 유용한 삶을 위한 스크립트를 제공한다. 저명한 문학 비평가인 Kenneth Burke(1938)는 스토리들을 '삶의 기술'이라고 명명하였다. 스토리들은 개인에게 그들이 직면한 문제를 해결하는 방법을 제공하고, 이러한 해결책은 그들로 하여금 앞으로 나아갈 수 있게 한다. 예를 들어, 성 전환을 한 내담자는 그녀가 좋아하는 책인 'Stranger in a Strange Land'(Heinlein, 1961)에 대하여 설명하였다. 그 책은 그녀가 살고 있는 문화에 대하여 배우도록 가르쳤고, 그것을 변화시키기 위한 일을 하도록 용기를 주었다. 그 스토리는 그녀를 앞으로 나아가게 하는 신호등이 되었다. 19세기 철학자이자 교육자인 Bronson Alcott는 'The pilgrim's Progress'에 대해 깊이 있게 언급했다. "그 책은 나에게 내 자신을 주었다... 나는 그것을 통해 생각하고 말을 하였다. 그것은 나의 가장 효율적인 교사였다"(Brooks에서 인용함, 2006).

롤 모델이 지속적인 영향을 주는 것처럼, 좋아하는 스토리들은 어린 시절 이후로 생생하게 남아있을 수 있다. 예를 들어, 가수인 Dolly Parton은 자신이 좋아하는 책으로 'The Little Engine That Could'를 선정했다. 그리고 그녀는 지금도 그렇게 할 수 있다(Paton, 2010). 경력 후반기에 접어들었고 이제 은퇴 결정을 고려하고 있는 한 변호사는 자신의 현장전문가에게 자신이 넘어지고 패배할 때마다, 월마트로 가서 'The Little Engine That Could' 사본을 구매했다고 말했다. Dolly Parton처럼 그는 그 이야기에서 커다란 영감과 위로를 받았다. 대중오락행사기획인 Walt Disney는 'Uncle Remus' 스토리들을 절대 잊지 않았다(Harris, 1881). Ernest Hemingway(1935)는 Mark Twain의 '*Huckleberry Finn*'에 지속적으로 마음을 사로잡혔다. Huck의 스크립트에 따르면, Hemingway와 또 다른 자아인 Nick Adams는 사람들에 대하여 그리고 그들이 어떻게 함께 살았는지에 대하여 알고 싶어 했다.

어떤 내담자들은 오랫동안 가지고 있는 스크립트를 보고하고, 또 다른 내담자들은 좀 더 최근의 좋아하는 스토리를 가지고 있다. 그들은 이해할 수 없는 문제를 다루기 위해서 자신의 오래된 스토리에서 새로운 스크립트로 이동한다. 그래서 어떤 내담자들은 '*The Shack*'(Young, 2007) 책이나 '*The Blind Side*'(Hancock, 2009) 영화 같은 요즈음 좋아하는 스토리를 말한다. 좋아하는 새로운 스토리 선택의 편이성은 개인들로 하여금 융통성 있게 한다는 것이다. 전형적으로 롤 모델은 똑같이 남아있다. 그러나 그것은 여전히 새로운 스토리에 나타난다. 새로운 스토리를 오래된 캐릭터와 연결시키는 작업은 삶에서 보이는 불변성과 변화를 설명한다. 때때로 나는 내담자들에게 어린 시절, 청소년기, 성인 초기, 성인 중기를 관통하는 좋아하는 스토리들을 따라가라고 요청한다. 독서에 대한 Thoreau(1854/1992)의 관찰에서 이러한 경험은 진실로 드러난다: "얼마나 많은 사람들이 책을 읽음으로써 자신의 삶의 새로운 단계를 맞이하는가! 책은 어쩌면 우리의 기적을 설명하고, 새로운 것들을 드러내기 위하여 존재한다고 할 수 있다"(p. 56). 생애 사이클의 다른 단계 동안에 특정 책들이 어떻게 중요해지는지에 대한 사례를 보기 위하여, 독자들은 작가들과 예술가들이 좋아하는 책들을 기술해놓은 "Shelf Indulgence"(Border, n.d.)라고 불리는 Borders

서점 시리즈들의 에피소드에 주목할 수 있다. 배우 Jamie Lee Curtis는 아동기에 'Go, Dog, Go'라는 책이 중요했고; 청소년기에는 'King Rat'가 중요해졌고; 성인 초기에는 'Shogun' 책이 중요했고; 성인 중기에는 'The English Patient' 책이 중요했다고 말한다. 각각의 책이 그녀에게 어떻게 영향을 주었는지 설명한 후에, Curtis는 다음과 같이 끝맺음하였다. "그래, 그것이 나였어"(Border, n.d.). 스토리 시계열 분석을 책 플롯에 적용하면, 전개된 관계로부터 진전을 추론할 수 있다. 그것은 고립되었다고 느끼고 권위와 분투하다가, 그 다음 다른 사람을 이해하고 결국은 재연결된다.

📊 스토리들: 삶을 위한 도구

청소년기 Sigmund Freud는 문학에서 문제의 해결책을 찾을 수 있는 또 다른 좋은 예를 제공한다. Freud(1915)는 "허구의 영역에서 우리는 우리가 필요로 하는 수많은 삶들을 찾는다"고 썼다(p.291). 소설가 Cervantes는 Freud에게 롤 모델과 스크립트를 제공하였다. Cervantes와 유사하게, Freud는 그의 아버지에 대한 환멸로 고통을 받았다. 초기에 Freud는 그의 아버지를 강하고 지혜로운 사람으로 보았다. 그의 아버지가 어린 Freud에게 반유대주의 악인들의 면전에서 굴욕적인 나약함을 어떻게 보였는지 말했을 때, Freud는 고통스럽게 실망하였고 환멸을 느꼈다(Jones, 1953, pp. 7 – 22). Freud는 자신의 아버지에게서 나약함을 목격했던 Cervantes에게서 이러한 종류의 환멸을 다루기 위한 모델을 발견하였다. Freud는 Cervantes의 이상과 동일시하였고, 자기-이해를 추구하는 데 전념하였다. 소설 'Don Quixote'로부터 Freud는 영웅은 "가장 높은 수준의 승리인 자신을 넘어서는 승리를 해야 한다"는 것을 배웠다(cf. Don Quixote Part Ⅱ, Chapter 72). Freud는 그가 자신을 넘어서는 승리를 하고, 다른 사람이 그들 자신의 삶에서 영웅이 될 수 있도록 돕는 진로를 구성하였다. Cervantes의 중편소설인 'Colloquy of Dogs'(Cervantes, 1613/1976)의 스크립트를 사용하여, Freud는 자신을 위하여 Cipión 이름을 도용함으로써 이성적인 사고를 문제화하는 것을 배웠다(Kinney, 2007). Cervantes는 Berganza가 자신의 삶의 스토리를 논평하고, 비평하고, 심각하게 이야기하기 위하여 잘 들을 뿐만 아니라 잠깐 중단시키기도 하는 Cipión에게 말하는 대화 형식으로 중편 소설을 제시하고 있다. 그것은 후에 정신분석과 상담의 중심축의 전조가 된다(Riley, 1994).

내담자가 좋아하는 스토리의 시놉시스는 롤 모델로 묘사됨으로써 자기를 통합하고, 좋아하는 잡지나 TV 쇼에 의해서 사회적으로 꼭 맞는 역할로 고려된다. 삶의 이질적인 요소들은 사회에서 개인의 헌신을 인식 가능한 역할들로 연결시키는 역동적 전체로 통합된다. 예를 들어서, 자신의 엄마로부터 자유로워지길 원했던 젊은 여성은 혼자서 여행을 하는 소녀에 대한 스토리를 좋아하였고, 그것은 후에 나라를 여행하는 직업을 선택하는 데 영향을 미쳤다고 설명하였다. 기록보관 담당자가 되기 위하여 직업을 변경한 한 남자는 자신이 좋아하는 책은 'Fahrenheit 451'(Bradbury, 1987)이라고 보고하였다. 그 스토리는 책이 불타는 것을 막은 사람들에 대한 내용이다. 요약하면, 평가하는 이 시점에서 현장전문가들은 내담자에 대한 불확실한 정체성 내러티브를 삶의 질을 높여주는 커리어로 이끄는 스크립트를 실행하기 위하여 선호하는 환경으로 들어가는 자기로 구성하기 시작한다. 특히 그것은 초기 기억에 내포되어 있는 집착을 드러낸다. 상담의 목표는 내담자들로 하여금 수정하고, 그 다음에 과제, 전환과 트라우마를 다루는 자서전적 에이전시의 형태로 이 스토리라인을 채택하는 것이다.

자기를 환경에 연결시킬 뿐만 아니라 그 스크립트는 초기 기억과 강하게 묶여있다. 집착을 다루는 데 필요한 특성들을 소유하고 있는 초기 기억 속의 자기를 보여주는 생애 묘사를 생각해보라. 그 스크립트는 자기를 행동하도록 밀어 넣는다. 그것은 내담자가 어떻게 수동성에서 능동성으로 변화하는지에 대한 스토리라인이, 그렇게 함으로써, 자기의 문제와 집착을 해결하는 것을 보여준다. 진로 구성 이론에서 내러티브 패러다임이 매크로내러티브를 구성하는 특별한 방법을 가지고 있다는 것을 생각해보라. 그것은 사람이 어떻게 그 문제에 의해서 영향을 받는지에 대한 것으로부터 사람이 어떻게 그 문제에 영향을 미칠 수 있는지에 대한 것으로의 변형을 찾아낸다. 그것은 내담자가 스토리를 다시 쓰는 과정에서 능동적인 숙달을 묘사한다. 간단명료하게 표현한다면, 그것은 내담자가 어떻게 문제를 해결하는지에 대하여 단지 몇 마디 말로 표현된다.

예를 들어서, 한 여성 내담자는 막내로서 살아가는 스토리를 말하였다. 그녀는 네 명의 오빠가 있었는데, 자신은 매일 그들과 동등하다는 것을 증명해야 한다고 믿고 있었다. 그녀의 생

애 주제는 자신의 이야기를 말함으로써 분명해졌다. - 그녀는
증명하는 것(prove)에서 향상되는 것(improve)으로 이동하였다.
결국 그녀는 자신이 얼마나 잘 해냈는가를 증명하는 것에서 매
일 자신이 나아지기 위하여 무엇을 했는가에 초점을 맞춤으로
써 집착을 변형시킬 수 있었다. 그 대화는 그녀가 자신의 재능
을 연마하고 커리어를 실행하기 위하여 일을 할 때에, 다른 사
람과 경쟁하는 대신 자신의 마지막 성과와 비교하는 방법에 대
한 논의로 이루어졌다. 상담하는 동안, 그녀는 다른 사람들이
삶을 향상시키는 것을 돕는 부처로 들어감으로써 자신의 강점
을 사회적 기여로 전환하는 과정에 있었다. 이 직업에서 그녀
는 Emily Dickinson's(1960)의 '구원받은 자라면'(The Province of
the Saved) 시 구절처럼 살아갈 것이다. : 구원받은 자라면 / 스
스로 닦은 기량을 통해 / 구원 길에 나설 수 있어야 겠지...(김
종인 역; 출처 http://m.blog.daum.net) (The Province of the Saved /
Should be the Art to save / Through Skill obtained in Themselves
(p.539)). 과거의 부정적인 경험을 현재의 강점과 미래의 기회로
연결하는 것은 자기 - 변형 과정을 촉진한다. 이러한 변형의 내
러티브 재구성 또는 Mcadams(2008)가 말한 구원 스크립트는
개인들로 하여금 전환을 할 수 있도록 돕는다. 내러티브의 구
원적 재구성은 자기 - 변화와 커리어 전환을 격려하고 가능하게
한다(McLean & Breen, 2009).

많은 경우에, 생애 묘사는 내담자로 하여금 세계로 다시 진
입하는 것을 격려하는 방식으로 그의 꿈을 말로 표현하도록 스
크립트를 사용해야 한다. 스크립트는 미리 결정되고 동시에 예
측 불가능한 선택을 강요하는 통합된 메시지이다. 그 스크립트

는 내담자를 미래로 이동시키는 스토리의 요약이다. 이것은 또한 내담자가 미래의 어려움을 준비하기 위하여 들어가서 감정적인 문제를 논의하는 장소이다. 아프리카계 미국인 대학원생이 좋아하는 스토리를 고려해보라. 그는 '*Higher Learning*' 영화를 좋아하였다. 왜냐하면 그것은 목적을 달성하기 위하여 시련을 이겨내는 대학 신입생의 스토리이기 때문이다(Singleton, 1995).

해 체

　문화 전달자로서의 개인에 대하여 주의할 점이 여기에서 언급되어야만 한다. 문화 스크립트는 삶에서 앞으로 이동하는 방법에 초점을 맞춤으로써 정체성 구성을 위한 지원적 도식을 제공하는 지배적인 담론을 분명하게 표현한다. 영향력 있는 스토리는 문화에서 표준이 되는 것으로 나타난다. 그것들의 유용성에도 불구하고, 문화적 규범은 가능한 자기의 범위와 개인이 채택할 수 있는 삶의 스타일을 제한한다. 문화적 스크립트는 개인에게 문화적 가정과 행동규범, 성 고정관념, 사회적 불평등을 고수하도록 강요함으로써 그렇게 한다. 그들은 차이와 모순을 포함하고, 사람들을 제지하며 억누르고, 힘의 구조를 지원하고, 누가 중요하고 어떻게 해야 하는가에 따라서 지배적이 되거나 마스터 내러티브가 된다.

　현장전문가들은 내담자들이 자신의 여정에 대한 스크립트를 작성할 때에 그들의 권한을 연기하거나 막지 않도록 하기 위하여 반드시 그러한 닫힌 텍스트를 열어야 한다. 전문적인 윤리는 현장전문가에게 문화적 산물들이 내담자들의 삶을 왜곡시킴으로써 그들이 좋아하는 스토리를 국한시키고 제한하는 면들을 인식할 수 있도록 도울 것을 요구한다. 현장전문가들은 자기-제한 아이디어와 스토리 안에 숨겨져 있는 문화적 장벽들이 드러나도록 내담자의 마이크로내러티브가 어떻게 해체되어야 하는지에 대하여 항상 주의 깊게 생각해야만 한다. 그들은 스토리가 무엇을 간과하고, 생략하고, 잊어버리거나 부적절하게 표현하는지를 논의함으로써 그 스토리를 해체할 수도 있다. 해체는 스토리를 파괴하지 않고, 스토리에 내재되어 있는 내담자의 사고에 대한 무비판적인 지배를 무효화하는 것을 추구한다. 적절한 방식으로, 현장전문가들은 불일치를 강조하고, 이분법에 도전하고, 위계구조를 무너뜨림으로써 가정을 노출시키고 자신이 좋아하는 스토리의 확실성에 의문을 제기하도록 내담자를 격려한다. 그러나 더 많은 인식이 요구된다. 현장전문가들은 그들 자신의 삶에서 이러한 문화적 왜곡의 영향력을 직면하도록 내담자들을 격려해야 한다. 이러한 과정은, 자신의 삶에 대한 권한으로써, 내담자가 다음에 무엇을 해야 하는지에 대하여 조사하도록 직접적으로 이끈다.

스크립트에 대해 더 많이 알고 그것에 대한 인식을 실천하기 위하여, 현장전문가들은 문학 비평을 연구할 수 있다. 액면가를 있는 그대로 받아들이지 않는다고 하더라도, 일부 비평가들은 모든 스토리에 사용되는 다섯 가지의 다른 스크립트들이 있다고 주장한다. Holland(1997)의 RIASEC 유형 분류 체계는 여섯 개의 스크립트에 집중되어 있다. 예를 들어서, 실재형 스크립트는 '약한'에서 '강한'으로 움직인다. 예술형 스크립트는 '내성적'에서 '표현적'으로 이동한다. 그리고 진취형 스크립트는 '무시되는'에서 '주목하는'으로 간다. 기본적인 스크립트를 연구하기 원하는 현장전문가들은 두 개의 책을 읽을 수 있다. Polti(1916)는 모든 스크립트 패턴을 36가지의 극적인 상황으로 압축시켰다 (예; 야망, 저항, 후회, 복수, 재난, 상실, 구출, 광기). 그는 작가가 플롯을 만드는 것을 돕기 위하여 이렇게 하였다. 그러나 그의 연구는 또한 커리어 구성 현장전문가가 내담자의 스크립트 구조를 인식하도록 도울 수도 있다. 비슷한 맥락에서, Propp(1968)은 다섯 개의 가능한 캐릭터들(예; 영웅, 조력자, 악당)과 31개의 가능한 행동들(예; 사기, 다툼, 추구)을 확인하기 위해 100개의 러시아 동화를 조사하였다. 진로 구성 상담 연구와 더 직접적으로 관련되어 있는 것은 저명한 개인들에 의해 출간된 좋아하는 책들에 대한 논의이다. 현장전문가들은 두 개의 일반적인 독자 책으로 시작할 수 있다. 첫 번째, 'You've Got to Read This Book'(Canfield & Hendricks, 2006)이라는 제목의 책은 55명의 사람들이 자신의 삶을 변화시킨 책에 대하여 기술한 것으로 구성되어있다. 두 번째, 'The Play That Changed My life'(Hodgers, 2009)는 21명의 극작가와 배우들이 어떻게 연기와 극장이 자신들에게 소명감을 주었는지에 대하여 설명한 것으로 구성되어있다.

📊 다음 에피소드를 고려하라

이제는 직업 플롯에서 다음의 장면을 지시하는 스크립트가 분명해져야 한다. 따라서 관심은 상황을 진행시키는 사건이나 에피소드를 명명하는 것으로 방향을 전환한다. 통상적인 평가 과정에서의 여섯 번째 요인으로, 현장전문가들은 내담자의 좌우명을 조사함으로써 무엇이 행동을 고무시킬 수 있는지에 대하여 고려한다. 전형적으로 좌우명은 원칙 또는 행동 원칙을 이끄는 짧은 표현으로 진술된다. 좋아하는 속담은 내담자들이 자신을 위하여 가지고 있는 지혜의 말을 나타낸다. 행동하기 위한 요구로서, 경구는 그 플롯을 다음 시나리오로 이동시키는 에피소드를 제안하는 데 있어서 스스로에게 용기를 제공한다. 예고하는 사실로서, 그것은 직업 플롯에 있어서 다음 장면으로 이동하는 방법을 지시한다.

자기와 세팅, 스크립트를 아는 것은 현장전문가에게는 충분하지만, 내담자에게는 충분하지 않다. 내담자들은 스크립트를 자신의 자서전의 다음 장으로 발전시키는 데 있어서 막히거나 차단되었기 때문에 상담을 받고자 한다. 이것은 그들 자신의 좌우명이 행동을 추진하는 것을 들을 때에 분명해진다. 그 좌우명은 그 스토리 감독의 명령이다. 즉 그들은 스스로 가지고 있는 가장 좋은 조언을 표현하는 것이다. 그 좌우명은 내담자가 다시 시작하기 위하여 무엇을 하고자 하는가를 요약하고 표현한다. 전 생애를 통하여 여러 번 문제가 발생할 때마다 내담자가 사용하는 슬로건이 될 수 있다. 이런 의미에서, 로마 황제 Constantine의 좌우명은 좌우명들의 좌우명이 되었다. Constantine은 그리스어 좌우명 "In hoc signo vinces"-"당신은 승리를 얻을 것이다"-를 가지고 전투를 위해 스스로를 준비시켰다. 그것은 좌우명의 본질이다-다시 말해서, 개인이 가지고 있는 속담은 그들의 문제를 극복할 수 있다. 그러나 내담자는 종종 자신의 좌우명이 의도하는 것을 깨닫기 위하여 지원을 필요로 한다.

각각의 내담자는 자신을 이끄는 내적 지혜를 가지고 있다. 좌우명에 요약되어 있는 개인적 진실의 깊은 의미는 내담자의 현재 상황의 배경에 반대하는 증거가 된다. 속담은 가끔 상담을 시작할 때에 내담자가 찾고자 했던 지혜를 직접적으로 또는 간단명료하게 제공한다. 현장전문가들은 좌우명과 상담이 자신에게 어떻게 도움이 될 수 있을지에 대한 내담자의 답을 주의 깊게 비교함으로써 이것을 분명하게 만들어야 한다. 현장전문가들은 내담자의 좌우명이 실제로 어떻게 그들이 찾는 방향을 제공하는지 인식하는 것을 도와줄 수 있다. 결국 그것은 그들 자신에게 가장 좋은 조언이 된다. 내담자가 새로운 장으로 자신의 스토리를 발전시키기 위하여 무엇을 해야만 하는가 그리고 그렇게 함으로써 좀 더 완전해질 수 있는가에 대하여 스스로에게 반복적으로 말하는 것은 자연치유의 한 형태이다. 이 자기 – 조직 지혜는 그 자체로 충분한 자조를 포함한다.

📊 행동 요구

덴마크인 전기 집필자인 Isak Dinesen(1979)은 좌우명에 대한 장을 작성하였다. 그것은 그들이 어떻게 자조로서 기능하는지에 대하여 설명한다. 그 장에서 그녀는 자신의 삶을 통하여 채택한 좌우명들을 검토하였다. 그녀는 정체성 구체화의 부분으로서 채택된 자신의 첫 번째 좌우명으로 시작하였다. 그녀는 다음과 같이 기록하였다. "나는 분명 열다섯 살이었다고 생각한다…풍부한 가능성은 하나로 통합되었고, 그리고 나는 나의 청년 시절의 첫 번째 실제 좌우명을 선택하였다. '그것은 삶을 살기 위해 필요한 것이 아니라 항해하기 위해 필요하다'"(p.5). Dinesen은 "나는 변함없는 확신을 가지고 그것을 사용하여 나의 삶의 과정을 이끌어 나갔다"고 썼다(p.5). 이러한 좌우명의 변화는 나중에 그녀의 삶에 도움이 되었다: "종종 어려움에 처할 때, 절대 두려워하지 않는다" 그리고 "여전히 나는 정복당하지 않았다"(p.4). Dinesen의 좌우명들은 그녀가 다음에 무엇을 해야 하는지에 대하여 말해주었다.

대부분 내담자들은 다음에 무엇을 해야 하는지 은연중에 알고 있다. 효과적인 상담은 내담자로 하여금 명확한 지식을 가지도록 하는 것 이상을 요구한다. 목표는 내담자가 자신의 지혜에 귀를 기울이고, 그것을 상담에 가져온 문제에 어떻게 직접적으로 적용할 것인가를 검토하도록 하는 것이다. 그것은 단순하게 들리고, 실제로 그렇다. 그럼에도 불구하고, 그것은 심오한 것이다. 내담자로 하여금 그들 자신의 충고에 귀를 기울이게 하는 과정은 자신의 삶을 만들어나가는 데 있어서 내담자의 권한을 강화한다. 그것은 자신감을 세운다. 왜냐하면 내담자들은 질문에 대한 답이 그들 자신 안에 있다는 것을 깨닫기 때문이다. 현장전문가는 내담자의 삶에 대한 전문가가 되는 대신에, 내담자의 직관적 해결을 인증하고 정교하게 하는 증인으로서 기능한다. 상담과 심리치료의 이러한 측면에 관련된 문화적 내러티브 중 오즈의 마법사는 도로시가 집으로 돌아갈 수 있는 모든 힘을 늘 그녀 안에 가지고 있었다는 것을, 즉 단지 자신의 발뒤꿈치를 한 번 맞부딪침으로써 그렇게 할 수 있었다는 것

을 독자들에게 알려준다(LeRoy & Fleming, 1939). 그 스토리의 메
시지는 영화 버전의 마지막 장면의 대화에서 명확히 드러난다.

> Dorothy: 오~ 당신은 나를 도와주시겠어요? 당신이 나를 도
> 와줄 수 있나요?
> Glenda: 당신은 더 이상 도움이 필요하지 않아요. 당신은 항
> 상 Kansas로 돌아갈 수 있는 힘을 가지고 있었어요.
> Dorothy: 내가 가지고 있다고요?
> Scarecrow: 그러면 왜 이전에는 그녀에게 말해주지 않았어요?
> Glenda: 왜냐하면, 그녀가 나를 믿으려 하지 않았기 때문입니다.
> 그녀는 스스로 그것을 깨달아야 했어요.

Dorothy가 깨달은 것처럼, 해결은 무지개 너머 어딘가에 있
는 것이 아니라 자기 자신 안에 있다.

내담자의 좌우명을 들을 때에, 현장전문가들은 그 조언을 내
담자가 씨름하고 있는 그 문제에 연결해야 한다. 이것은 속담
을 현재의 문제를 해결할 수도 있는 행동에 대한 요청으로 전
환시킨다. 만일 독자들이 자신이 좋아하는 속담을 확인하고, 그
속담이 전반적인 그들의 삶과 현재 직면하고 있는 도전에 어떻
게 관련되어있는지를 반영한다면, 그것은 유용한 예를 제공할
수도 있다. 남편으로부터 일을 하지 말도록 강요당했던 한 여
성은 다음과 같이 말을 하였다. "구속하지마." 자신의 꿈을 추
구하는 것을 주저하였던 한 여성은 다음과 같이 말을 하였다.
"당신이 그것을 살 때까지는 삶은 삶이 아니다; 당신이 그것을
주기 전까지는 사랑은 사랑이 아니다." 부모로부터 의예과 전

공을 하도록 압력을 받았던 한 대학생은 다음과 같이 말을 하였다. "다른 사람의 기대에 굴복하지 말라." 희망하던 대학원으로부터 불합격한 한 학생은 다음과 같이 말을 하였다. "문이 닫혀 있을 때는 창문이 열려있다." 자신이 가지고 있는 목록 중 가장 먼 곳으로 레지던트 배정된 의예과 한 학생은 다음과 같이 말을 하였다. "당신이 가지고 있는 것으로 당신이 할 수 있는 것을 하라." 중요한 시험에서 실패한 한 학생은 다음과 같이 말을 하였다. "만약 그렇게 된다면, 그것은 나에게 달려 있는 것이다." 만성 우울증으로 고통을 받고 있는 한 음악가는 다음과 같이 말을 하였다. "모든 고통은 세상 속으로 태어나기를 시도하는 다소의 사랑을 의미한다." 기분장애로 고통을 받고 있는 한 시인은 다음과 같이 말을 하였다. "댄싱 스타로 탄생하기 위해서는 누구나 본질적으로 혼돈을 경험해야만 한다"(Nietzsche, 1954, p.5). 중요한 경력 전환기에 어려움에 직면한 한 여성 경영이사는 다음과 같이 말을 하였다. "꽃을 피우기 위해 감수하는 위험보다 단단한 꽃 봉우리를 유지하는 위험이 더 고통스러운 그런 때가 왔다"(일반적으로 Anaïs Nin의 것으로 알려짐). 눈이 먼 내담자는 말하였다. "한번 해 보라." 그리고 그녀의 영웅인 Stevie Wonder를 속담으로 인용하였다. "불가능은 허용되지 않는다." 자신의 물질적 성공을 자각하고 불우한 사람들을 위하여 시간과 물질을 기부하기 시작했던 한 변호사는 다음과 같이 말을 하였다. "단순하게 사세요. 그러면 다른 사람들도 단순하게 살 겁니다."

진로 구성 현장전문가들은 상담의 마지막 10분 동안 여러 번 좌우명으로 돌아온다. 그들은 내담자가 자신을 위하여 가지고

있는 조언을 듣는 것에 대한 유효성을 확인하기 위하여 그 좌
우명의 의미를 전후로 적용한다. 그들이 현장전문가로부터 찾
았던 그 답들이 실제로는 항상 그들 자신 안에 있었다는 것을
이해하는 것은 중요하다. 이것들은 그들이 상담실을 떠날 때에
가지고 갈 필요가 있는 바로 그 말들이다. 그들 자신의 좌우명
은 그들을 앞으로 나아가도록 촉진할 것이다. 법대를 지망하는
것이 그녀에게 가장 적절한 선택인지에 대한 상담을 받고자 했
던 히스패닉계 한 젊은 여성의 사례를 생각해보라. 그녀는 심
리학자가 되고 싶어 한다는 것이 금방 분명해졌다. 그러나 아
버지를 많이 실망시키는 것을 두려워하여 그것을 아버지에게
말하는 것에 대하여 겁을 내고 있었다. 그녀가 좋아하는 속담
은 다음과 같다. "만약 당신이 무엇을 하는가가 당신이라면, 그
리고 당신이 그것을 하지 않는다면, 당신은 당신 자신이 아닙
니다." 그녀의 커리어 스토리 내에서 그 좌우명을 전후로 연습
하는 것은 그녀가 심리학을 전공으로 선택한다는 것을 확실하
게 밝히는 데 도움이 되었다. 그녀는 결국 심리학 교수가 되었
고, 심리학과 학생들에게 법과 윤리를 가르친다.

📊 미래의 시나리오 구성하기

평가 프로토콜에서의 일곱 번째 단계는 내담자와 연관되어
있는 학문적 전공이나 직업적 타이틀에 대한 현장전문가의 브
레인스토밍을 요구한다. 이전 단계에서 내담자의 직업적 플롯
과 진로 주제를 고려해왔기 때문에, 가능한 시나리오들은 보통
자명해진다. 그러나 리스트를 확장하기 위하여 현장전문가들은

더 공식적인 절차로 돌아갈 수 있다. 이 지점에서 전형적인 직업 지도를 위한 매칭 모델을 수행하기 위해 고안된 개인－직업 전환 자료들－특히 Holland(1997)의 직업 환경 유형 분류 체계와 같은 성격 체계에 기초한 것들－은 유용하다. 예를 들어서, 내담자의 Holland의 RIASEC 언어를 내담자가 좋아하는 세팅에 적용하면서 현장전문가들은 잡지, TV 쇼 또는 웹사이트를 직업적 코드로 바꿀 수 있다. 그리고 나서 그들은 적합한 직업 리스트를 만들기 위해 Holland 직업 코드 사전(Gottfredson & Holland, 1996)에 있는 이러한 코드들을 찾을 수도 있다. 예를 들어서, 어떤 내담자는 정기적으로 Us, Star, and Soap Opera Digest를 읽는다고 보고하였다. 그녀가 좋아하는 TV 쇼는 'The Young and the Restless'와 'The Bold and the Beautiful, along with Survivior and Oz'라는 두 개의 soap opera이다. 연예인에 대한 잡지와 soap operas는 사회형 환경을 나타낸다. 인내와 신체적 기술에 대한 TV 쇼 Survivor과 경비가 삼엄한 교도소 안에 세팅된 Oz는 실재형 환경을 나타낸다. Oz에서, 대부분의 플롯은 사회 복귀와 사회적 책임을 배우는 것을 강조하는 실험적 단위에서 발생한다. 따라서 결합될 때, 내담자의 반응들은 우리가 찾은 사회형－실재형 환경에 대한 선호로 압축된다. 몇 개만 예를 들자면, 경찰, 코치, 물리치료사, 조산사, 발병 전문가 그리고 재활 상담사 등이 이에 속한다. 재활 상담에서 학위를 취득한 후, 그 내담자는 직업 재활 기관에서 직업 발달 전문가로서 일을 시작하였다. 그것은 그녀의 사회형－실재형 선호에 적합한 직업이자 세팅이었다.

비교해서, 영문학 전공의 내담자는 The Utne Reader, Poets

and Writers, International Literary Quarterly, Archeology, 그리고 "모험, 미스터리와 상상"에 대한 National Geographic을 읽었다. 이러한 잡지들은 탐구형 환경에 대한 관심에 뒤이어 잇따라 따라오는 예술형 환경에 대한 강한 선호를 시사한다. 따라서 결합될 때, 내담자의 반응들은 우리가 찾은 예술형-탐구형 환경에 대한 선호로 압축된다. 몇 개만 예를 들자면, 작가, 편집자, 세트 디자이너, 일러스트레이터 그리고 건축가 등이 이에 속한다. 오늘날, 그 내담자는 호주의 잡지사 카피라이터로 일을 하고 있고, 여가 시간에는 분기별로 시집을 편집하고 출판한다.

평가 프로토콜의 여덟 번째와 마지막 단계 요소는 현장전문가들로 하여금 내담자의 상담에 대한 초기 요구에 대한 답을 체계적으로 세심하게 표현하도록 한다. 그것은 추구하는 교육적 전공 또는 선택하는 직업에 대한 제안을 위한 것이 아닐 수도 있고, 종종 그렇지 않은 경우도 있다. 그것은 종종 그들로 하여금 앞으로 나아가는 것을 주저하게 만드는 몇 가지 이슈들을 명료화하는 것이다. 예를 들어서, 최근 한 내담자는 다음과 같이 말을 하였다. "내가 무엇이 되고 싶은지 모르겠어요. 이 대학에서 나의 시간을 낭비하고 있는 것 아닐까요?" 마침내 그녀는 지역사회 현장전문가가 되기 위한 훈련 도중에, 법대에 가기로 결정했다고 분명하게 설명하였다. 그녀는 원래 상담 프로그램을 그만 둘 생각이었다고 말하였다. 상담을 종결할 때에, 그녀는 그만두는 것에 대하여 심각하게 고려하지 않았었다는 것을 인정하였다. 그 한 회기 상담은 언제나 그녀가 소리 없이 사람들을 위한 옹호자가 되기를 원했다는 것을 보는 데 있어서 유용하였다. 지금은 그녀의 현장전문가가 되기 위한 훈련을 인권변호사로서의 커리어에서 나중에 사용할 수 있는 기술들을 배우는 것이라고 보았다. 그녀는 더 이상 그 프로그램을 시간낭비로 여기지 않았다; 그것은 변호의 삶에 헌신하는 것과 연결되었고, 그녀 자신의 성장과 전문적 발달에 대한 투자가 되었다. 그녀는 처음부터 이것을 알고 있었지만, 더 많은 지속성과 일관성과 포괄성을 가지고 이야기할 필요가 있었던 것이다.

8 장

진로 구성을 위한 상담

　이상의 여덟 단계의 평가 프로토콜을 시행한 후, 현장전문가들은 커리어에 대한 새로운 시각으로 생애 경험을 묘사하는 그림을 구성할 준비를 한다. 현장전문가들은 작은 스토리들을 커다란 내러티브 속으로 전환시킨다. 이것은 정체성을 표현하고, 현재의 전환을 이해하고 미래의 위치를 그려보는 포괄적인 관점을 제공한다. 현장전문가들은 내담자들이 미래의 선택들을 고려할 때에 과거의 경험을 효율적으로 사용하여 자신의 삶을 이해할 수 있도록 돕는 데 이 구성 요소들을 사용하기를 원한다. 그들은 진로 주제를 사용하여 직업적 플롯을 미래로 확장시키고자 할 때에 그렇게 한다. 즉 생애 묘사를 구성함으로써, 그들은 미래를 예측하고 행동을 촉진하는 방식으로 과거를 재구성한다.

생애 묘사를 구성하기 위하여, 현장전문가는 내담자의 마이
크로내러티브를 매크로내러티브의 초안 속으로 재구성한다. 그
러고 나서, 마침내 내담자 스스로가 인정하는 최종 버전을 내
담자와 함께 구성한다. 예술작업처럼 생을 묘사하는 데 있어서,
현장전문가들은 언어를 사용하여 정교하게 만든다. 그것은 중
요한 진로 주제들과 연관되어 있고 직업적 플롯의 확장을 부각
시키는 내담자들의 독특한 특징들을 강조한다. 이것은 커리어
스토리 인터뷰에서 발견한 작은 스토리들을 커다란 스토리, 즉
구체적인 사실에 근거한 스토리들로부터 걸러진 추상적인 주제
를 강조하는 스토리 속으로 구성하는 방식으로 삶을 쓰는 것을
의미한다. 다음의 생애 묘사를 위한 일반적인 원칙들에 대한
제안을 논의할 때에, 커리어 스토리 인터뷰의 토픽들의 순서는
커다란 스토리의 전조가 된다.

📊 일반적인 원칙들

생애 묘사에 있어서 다섯 가지 일반적인 원칙들이 있다. 첫
번째, 정체성 내러티브를 구성할 때에 현장전문가들은 바로 그
시기에 내담자의 삶에 대한 최선의 가능한 설명을 제공해야 한
다. 그들은 생애 묘사에 캐릭터와 가치를 주입시켜야 한다. 그
럼으로써 정체성과 삶의 의미가 떠오른다. 가능하면 타당하게,
그들은 생애 과정에 대한 의기양양한 묘사를 얻으려고 노력한
다. 모든 경우에 그들은 그것들을 분명히 함으로써 캐릭터 아
크를 희망적인 방향으로 이끌고 꿈들을 명확히 한다. 예를 들
어서, 한 내담자는 재치 있는 말을 하는 10대 소년에서 자신의

지혜를 나눌 수 있는 어른이 된 것에 대하여 매우 기뻐하였다. 현장전문가들은 과거 경험의 무게를 인간성에 대한 현재 시적 감정과 커리어 구성에 대한 미래 전략을 확인하는 데 사용한다. 그리고 적절한 접착제를 사용함으로써 결국 벽에 붙어있는 그림과 유사하게, 그들은 언제나 그것이 말해진 그대로 되는 확정적인 방식으로 커다란 이야기를 말한다.

두 번째로, 현장전문가들은 가능성을 열어두는 방식으로 내러티브를 구성한다. 많은 내담자의 이야기들은 그들 자신에게 다른 은유적인 다시쓰기를 제공한다. 생애 묘사는 그 내담자에 의해서 말해지는 메타포를 강조해야만 한다. 이러한 비유적인 언어는 일반적으로 가능성의 씨앗을 뿌림으로써 새로운 선택들이 자라날 수 있도록 한다(Neimeyer, 2004a). 따라서 메타포들은 가능성을 창조할 수 있도록 넓혀져야 하고, 의미를 창조할 수 있도록 깊어져야 한다. 더 나아가 내담자의 메타포를 사용함에 있어서, 현장전문가들은 가능한 한 그 내담자의 단어와 구들을 사용해야 한다. 내담자의 삶이 그 자신의 방식대로 그리고 그 자신의 언어로 표현되도록 허용하는 것은 이해와 신뢰를 촉진시킨다. 필요하다면, 현장전문가들은 한계를 넓히고 삶의 공간을 열기 위하여 새로운 언어를 사용할 수도 있다. 'privacy'라는 단어에 대하여 혼란스러워했던 러시아 소녀를 상기해보라. 이 단어를 알게 됨으로써 그녀의 삶에서 새로운 공간이 열렸다. 새로운 언어를 제공하는 것에 덧붙여서, 현장전문가들은 삶을 제한하는 잘못된 이분법과 택일적 기대들을 직면시킴으로써 이 동선을 열 수 있다. 사람들은 단지 언어가 그들에게 볼 수 있도록 허용하는 것만을 볼 수 있다. 따라서 새로운 단어를 추가하거나 "A 아니면 B"를 "A와 B"라는 표현으로 변화시키는 것은 새로운 방향으로 행동하는 것을 촉진시킬 수 있다.

세 번째로, 생애 묘사는 직업적 플롯을 확장시키는 생생한 주제에 초점을 맞추어야 한다. 이해하는 데 있어서 명료화와 변화는, 새로운 통합이 이전 의미체계의 구성을 재조직할 때 일어난다. 현장전문가들은 자기의 재통합과 정체성의 회복, 삶의 재활성화를 가능하게 하는 방식으로 직업적 플롯을 재정비하기 위하여 진로 주제들을 강조한다. 만일 생애 묘사를 태피스트리로 본다면, 그 패턴 또는 주제는 다양한 실들을 함께 엮는 생생한 고정실과 같을 수 있다. 현장전문가들은 겉보기에는 이질적인 사건들을 반영하는 논쟁 또는 핵심적인 아이디어를 통합하는 것을 부각시킴으로써 주제적 패턴화를 강조한다. 생애 묘사는 과거가 현재로 꾸준히 진척되는 경향을 보여줌으로써 전체의 점진적인 실현을 강조해야 한다. 'emplotment'는 스토리들을 결론으로 향하는 순서대로 배열한다는 것을 기억하라. 따라서 더 큰 스토리 또는 매크로내러티브는 발달 진행의 기초가 되는 로직과 의미의 정교화를 강조하기 위하여 작은 스토리들을 고정실을 따라 함께 엮는다.

정체성 내러티브의 패턴을 만드는 동안, 현장전문가들은 내담자의 스토리를 그릴 때에 주제적 고정실을 따라 안팎으로 뿐만 아니라 앞뒤로 해석적 입장을 취하는 것이 현명하다. 일반적으로, 이것은 쉽게 행해진다. 왜냐하면 내담자의 마이크로스토리들은 반복되는 경향이 있기 때문이다. 소설가들과 유사하게, 현장전문가들은 이야기들의 표면 바로 밑에 존재하는 어떤 근본적인 일치를 보여주려고 한다. 삶은 이질적인 사건들의 집합이 아니다; 내담자들은 고립된 사실들이 아닌 그 주제와 씨름해야만 한다. 진로 주제는 그 사람의 가장 독특한 헌신과 투자를 정당화하면서 목적과 의미를 설명해야만 한다. 내러티브의 정체성은 명쾌하게 그 주제를 자주 반복함으로써 주제적 실을 따라간다. 그리고 특별히 관계가 있지는 않지만 흥미로운 사실과 정보들로 우회하는 것을 방지한다.

네 번째로, 생애 묘사는 내담자로 하여금 신중하게 생각하고 적절하게 행동하게 하는 진로 주제들을 설명하기 때문에 그것은 믿을 수 있고, 이해할 수 있고, 일관되고, 지속적이어야 한다. 만일 묘사가 그들의 현재의 전환을 따라 그것들을 보여준다면, 내담자들은 묘사를 통해서 자기 자신을 보아야만 한다. 묘사는 내담자가 그것들을 수용할 수 있도록 신뢰할 만 해야 한다. 일관되고 확증하는 세부사항들이 배치된 논리적이고 체계적인 정체성 내러티브의 발달은 신뢰성을 증가시킨다. 그럼에도 불구하고, 현장전문가들은 진실성을 희생하면서 추론의 일관성을 추구해서는 안 된다. 적절하게, 생애 묘사는 실존적 삶의 모호함과 모순, 다양성을 포함하여야만 한다. 이탈한 정의와 중심 주제에서 다른 방향으로 펼쳐진 기대는 새로운 가능성을 열 수 있다. 비록 생애 묘사가 복잡성을 포함한다고 할지라도, 이해 가능한 묘사는 각각의 부분들을 명확히 하고, 일관된 묘사는 부분들을 통합하고, 또한 지속적인 묘사는 전체를 향한 점진적인 실현을 보여줄 것이다.

마지막 다섯 번째, 현장전문가들은 생애 묘사를 구성할 때에

내담자 스토리의 의미를 해석함에 있어서 훈련되고 통제되어야
한다. 진로 구성 현장전문가들은 내담자로 하여금 내포된 의미
를 세심히 살피고 의미의 더 넓은 차원을 정교화 하도록 돕는
다. 진실은 현장전문가에 의해 해석되기에는 너무도 복잡하다.
진로 구성 현장전문가는 내담자가 자신의 삶에 대한 타당성을
확보할 때에, 의미를 함께 구성하고 이해하는 데 참여하는 목
격자로서 도움을 제공하는 방식으로 내담자의 존엄성을 존중한
다. 진로 구성 모델에서, 현장전문가들은 커리어 스토리 인터뷰
에서 생애 묘사로 내담자의 내러티브를 재구성한다. 그리고 나
서 내담자와 함께 그들은 변화시키는 대화를 통하여 의미를 함
께 구성한다. 함께 구성하는 과정을 통하여, 내담자들은 공동
기술된 새로운 설명을 만들어내기 위하여 생애 묘사에서 강조
된 주제들을 심사숙고 한다(Schafer, 1983).

　내담자의 마이크로내러티브를 매크로내러티브로 재구성하는
과정에서, 현장전문가들은 해석을 통하여 예술적이고 실증적인
추론을 강조한다. 그들은 전형적으로 상징을 해석하거나 정신
역동적 체계를 만드는 것을 추구하지 않는다. 그들은 그림에서
의 미(美) 또는 교향곡에서의 통일성을 발견하는 것과 유사하게
미학적 해석을 선호한다. 하나의 선택에 대한 설명보다 선택에
대한 맥락을 강조하는 것이 더 바람직하다. 전환점에 대한 맥
락을 제공하는 것은 내담자로 하여금 현재의 전환에 대한 텍스
트를 이해하도록 돕는다. 현장전문가들은 내담자의 의미와 의
도를 이해하려고 노력해야지, 그것들을 강요해서는 안 된다. 어
떤 현장전문가들은 전적으로 해석하지 않는 것을 더 선호하지
만, 그렇게 하기는 힘들다. 내담자 스토리의 요소들에 반응하고

이를 강화하는 것은 이미 의미 형성을 시작한 것이다. 해석은 현장전문가가 혼자서 하는 것이 아니다; 관계는 내담자가 말하고자 하는 스토리와 그것을 어떻게 전달할 것인가를 선택함으로써 영향을 미친다. 생애 묘사를 구성할 때가 되면, 단순히 정체성 내러티브가 될 사건들과 메타포, 단어들을 선택함으로써 해석은 시작된다. 이러한 해석과정에 내담자는 현장전문가를 이끈다. 커리어 스토리 인터뷰를 하는 동안, 현장전문가들은 "그것이 의미하는 것은 무엇인가요?", "그것을 어떻게 이해하고 있나요?", "이것들을 어떻게 함께 구성하나요?" 등을 질문하여 수시로 자기성찰을 하도록 안내함으로써 내담자들로 하여금 자기 자신을 해석하도록 촉진하여야 한다. 생애 묘사의 초안을 재구성하는 과정에서, 현장전문가들은 그들 자신의 예리하고 합리적이며 세심한 해석들을 추가하면서 이러한 내담자 자기－해석을 강조한다.

　해석이 심미적일 뿐만 아니라 윤리적이라고 보장하기 위하여, 진로 구성 현장전문가들은 체계적으로 수집한 정보들을 엄격하고 회의적으로 검토한다. 현장전문가들은 스토리를 '단순히 듣는 것'이 아니라 '귀를 기울여서 경청'하기 때문에, 해석은 인식론적 관점과 경험적 이론, 체계적 틀에서 기인한다. 그들은 주제를 인식하고, 세부 사항을 선택하고, 스토리들을 연결하고, 통합된 전체로 조직하기 위하여 진로 구성 이론을 사용한다. 그 과정에서 그들은 내담자 마이크로내러티브의 표면 바로 아래에 놓여있는 것에 대한 예리한 해석을 한다. 그리고 그들은 내담자 혼자서는 그렇게 할 수 없었던 어떤 것을 거리를 두고 관찰함으로써 구성한다. 현장전문가들은 생애 묘사를 구성하는 데 추론과 직관을 모두 사용하기 때문에, 자신의 편향을 인식하고, 자신의 평가로 생산된 결과물에 대하여 회의적으로 검토해야 한다. 내담자의 작은 스토리를 큰 스토리로 재구성할 때에, 현장전문가들은 내담자와 함께 묘사를 수정하고 내담자가 인가한 정체성 내러티브를 재구성하는 동안 잘못 이해하거나 예상하지 못한 것을 발견할 가능성을 열어두어야 한다. 생애 묘사를 구성하는 것에 대하여 좀 더 배우기 위하여, 현장전문가들은 다음을 참고할 수 있다. *The Art and Science of Portraiture: A New Approach to Qualitative Research*(Lawrence-Lightfoot & Hoffman Davis, 1997). *Career Counseling: A Narrative Approach*(Cochran, 1997).

종합하면, 정체성 내러티브를 구성하기 위한 다섯 가지 일반 원칙들은 현장전문가들로 하여금 최선의 가능한 버전을 준비하고, 새로운 가능성을 열고, 손쉬운 해석을 하지 않고, 주제들에 집중하며, 일관성과 변화를 설명하는 복잡성을 포함하도록 한다. 현장전문가들은 내담자의 꿈을 유지하고 어려운 시기에 지도를 제공하는 생애 묘사를 구성하기 위하여 노력해야 한다. 매크로내러티브는, 지속되는 활력을 가지고, 내담자에게 정보를 제공하고 동시에 영감을 불어넣는 내담자의 정체성에 대한 신선하고 구상적인 그림을 묘사한다. 생애 묘사를 구성하는 일반적인 원칙을 살펴보았고, 이제는 현장전문가들이 내러티브를 구성하는 데 적용할 수 있는 구체적인 방법을 알아볼 차례이다.

📊 구성요소 구조화하기

생애 묘사의 구성은 체계적인 절차를 따른다. 생애 묘사 구성의 관례적인 구성 과정은 여섯 가지 토픽들을 필요로 한다. 그리고 가속화하기 위하여 각각의 토픽은 다음의 토픽을 이끈다. 대부분 내담자들의 경우 각각의 토픽들은 몇몇의 문장을 요구하고, 반면 어떤 내담자들은 하나의 문단을 필요로 한다. 첫 번째 토픽은 파노라마를 제공한다. 영화감독이 사용하는 미학적 원리에 따라, 초상화가(현장전문가)는 개인을 구성 중인 장면으로 데리고 가기 전에 비전을 세운다. 그리고 마침내 몰입하여 수행하는 순간으로 이끈다.

▪ 토픽1: 집착

생애 묘사의 첫 번째 섹션은 Thurber(1956)의 나그네쥐에 대한 우화에서 언급한 격언과 맞닿아있다: "모든 사람들은 죽기 전에 어디로부터 왔는지, 어디로 가고 있는지, 왜 그렇게 하는지에 대하여 이해하도록 노력해야 한다"(p. 174). 내담자 삶을 소설로 제작하기 위하여, 현장전문가들은 핵심 이슈들, 진로 주제들의 근원과 캐릭터 아크의 토대를 확인하기 위하여 초기 기억을 살펴본다. 내담자에게 정체성 내러티브를 보고하는 동안, 초기 기억 속에서 발견한 집착에 대하여 논의하는 것은 순조로운 전환을 만든다. 초기 기억은 커리어 스토리 인터뷰의 마지막 토픽이었다. 따라서 정체성 내러티브를 보고하는 과정에서 그것들을 첫 번째 토픽으로 사용하는 것은 자연스럽게 진행하는데 도움이 된다. 현장전문가들은 초기 기억에서 묘사된 집착이나 반복하여 맞닥뜨리는 문제를 확인함으로써 주요 아이디어를 찾는다. 그리고 나서 그들은 스스로에게 다음과 같은 질문들을 한다. 어떤 질문이 그 내러티브에 부합하는가? 생애 묘사는 어떻게 시작되어야 하는가? 그것은 어떻게 전달되어야 하는가? 관련된 어려움과 갈등은 무엇인가? 어떤 결말이 생산적인가?

"문학을 통해 당신의 삶의 길을 읽기"에 관한 책에서, 심리치료사이자 문학평론가인 Allan Hunter(2008)는 반복적으로 핵심 주제를 논의하는 것으로의 삶에 대한 좋은 실례를 제시하였다. Hunter의 J. K. Rowling의 Harry Potter 소설 시리즈에 대한 분석은 사람들이 자신의 삶을 통하여 어떻게 동일한 근본적인 투쟁을 되풀이하는지 보여준다. 개인들이 자신이 집착하고 있는 문제로 되돌아오는 그때에 다음 단계로의 진행이 발생한다. 그들은 그것을 더 깊은 수준에서 더 복잡한 특성으로 제기한다. 각각의 소설 또는 매 학년에서, Harry Potter는 새로운 기술과 더 많은 개인적인 힘을 축적한다. 그러나 그것은 Harry Potter가 목적을 가지고 추구하는 힘도 이기주의도 아니다. 그것은 각각의 소설에서 다시 논의되고 발달하는 사랑과 로열티이다. Harry Potter 스토리는, 우리들 자신의 스토리들과 마찬가지로, 미스터리 감각을 잃지 않으면서도 수 년 동안 점점 더 명확해진다. 시인 Edna St. Vincent Millay가 간단명료하게 언급한 것처럼 "빌어먹을 일 뒤에 다른 빌어먹을 일이 오는 것이 바로 삶이라는 것은 사실이 아니다; 빌어먹을 일 한 가지가 계속해서 되풀이 되는 것이다"(Famous Poets and Poems, n.d.). 따라서 현장전문가들은 내담자가 반복적으로 직면하는 "빌어먹을 일 한 가지"와 그것이 내담자에게 어떠한 의미를 가지는지에 대하여 언급함으로써 생애 묘사를 시작한다. 이러한 묘사 기법은 개인적 의미에 내담자 자신의 깊은 감정을 띠게 함으로써 내담자의 정서적 본질을 전달하도록 한다.

내가 이 페이지를 작성하던 바로 그날, 나는 "The New York Times"에서 가수 겸 작곡가인 Carly Simon이 "자신의 생애 내러티브에 의하여 이끌려 왔다"(Clifford, 2009, p. C1)라고 언급한 이야기를 읽었다. Stephanie Clifford(2009)의 아티클에서, 64세인 Simon이 "나는 짓밟히지 않고 어떤 일에 맞설 수 있는 사람이 되기를 원한다. 왜냐하면 나는 살면서 너무 많이 짓밟혔고, 나의 자기-존중감이 상처받는 것을 원하지 않기 때문이다."(p. C8)라고 한 말이 인용되었다. Simon이 레코딩 사업에서의 그릇된 관리를 이유로 Starbucks Coffee Company를 상대로 제기한 소송의 논고에서 드러난 이러한 주제들에 대한 글쓰기에서, Clifford는 Simon이 가진 삶의 주제가 "깨어진 신뢰, 남자의 잘못된 행동, 다시 회복하려고 노력하는 여자"(p. C1)라는 것을 확인하였다. Simon은 Starbucks의 최고경영자인 Howard Schultz에게 "Howard, 사기는 믿음의 창작물입니다. 그리고 배신합니다"(p. C8)라고 편지를 썼다. Clifford는 지속적인 개인적 의미를 강조하였는데, 그것은 Simon의 첫 번째 음반인 '그것은 내가 항상 그래야만 한다고 들어오던 바로 그 길입니다(That's the Way I've Always Heard It Should Be)'에서 표현되었다.

토픽2: 자기

집착에 대한 언급은 내담자가 그 집착을 다루기 위하여 어떻

게 자기를 세워나갔는지에 대한 묘사로 연결된다. 이러한 자기
ー구성은 "빌어먹을 한 가지"를 직면할 필요가 있는 모든 특성
들을 소유한 하나의 캐릭터로 이끈다. 생애 묘사에서 아직 명
쾌하게 언급되지는 않지만 함축되어 있는 것은 내담자가 상담
실에 가지고 온 이슈가 비록 표면적으로는 차이가 보일지라도
"빌어먹을 한 가지"라는 아이디어이다. 현장전문가는 초상화가
로서 내담자가 자기로 포함시킨 핵심적인 특성들의 전생애적
중요성과 현재에서의 유용성을 반드시 강조해야 한다.

■ 토픽3: 세팅

　세 번째 섹션은 내담자가 자기를 위치시키기를 원하는 적절
한 사회적 역할과 선호하는 환경에 대하여 설명한다. 생애 묘
사는 자기가 어떻게 선호하는 세팅에서 작동할 수 있도록 잘
구성되어졌는지에 대한 몇 가지 실례와 세부 사항들을 포함하
여야 한다. 또한 현장전문가들은 다른 환경에 대한 내담자의
흥미에도 민감해야 한다. 어떤 내담자들은 흥미가 잘 분화되어
있어서 한 가지 유형의 세팅에만 집중한다(말하자면 '사회형(S형)'
세계). 그러나 다른 내담자들은, 비록 분화는 되어 있지만, 둘
또는 세 가지 유형의 세팅에 초점을 맞춘다. 이들에게, 다른 맥
락들은 다른 의미들을 떠올리게 한다. 현장전문가들은 내담자
가 다른 세팅에서 보여주는 다른 정체성에 대하여 논의하여야
한다. 그러나 여전히 모든 좋아하는 세팅에서 공통적인 패턴을
끄집어낸다. 분화되지 않은 흥미를 나타내는, 즉 거의 모든 세
팅에서 약간의 흥미를 가지고 있는 내담자들의 생애 묘사에서
는 유연성과 적응성이 그들의 삶에서 어떻게 패턴화 되었는지

에 대하여 보여주어야 한다.

■토픽4: 스크립트

네 번째 섹션은 스크립트를 이야기함으로써 자기와 세팅을 명쾌하게 통합한다. 내담자의 스크립트를 분명하게 표현하는 과정에서 내담자가 자신의 스토리를 이야기하면서 선택했던 문구는 유용하다. 이러한 문구들은 일하는 장과 삶에서 자기가 어떻게 작동하기를 원하는지에 대하여 명확하게 묘사한다. 스크립트의 프리젠테이션은 반복되는 주제를 다루는 전환적 장면을 강조해야 한다. 또한 그것은 내담자의 신조, 즉 다시 말해서 내담자의 삶으로부터 제공되는 아이디어를 진술해야 한다. 이러한 힘의 예로, 한 현장전문가가 자신의 내담자에게 다음과 같이 이야기하는 것을 들은 적이 있다. "나는 당신이 형사가 된 이유가 다름 아닌 당신 가족의 미스터리를 풀고 싶어서인 것 같습니다."

■토픽5: 조언

생애 묘사의 다음 섹션은 공연의 하나의 막을 마치고 상담을 받으러 온 내담자들에 대하여 설명한다. 중간 휴식 시간이 있고, 이제는 공연의 다음 막이 시작될 시간이다. 줄거리에서 어떤 지속성과 일관성이 있어야 한다. 그렇지 않다면 주연 배우와 청중들 모두는 길을 잃게 될 것이다. 작가, 즉 내담자는 주연 배우로서 자기 자신에게 어떤 방향을 지시하여야 한다. 이것은 좋아하는 격언의 깊은 의미이다. 그것은 작가로서의 자기

가 배우로서의 자기에게 제공하는 방향 지시인 것이다. 현장전
문가는 중간 휴식 시간 후에 직업적 플롯을 확장시키는 새로운
막에서 그 스크립트를 다시 시작하는 것과 그것을 명료하게 관
련시켜야 한다. 현장전문가는 나머지 상담 회기 동안 심오한
의미를 내적으로, 외적으로, 뒤로 그리고 앞으로 그려보면서 그
격언을 여러 번 반복하여야 한다.

▪ 토픽6: 미래의 시나리오

마지막 섹션은 내담자가 상담을 받고자 한 이유를 다시 진술
한다. 그 다음 그 이유를 또 다른 섹션에서의 생애 묘사와 연
결시킨다. 현장전문가는 타당한 해석을 제공함으로써 내담자가
제시한 문제를 이해하기 쉽게 설명하려고 한다. 이러한 종결
섹션에서, 현장전문가들은 "빌어먹을 한 가지"가 어떻게 직업적
플롯에서 계속 나타났을 수 있는지, 진로 주제가 어떻게 적절
한 방향으로 그 플롯을 확장시켜서 미래의 시나리오를 만드는
지, 그리고 좋아하는 격언이 어떻게 내담자가 다음에 하고자
하는 것을 기술하는지에 대하여 설명한다. 그 섹션은 내담자의
특성을 성장 과정에서의 문제에 대한 해답으로 그리고 그들의
흥미는 갈등을 의도로, 문제를 기회로, 집착을 직업으로 전환하
는 도구로서 개념화해야 한다. 직업적 흥미는 내담자들이 해결
하기 어려운 과제들과 전환, 트라우마를 다루도록 돕는 것을
가능하게 하는 구성체로서 표현되어야 한다.

묘사는 미래를 상상할 수 있고 성취 가능하게 만드는 방식으
로 그들의 현재 의미와 중요성뿐만 아니라 흥미의 근원을 이해

할 수 있는 기회를 제공해야 한다. 그 섹션은 내담자의 삶에 대한 가공의 진실을 포함할 수 있다. 그러한 개인적 신화는 캐릭터 아크에서 전형적으로 보인다. 정체성 내러티브를 구성하는 심미적 원칙에 따라, 그 아크는 내담자들이 어떻게 약점을 강점으로 바꾸고, 강점들을 다시 직업 및 사회적 공헌으로 바꾸는지를 찾아낸다. 두려움에서 불굴의 용기로, 입증하는 것에서 발전하는 것으로, 재치 있는 말을 하는 사람에서 지혜로운 사람으로 나아갔던 내담자들의 예를 상기해보라. 최종적으로, 이러한 생애 묘사의 마지막 섹션은 앞으로 나아가는 길, 즉 내담자가 자신의 인생 스토리의 영웅 역할을 수행하는 새로운 장을 제안한다.

내담자와의 두 번째 회기를 시작하기 전에, 현장전문가들은 생애 묘사를 전체적으로 재검토해야 한다. 정체성 내러티브를 검토할 때에, 그들은 옳고 그름의 이분법적 사고에 빠져들지 않도록 주의하여야 한다. 묘사는 객관적인 옳음이라는 논리적 타당성보다 내담자에게 주관적으로 유용한 실용적인 실행 가능성을 가지고 있어야 한다(Neimeyer, 1995). 따라서 현장전문가들은 생애 묘사가 내담자들에게 유용한지 알아내기 위하여 그것을 재검토한다. 두 가지 서로 다른 생애 묘사는 동일하게 유용할 수 있다. 따라서 현장전문가들은 이 정체성 내러티브가 자기-탐색을 용이하게 하고, 직업적 탐색을 촉진하고, 커리어 의사 결정을 촉진하는 데 얼마나 유용한지에 대하여 스스로에게 질문하여야 한다. 생애 묘사의 초안을 결정하면, 현장전문가들은 내담자와 상담을 시작할 준비를 한다. 이것은 첫 회기의 후반부가 될 수 있고, 두 번째 회기가 될 수도 있다.

📊 내담자에게 생애 묘사 들려주기

진로상담에서 두 번째 회기는 내담자에게 질문하는 것으로
시작한다. "지난 번 만남 이후에 어떤 것이 더 명확해졌나
요?"(cf. Neimeyer, 2009, p. 81). 현장전문가들은 내담자에게 첫
번째 회기에서 말한 것에 덧붙이고 싶은 이야기가 있는지를 물
어봄으로써 이 질문을 계속하여 다룬다. 그러고 나서 현장전문
가들은 상담이 그들에게 어떻게 도움이 될 것 같은지에 대한
내담자의 생각을 재확인하는데, 특히 생애 묘사에 대한 서곡으
로서 난처해하는 영역을 강조한다.

현장전문가들은 내담자의 마이크로스토리로부터 재구성한
생애 묘사 초안을 내담자에게 이야기하는 것으로 상담을 시작
한다. 그들은 내담자가 어떻게 독창적인 삶의 방식을 만들어왔
는지에 대한 그들 자신의 스토리에 대하여 다시 이야기한다.
그리고 그것을 진행하면서 캐릭터 아크를 극적으로 표현하고
그 주제를 심화시킨다. 그들은 내담자들이 자신의 스토리에서
단지 배우가 아닌 작가로서 활약하도록 설득하며 유도한다. 이
렇게 하면서, 내담자로 하여금 자기에 대한 내면적 관점과 정
체성 내러티브에서 묘사된 타자로서의 자기 사이에서 유연하게
앞뒤로 움직이도록 격려함으로써 현장전문가들은 자기에 대한
보다 반사적인 감각에 영향을 미치는 것을 찾으려고 시도한다.
내담자의 특별한 스토리에 대한 주장에 주의를 기울일 때에,
묘사는 근거가 있는 확실한 것이어야만 한다. 그러나 생애 묘
사는 현장전문가가 이러한 내용이 사실이라고 공표하는 것은
아니다. 오히려 그것은 질문하고 수정할 여지가 있는 잠정적인

진실이다. 현장전문가들은 내담자들이 무엇이 그들에게 진실인
지 발견하기 위한 여행을 떠날 때에, 대화를 나누고 신중히 생
각해 볼 자원으로 생애 묘사를 사용하고 싶어 한다. 내담자들
의 삶을 담고 있는 진로 주제들을 그들에게 다시 이야기하는
것은, 위험에 처해있는 것에 대하여 알려주고 영혼을 울리는
선택을 할 수 있도록 격려한다.

숙고와 성찰을 위해 묘사를 표면으로 끌어올리는 것은 내담
자들로 하여금 자신을 더 잘 보고 그들이 자신의 삶을 어떻게
살아가고 있는지를 이해하도록 하는 수단이다. 현장전문가들은
내담자들이 구성 속으로 들어오고, 둘러보면서 조금은 의문을
품으며, 그러고 나서 깨우친 의식으로 나갈 수 있도록 격려하
여야 한다. 온전함을 추구하는 데 있어서, 자기-성찰은 내담자
들이 자신의 환경으로부터 더 큰 의미를 얻을 수 있도록 한다.
묘사에 대해 생각해보면서 사람들은 그것을 잘 알게 되고, 분
석하고, 그것으로부터 배우고, 그것을 바꿀 수 있게 된다. 이러
한 성찰은 적시에 행해져야 하지만, 오랜 시간에 걸쳐 해야만
하는 것은 아니다. 혼란에 대처하는 도중에 내담자들은 마음속
에 생애 묘사를 가지고 그 사건을 반성할 필요가 있다. 물론
원한다면 차후에 보다 더 시간이 걸리는 성찰을 할 수도 있다.

정체성 묘사에 대한 의미를 탐색하는 내담자의 능력을 향상
시키기 위하여, 현장전문가들은 분명하고 또렷한 방식으로 그
것을 이야기해야만 한다. 이렇게 단순하고 직접적인 내레이션
은 내담자들로 하여금 현장전문가에 의해 제시된 잠정적인 매
크로내러티브를 완전히 인정하고 반성적으로 처리하는 데 의식

적인 노력을 기울이도록 격려한다. 훈련되지 않은 귀에는, 이러한 단순하고 직설적인 설명이 마치 현장전문가의 관점에서 나온 해석으로 들릴 수도 있다. 그럼에도 불구하고, 좀 더 귀를 기울여 들어본다면 해석의 대부분은 내담자가 이미 말한 것을 단지 재구성한 것임을 알 수 있다. 현장전문가들은 내담자의 많은 구성들과 자기-해석을 사용함에 있어서 가능한 한 신중하다. 그들은 내담자가 사용한 문구를 되풀이하면서, 거기에 함축되어 있는 내용을 끌어낸다. 특히 그들은 초기 기억과 선호하는 스토리의 스크립트에서 나오는 헤드라인을 강조해야 한다. 만약 그들이 자신의 해석을 덧붙여야만 한다면, 내담자가 선택하거나 거절할 수 있는 현장전문가 자신의 추측임을 항상 알리면서, 마지못해 조금씩 덧붙인다. 내담자는 자신의 삶에 대한 작가이고, 그것의 의미가 무엇인지를 말할 수 있는 권한을 가진 유일한 사람이다.

현장전문가들은 내담자가 자신의 진로 주제와 직업적 플롯을 인식할 수 있는지를 반드시 확인하여야 한다. 아주 드물게, 어떤 내담자는 현장전문가가 재구성한 생애 묘사를 쉽게 인식하지 못하고, 따라서 수정사항을 함께 구성할 준비가 되어 있지 않다. 한 예로, 내가 공개시연에서 내담자로 자원한 사람에게 그녀의 정체성 내러티브를 재구성하여 이야기했더니 듣고 나서 이렇게 말했다. "나는 그런 방식으로 스스로를 생각해 본 적이 없어요. 집에 가서 그것을 좀 더 생각해봐야겠어요." 즉시, 그녀의 동료 세 명은 생애 묘사가 그녀를 어떻게 보았는지를 정확하게 표현했기 때문에 놀랐다고 차례로 말했다. 그들은 심지어 생애 묘사를 타당화하는 구체적인 예시까지 제공하였다. 그

럼에도 불구하고, 그 내담자는 자신을 돌아볼 시간이 더 필요
했다. 다행히 우리는 이 상담을 녹취하였기 때문에, 만약 그녀
가 원한다면, 그것을 다시 들을 수 있었고 그녀가 만족스럽도
록 다듬거나 버릴 수 있었다. 생애 묘사에 대한 일치하지 않는
관점은, 그녀의 청중에게 주는 논리적 타당성과 내담자를 위한
실용적인 실행가능성 사이의 차이를 보여준다. 보다 일반적인
것은 생각이나 느낌을 분명하게 잘 표현하는 어떤 내담자의 반
응인데, 그는 생애 묘사가 최근에 받았던 흥미검사와 매우 다
르다고 설명하였다. 그는 이렇게 말했다.

> 나의 흥미검사 결과는 실제로 내가 어떤 사람인지보다는 내가
> 어떤 사람이어야만 한다고 생각했던 사람을 설명하고 있는,
> 소망을 만족시키는 것에 대한 하나의 예였어요. 생애 묘사에
> 서 드러나는 '나(me)'를 만나게 되었을 때, 나는 말했어요.
> "맞아, 그것은 나야! 그게 나야!"

　확실히, 내담자들에게 생애 묘사를 이야기할 때에, 현장전문
가들은 내담자가 그들의 묘사에서 자기 자신을 인식하고, 그들
이 누구인가에 대하여 받아들이는 증거를 찾아야만 한다. 비록
동의에 대한 내담자의 언어적 표현들이 괜찮다 하더라도, 그것
들은 추상적인 관념이다. 진로 구성 현장전문가들은 절실한 인
식에 대한 구체적인 신체적 반응을 기다리는 것을 선호하는데,
Dreikurs(1967)는 절실한 인식을 '인식 반영'이라고 불렀다. 내
담자들은 생애 묘사에서 자신을 인식할 때 미소, 눈물, 얼굴이
붉어짐, 또는 웃음과 같은 자기도 모르게 하는 자연스러운 반
응을 내뿜는다. 나에게, 절실한 신체적 경험은 내담자가 그 묘

사에 반향을 일으킨다는 것을 나타낸다. 보디랭귀지 전문가가 자주 말하듯이 "몸은 거짓말하지 않는다."

만약 어떤 이유에서 현장전문가가 진로 주제에 대한 내담자의 인식을 강화하는 것이 필요하다면, 그때 깊은 인식을 위하여 한두 가지 기법을 사용할 수도 있다. 그 중 하나는 내담자의 패턴이 어떻게 현재, 가급적이면 직전 5분 사이의, 행동에 표현되었는지에 대한 예들을 확인하도록 하는 것인데, 현재의 예가 없다면 커리어 스토리 인터뷰 동안에 그들이 했던 행동이나 말 속에서 찾아보도록 한다. 두 번째 기법은 내담자들에게 지난주에 했던 일 중에 그들의 패턴이 드러난 어떤 것에 대한 예를 인용해달라고 요청하는 것이다. 그들의 생애 묘사를 들었으니, 이제 내담자들이 자신의 권한을 사용하여 더 큰 깊이와 복잡성, 그리고 지혜로 정체성 내러티브를 수정하고 풍부하게 할 때가 되었다.

📊 함께 묘사를 수정하기

내담자에게 생애 묘사를 이야기하도록 하는 첫 번째 목표는 그들이 현장전문가들에 의해 재구성된 매크로내러티브를 고려하도록 하는 것이다. 이렇게 삶의 이야기에 대해 생각하고 성찰하는 것은 일반적으로 내담자가 정체성 내러티브를 편집하도록 이끈다. 따라서 다음 활동은 내담자와 현장전문가가 함께 보다 더 신뢰할 수 있고 정확한 내러티브를 구성하도록 하는 협력을 마련한다. 이것은 실수를 바로잡는 수정, 오래된 갈등과

타협하는 조정, 빚을 청산하는 것을 포함하고, 자아존중감을 향
상시키고 삶의 더 낙관적인 관점을 지지한다. 그러나 매크로내
러티브를 수정하는 것은 단지 내담자의 생애 스토리에 정확한
목소리를 주는 것보다 더 많은 것을 포함한다. 그리고 내담자
는 정확성을 위하여 자신의 생애 묘사를 수정하는 것보다 더
많은 작업을 수행해야 한다. 그들은 더 나은 삶을 만들기 위해
묘사를 수정해야 한다. 이것이 그들이 상담에 온 이유이다. 수
정과 정교화를 통하여 함께 재구성하는 과정은, 종종 특정 반
응을 유발하는 현장전문가의 어떤 말로 시작된다. 이런 말은
불안정성을 유도하고 스토리 요소들을 재배열할 수 있는 가능
성을 여는 것을 목표로 한다. 수정된 생애 묘사가 안정성의 방
향으로 움직이도록 하기 위하여, 그 과정은 내담자의 자기-의
식적인 협력을 유발할 뿐만 아니라 내담자에게 투명해야만 한
다. 내담자와 현장전문가는 직면한 선택들을 가지고 의미있는
변화를 공들여 만드는 과정에서 솔직한 태도로 협력한다. 그렇
게 할 때에, 내담자는 수정된 삶의 패턴 안에 자기를 재배치한
다. 물론, 만약 유용하게 된다면, 새로운 배치는 더 실용적이고
필수적이어야 한다.

　과거를 되돌아보는 것에 대한 보상은 앞으로 나아갈 수 있는
능력이다. 생애 묘사에 대한 공동구성은 어떤 의미에서 변형과
발전의 가능성을 증가시키는 과정에서 현재의 혼란을 통합하는
것을 추구한다. 내담자가 갖고 있는 언어의 한계는 내담자 세
계의 한계이다. 그들의 말을 새롭게 만듦으로써, 내담자들은 자
신의 세계를 다시 만든다. 이것은 정지된 계획들을 다시 시작
하도록 하는 다른 의미들에 접근하는 것과, 신선한 가능성을

드러내는 새로운 이해에 몰두하는 것을 포함한다. 그것은 앞으로 가능한 방법에 대한 계획을 세우도록 내담자들의 가장 중요한 성향을 동원할 수 있다. 그것은 종종 이전에 알려지지 않은 행동방안을 시작하도록 하는 메타포를 사용한다. 예를 들어, 완벽해지기 위해 노력하는 생애 묘사를 검토하고 있던 한 내담자는, 그녀가 "완벽함의 가면을 벗을" 준비가 되어 있다고 말하였다. 소설의 관점이 어떻게 나타나는지에 관계없이, 그들은 내담자들이 자신의 의미 체계를 재조직할 수 있도록 하는 새로운 언어와 확장된 전망을 제공한다.

재조직된 의미 시스템은 일반적으로 우선순위를 명확히 하고 새로운 목표를 생성한다. 현장전문가들은 내담자들이 자신의 커리어 스토리에 대한 새롭고 확대된 관점을 명확히 표현하도록 함으로써 의미의 정교화와 확장이 어느 정도 되고 있는지를 확인해야 한다. 그렇지 않으면, 내담자들이 동일한 이야기와 동일한 이슈를 지닌 채로 상담을 떠날 수가 있다. 그래서 현장전문가들은, 두 번째 회기의 중간쯤에, 내담자의 대화가 어떤 식으로든 새롭게 드러나는 자기에 대한 감각을 주장하고 있는지, 재조직된 의미시스템을 나타내는지, 정체성 내러티브에 변화를 통합하는지를 듣기 위하여 면밀히 주의를 기울인다.

📊 의도를 명확하게 표현하기

상담회기의 중간쯤에서, 관심은 의도를 명확하게 표현하는 것으로 변화한다. 의도는 선택에 앞선다. 왜냐하면 그것은 선택이 추구할 목적을 명확하게 표현하기 때문이다. 미래의 의도는 과거와 현재를 함께 데려온다. 의도에 내장된 의미는 의사결정과 생애 설계의 과제수행에 있어서 중심이 된다(Richardson et al., 2009). 내담자들은 상담에 긴장을 가져온다. 긴장의 어원은 투쟁을 포함한다. 이 경우에, 투쟁은 내담자가 생애 스토리에 도전을 받고 자신의 정체성 작업에 참여해야만 할 때에 온다. 상담은 긴장(tension)을 주의(tension to attention) 또는 세심하게 유의하기로 변화시킨다. 내담자들이 자서전적 추론에 참여할 때, 그들은 자신에게 무엇이 중요하고 자신의 가족과 지역사회에 중요한 작업 활동에서 그것을 어떻게 드러내는지를 이야기한다. 상담은 그들이 혼란 또는 전환을 정체성 내러티브를 수정하거나 새로운 스토리 라인을 시작하는 기회로 생각할 수 있도록 격려한다. 현장전문가들은 내담자들이 자신의 가치와 삶의 목적을 발견하도록 유도함으로써 그들이 주의를 자기－조절 의도에 기울이도록 돕는다. 이러한 자아상들과 개인적인 발달은 가이드와 평가 기준의 역할을 한다. 현장전문가들은 내담자들이 이미 알고 있는 것을 돌보고, 자신이 좀 더 나은 존재가 되는 것에 대한 두려움을 극복하도록 도와야만 한다. 현장전문가들이 자신의 삶의 의미와 매터링에 대하여 이야기하는 내담자들에게 목격자의 역할을 할 때에, 가능한 자기에 관한 그들의 의도와 미래의 시나리오에 대한 기대를 명확하게 표현하도록 하는 것은 내담자들을 격려한다.

20세기에, 직업지도는 안정적이고 예측 가능한 커리어 궤도의 맥락에서 이루어지는 직업 선택과 매칭에 집중하였다. 21세기의 고용주와의 심리적 계약은 임시 고용과 불확실한 커리어 궤도를 제공한다. 따라서 진로 구성 현장전문가들은 다음의 직업적 플롯 에피소드에 기록할 진로 주제에 집중하면서, 자기와 삶에 대한 계속되는 구성에서 의미 만들기와 의도적인 프로세스들에 먼저 집중한다(cf. Krieshok, Black, & McKay, 2009; Richardson et al., 2009). 사람들이 자신의 직업생활 동안 열 개 또는 더 많은 직위를 갖게 되는 지식사회에서, 새로운 직위를 선택하는 것에 관련된 수정과 반영의 반복적인 과정을 안내하는 것은 의도이다. 불확실한 시기에 의도성은 전기적 구성에 도움이 된다. 전환기 동안에, 개인은 변화와 위험에 대처하기 위하여 자서전적 추론에 참여해야 한다. 내담자들로 하여금 자신의 의도를 명확하게 표현하도록 돕는 것은 현재 이루어져야 할 선택을 분명하게 하고 결정할 수 있는 능력을 증진시킨다.

이전에 언급한 바와 같이, 두 번째 회기 중간쯤에 현장전문가들은 대개 의도에 대한 공유된 언어를 함께 구성하고자 시도하는 것을 통하여, 또는 H. Anderson(1997)이 말한 협력적이고 생산적인 대화를 통한 '의도성 조직화'를 통하여 내담자의 의도성에 집중하기 시작한다. 그들은 진로 주제와 직업적 플롯과 같은 중심 내러티브를 강조함으로써 생애 묘사로부터 의도를 제시하고자 노력한다. 중심 내러티브를 결정하기 위하여 내담자들과 함께 작업하는 것은 의도를 분명하게 해준다. 그것은 내담자가 상담에 가져왔던 플롯 이슈들에 내장되어 있는 심오한 의미와 깊은 반향을 드러낸다. 중심 주제를 결정하는 것은 또한 정체성 내러티브의 구성을 진전시키고 명확성을 제공한다. 이러한 정체성의 명료함에 대한 중요성의 예시로서, 2008년 대통령 선거 캠페인을 생각해보라. 일부 전문가들은 최종

승자가 그의 캠페인에서 중심 내러티브를 결정한다고 썼다. 그러나 그의 적수는 그렇지 않았다. Mr. Obama가 자신을 변화의 대리인으로 규정한 반면에, Mr. McCain은 보수적인 사람, 영웅, 독불장군, 사령관, 바른 말 하는 사람과 같은 자기-표현들 가운데에서 흔들렸다. 하나의 명확한 정체성 내러티브가 유권자들로 하여금 McCain이 누구인지 아는 것을 더 쉽게 만들어 주었을지도 모른다.

현장전문가들은 내담자들이 자신의 정체성 내러티브를 요약하는 문장을 작성하도록 유도함으로써 그들의 직업적 캠페인을 위한 중심 내러티브를 결정할 수 있도록 돕는다. 그 아이디어는 그들이 그저 해왔던 정체성 내러티브 과정을 설득력 있는 문장으로 확고하게 한다. 현장전문가들은 성공을 위한 자신의 공식이나 자신의 개인적 사명 선언문을 작성하는 것을 포함하는 문장을 공들여 완성하도록 내담자들에게 설명할 수도 있다.

성공 공식 쓰기에 많은 접근방법이 있다. 대부분의 진로 구성 현장전문가들은 커리어 스토리 인터뷰로부터 미래 의도의 형식으로 중심 내러티브를 요약하는 한 개의 문장으로 구절들을 조립하는 것을 선호한다. 그것들은 일반적으로 "나는 내가 ____할 때 행복하고 성공할 것이다"와 같은 정체성 문장으로 시작한다. 그것은 과정과 성과 요소로 정교화 될 수 있거나, 기본적인 의도를 간단히 진술할 수도 있다. 초심의 현장전문가들이 성공 공식에 대하여 가르칠 때에, 내담자가 좋아하는 스토리의 버전에 집중하도록 하는 것이 유용하다. 일반적으로 스토리에 대한 내담자의 내레이션에 포함된 일부 구절은 잠정적인

성공 공식 초안을 작성하는 데 사용될 수도 있다. 현장전문가
들은 일반적으로 내담자와의 두 번째 미팅 전에 두 개의 대안
적인 성공 공식을 구성한다. 이러한 초안들은 내담자가 글쓰기
를 어려워하는 경우에 쓸모가 있다. 두 번째 회기의 중후반 즈
음에, 현장전문가들은 그 문장(또는 두 개의 대안적인 문장들)을 제
시하고 내담자들에게 자신의 성공 공식으로서 편안하게 느껴질
때까지 그것을 수정하도록 요구한다. 물론 현장전문가들이 미
리 성공 공식을 준비할 필요는 없다. 그 대신, 내담자와 생애
묘사를 수정한 후에 현장전문가들은 내담자에게 구절을 선택하
고 그것을 사명 선언문의 형태로 만들도록 요청할 수 있다. 예
를 들면, 한 내담자가 자신의 정체성 내러티브로부터 "문제 해
결", "다른 사람을 돕기", 그리고 "감정 공유하기"라는 구절을
선택했다. 그녀는 그 구절들을 몇 가지 대안적인 성공 공식으
로 결합하였다: "나는 다른 사람들이 그들의 문제를 해결하도
록 돕는 데 나의 감정을 사용할 때에 성공과 만족을 느낀다",
"나는 사람들이 감정적인 문제를 해결하는 것을 도울 때에 성공
과 만족을 느낀다", "나는 사람들이 자신의 문제에 대해 기분이
나아지도록 도울 때에 행복하고 성공적이라고 느낀다." 그녀는
결국 다음과 같은 정체성 문장을 결정했다. "나는 다른 사람들이
자신의 감정을 검토함으로써 문제를 해결하도록 도움을 줄때에
성공과 만족을 느낀다." 성공 공식을 쓰는 데 있어서 효과가 검
증된 방법을 연습하고 싶은 현장전문가들은 기능적인 자기분석
을 토대로 한 Haldane(1975)의 역동적인 성공 요인 모델을 활용
할 수 있다.

📊 정체성 진술 개발하기

　생애 묘사에서 성공 공식이나 정체성 진술의 형태로 의도의 핵심진술을 추출하는 것은, 내담자들에게 자신의 목적을 추구하는 것에 대한 보다 나은 감각을 준다. 어떤 사람들은, 특히 만약 그들이 "인생의 목적은 목적이 있는 삶이다"(Leider, 1997)라는 것을 깨달았다면, 그것이 자신의 '소명'을 표현하는 것이라고 말할 수도 있다. 내담자들이 전환이나 혼란스러운 선택에 직면했을 때, 의도를 진술하는 하나의 문장은 내담자의 자기 방향을 몇 번이고 되풀이하여 참조하도록 한다. 그것은 또한 그들에게 집으로 가져갈 구체적인 어떤 것을 제공해 주는데, 왜냐하면 그들이 흥미 검사 프로파일 시트를 남기지는 않을 것이기 때문이다. 의도에 대한 이 진술문을 손에 쥐고, 이제는 내담자들이 우유부단한 가변적인 감정을 '탐험을 위한 견고한 가능성'으로 변화시키는 새로운 선택들을 쓰기 시작해야 할 시간이다. 지금 일어날 모든 것은 일반적으로 이미 성공 공식에 나타난다. 미래는 그 안에 내장되어 있다. 내담자의 생애 묘사는 의사결정 과정을 견디도록 할 것이다. 만약 완전한 생애 묘사가 필요해진다면, 바로 그 시점에 내담자와 현장전문가는 내담자가 첫 번째 회기를 시작했던 걱정들을 바라보도록 하는 견지에서 그 성공 공식을 사용할 것이다. 커리어 걱정을 감안하여 의도를 명확하게 하는 것은 일반적으로 기회를 드러내고 내담자가 그때까지 얼핏 또는 막연하게 느껴왔던 가능한 행동들을 확인하게 한다.

9 장

의도에서 행동으로

두 번째 회기가 끝날 무렵에, 내담자는 상담이 종결되는 것을 감지하고 행동하고자 하는 욕구를 느끼게 된다. Shakespeare(1891)에 의하면 "행동은 가장 설득력 있는 말이다"(p.64). 그리고 필요한 행동은 흥미 있는 선택 가능한 것들에 대한 탐색이다. 성공적인 공식이 만들어지는 것은 의도가 행동으로 옮겨졌을 때이다. 한편으로는, 의도는 행동할 때에 마음속으로 목적을 가지는 것을 의미한다. 다른 한편으로는, 행동은 의미를 가지고 행위를 투입하는 것을 뜻한다(Malrieu, 2003). 행동은 사람을 미래로 데리고 가는 동시에 본질적으로 과거의 의미를 지니고 있다. 내담자들은 결심이 아닌 행동을 통해, 세상과 관계를 맺는다(Krieshok et al., 2009). 목적 있는 행동은 진로에 대한 걱정들을 확실하게 해결하고 오랫동안 지속되는 불확실성을 끝내기 위하여 필요한 정보를 찾는다. 말로만 표현된 결심이 아닌, 행동이 자기 구성과 생애 설계를 한층 더 촉진한다. 어떤 내담자들의 경우, 새로운 시나리오를 실현시키기 위해 필요한 행동은 의심할 여지없이 명백하고, 그들로 하여금 이미 충분히 알고 있는 어떤 것을 행하도록 요구한다. 또 다른 내담자들은 초점과 에너지가 끌어당겨진 가능한 자기들과 대안적인 미래를 탐색할 필요가 있다.

탐색 활동들은 자신의 삶을 설계하고 구축하는 과정에서 매우 중요하다. 정보—탐색 활동에 참여함으로써, 개인은 자신이 어떤 가능한 미래를 추구하는지를 깨닫게 된다. 이러한 탐색 활동은 자기—개념을 변형시키고 진로 주제에 관한 재해석을 촉진시킬 수 있다. 행동은 내담자들이 진로상담을 종결하는 데 필요할 뿐만 아니라, 그들의 생애 스토리 다음 장을 위한 시나리오에 대한 중요한 결론을 구성하기 위해서도 요구된다. 체계적인 탐색 행동과 그것에 대한 성찰은 내담자들로 하여금 그들이 알고 있는 삶을 살 수 있도록, 즉 그들 자신의 스토리를 살 수 있도록 선택할 수 있게 한다.

📊 탐색하기

두 번째 회기를 마무리하기 위해서, 내담자와 현장전문가는 전형적으로 미래를 향한 내담자의 전진을 촉진하고 안내하는 행동을 위한 아젠다를 고안한다. 그들은 함께 내담자로 하여금 선택들을 분명하게 볼 수 있도록 하는 행동들을 계획하고, 그렇게 함으로써 그들의 결정 능력이 향상된다. 물론 그 계획은 내담자가 상담에 가지고 온 이슈들을 직접적으로 해결하는 행

동들에 초점을 맞춘다. 요구되는 행동들은 대개 탐색을 수반한
다. 그러나 그 요구된 행동은 중요한 타인들을 실망시킬 수도
있는 선호를 확고히 붙드는 것에 대하여 가족구성원들과 타협
함에 있어서 중심이 될 수 있다. 나는 탐색을 위하여 더 일반
적인 계획을 고려한 후에, 내담자의 새로운 스토리를 타당화하
는 것을 주저하는 독자들과 타협에 대하여 논의하고자 한다.

   내담자의 탐색을 격려하기 위하여, 현장전문가들은 미래의
기대와 관련된 내담자가 인식한 행동들을 계획하도록 돕는다.
대부분의 내담자들은 자신의 선택과 가능한 결과들을 어떻게
탐색해야 하는지 모르고 있다. 따라서 현장전문가는 내담자들
로 하여금 자신의 선택에 대한 명료성을 증가시키는 구체적인
행동들을 제안하면서 스스로 탐색할 수 있도록 가르쳐야 한다.
현장전문가는 "정보 출처에 대한 자료들"(Stewart, 1969)과 같은
핸드아웃을 이용하여 그렇게 할 수도 있다. 다음의 세 페이지
분량의 핸드아웃은 내담자에게 어떻게 정보를 탐색하고 처리하
는지에 대하여 가르쳐준다. 첫 번째 페이지는 여섯 가지 기본
정보-탐색 행동들을 설명한다: 쓰기, 관찰하기, 읽기, 듣기, 방
문하기, 말하기. 두 번째 페이지는 세 가지 대체가능한 일, 직
업 또는 전공분야를 탐색할 때, 이상의 여섯 가지의 행동들을
어떻게 실행할 것인가에 대하여 기록할 수 있는 공간을 제공한
다. 이러한 계획을 수행한 후, 내담자는 그들이 정보에 대하여
배우고 숙고한 것들을 기록하는 세 번째 페이지를 완성한다.
세 번째 페이지를 토론하는 것은 다음 회기를 위한 좋은 출발
점이 될 수 있다.

정보-찾기 행동들, 즉 탐색은 동일하지만, 내담자들은 탐색으로부터 다른 결과들을 도출한다. 탐색의 목적은 가능한 결론들을 시험하는 일반적인 정보를 수집하는 것으로부터 시작하여 연속적으로 이어진다. Super(1990)의 탐색 모델은 일련의 과업을 공고화, 구체화, 현실화라고 명명한다.

■ 공고화

교육과 경력의 초기단계에 있는 젊은 내담자를 위하여, 일반적으로 상세한 탐색을 계획한다. 광범위한 탐색 과업들은 선호하는 것을 공고화하기 위한 정보를 찾는 것을 수반한다. 광범위한 탐색은 일반적으로 동일한 흥미 영역과 능력 수준 내의 직업군에 대한 선호로 정체성 진술을 전환시키는 것을 추구한다. 선호 영역과 수준을 공고화하는 것은 자기와 직업을 적합하게 일치시키는 데 초점을 둔다. 현장전문가들은 내담자의 직업 흥미를 명명하고, 이러한 공적인 흥미들이 지니는 개인적인 의미를 논의하고, 이러한 흥미들이 어떻게 적합한 직업에서 표현될 수 있는지 설명함으로써 직업 목록(또는 전공 분야)을 작성하기 시작한다. 다양한 직업들이 내담자가 목적을 추구하는 것을 어떻게 잘 지원하고, 그들이 성공 공식을 어떻게 시행하는지에 대하여 논의하는 과정에서, 현장전문가들은 가능한 구체적이어야 하고 내담자의 삶의 경험으로부터 실례를 인용해야 한다.

때때로 현장전문가들은 내담자가 탐색할 전공 분야나 직업 목록을 만드는 것을 도울 필요가 있다. 이러한 경우, 일반적으로 *The Occupations Finder*(Holland, 1990)나 *The College*

Majors Finder(Rosen, Homberg, & Holland,1987)는 유용한 것으로 밝혀졌다. 흔히 현장전문가들은 내담자의 진로 주제를 담고 있고, 그 코드들 아래 분류된 적합 직업들을 아우르는 직업 코드들을 확인한다. 만일 그들이 실제로 그 목록을 논의한다면, 그들은 내담자들이 간직하도록 소책자를 제공한다.

■ 구체화

더 많은 삶의 경험을 한 내담자들을 위해서는 깊이 있는 탐색을 계획하여야 한다. 이러한 내담자들은 종종 현장전문가들을 만나기 이전에 자신이 선호하는 것을 공고히 하였고, 선택들을 좁혔다. 그들의 탐색 과업은 일반적으로 자기 자신을 가능한 직업에 맞추는 것 이상을 수반한다. 그것은 정체성 형성 과정과 연관되어 있다. 왜냐하면 선택을 구체화함에 있어서 개인들은 청중 앞에서 그들 자신들을 분명히 표명하기 때문이다. 직업 선택을 진술하는 것은 자기에 대한 매우 공적인 발표이다. 그것은 자신이 누구인지를 나타내고 자신이 무엇이 되고 싶은지를 공표하는 것이다.

몇 가지 대안적 선호에 대한 진전된 탐색은 내담자들이 몰입하기 전에 확신하기 위하여 필요로 하는 구체적인 정보들에 초점을 둔다. 어떤 때에는 그 정보가 너무 구체적이어서 약간의 단순한 활동만을 요구하기도 한다. 때로는 정보를 수집하는 것이 더 많은 수고가 들어가는 반면, 그 노력은 언제나 고도로 초점화된다. 예를 들어서, 석사학위를 가지고 있는 고등학교 교사는 박사학위를 취득하기 위하여 학교로 돌아가기를 원했다.

그러나 교육학 박사학위를 취득하고 싶어 한다는 것을 확신하고 있었음에도 불구하고, 그녀는 공부할 학과목에 대하여 확신을 하지 못하였다. 그녀는 상담이나 심리학에 관심을 가지고 있었다. 그녀는 어떻게 아이들이 배우는지를 이해하는 데 관심을 가지고 있다는 것이 곧 선명해졌다. 작은 노력으로 그녀는 학교심리학과 교육심리학으로 대안을 좁혔다. 그녀는 그것들을 비교하여 선택하기 위해서 각각의 학과목에 대해 더 많이 알 필요가 있었다. 그래서 그녀는 인터넷으로 각각의 학과목에 대하여 찾아 읽어보고, 각각의 학과목을 가르치는 교수들을 만나보았으며, 각 영역의 학술지들을 읽었다. 그녀가 조사한 것들에 대하여 현장전문가와 함께 논의하기 위해 돌아왔을 때, 그녀는 이미 교육심리학 박사과정에 들어가 있었다.

■ 현실화

직업을 이미 선택하고, 현재 어떤 조직에 들어갈 것인지를 결정해야만 하거나 그곳에서 포지션을 찾아야 하는 내담자들을 위하여, 탐색 계획은 그것을 시험해봄으로써 실제로 의사 결정하는 것을 요구한다. 선택을 현실화하는 것은 직업을 찾고, 포지션에 지원하는 것을 수반한다. 이러한 내담자들은 그 조직 안에서 포지션을 확보함으로써 자신의 언어적 선택을 현실적인 선택으로 전환시켜야 한다. 실행은 인턴십, 정규직 전환 가능한 파트-타임직, 또는 말단직에 고용되는 것을 모두 포함한다. 교육학 박사학위과정에 들어가기로 선택했던 그 내담자는 자신의 구체화된 선택을 현실화하기 위하여, 세 개 주의 다섯 개 대학에 지원서류를 요청하였다. 그리고 나서 그녀는 입학허가를 받은 네 개의 대학을 철저하게 조사한 후, 곧 한 곳에 입학함으로써 자신의 선택을 현실화하였다.

📊 결정과 실행하기

필요하다면 다음 회기에서, 이전 상담에서 탐색된 결과를 검토하고 잠정적인 결정을 한다. 선택한 행동들과 수집된 정보는 일반적으로 내담자의 생각을 정교화한다. 내담자는 새로운 차이점과 실망스러운 것들에 대하여 논의할 필요가 있다. 내담자와 현장전문가는 함께 내담자의 기회를 명확히 하고 가능한 미래가 어떻게 펼쳐질 수 있는지 추측하기 위하여 다양한 선택들을 조사한다. 어떤 내담자는 그들의 스크립트가 지탱할 수 있는 것보다 더 많은 것을 요구하는 비현실적인 선택들에 마음이 기울어지는 경향이 있다. 현실적으로 대안을 조사하기 위해서, 내담자와 현장전문가는 각각의 대안에 대한 결과를 반드시 고려해야 한다. 일단 내담자가 하나의 대안을 선택하여 전념하면, 주별 행동 계획과 중간 단계 프로젝트, 그리고 장기 목표들을 통하여 그것을 현실화시키는 행동 목록을 작성함으로써 이러한 선택을 정교화시키는 것은 유용하다. 이러한 행동들은 반드시 실제 세계에서 일어나야 한다.

내담자들은 자신의 새로운 의미를 수행해야 한다. 그러나 더 많은 내담자들에게는 결정하는 것이 아니라 행동으로 옮기는 것이 문제가 된다. 그들은 세상에서 새로운 스토리로 살기 위한 용기를 찾을 필요가 있다. 내담자가 선택할 수 있음에도 불

구하고 그 선택을 실행하는 것을 주저한다면, 현장전문가들은
그 선택에 대한 태도와 전형적이고 규범적으로 강요된 행동을
좌절시키는 장애 요인들에 관심을 가져야 한다. 선택을 실행하
는데 필요한 태도, 신념, 역량들은 적응에 대한 진로 구성 이론
모델에 의해 확인되었다. 진로 적응성 차원은 관심, 조절, 호기
심, 자신감으로 분류된다. 어떤 차원에서의 결핍은 선택을 실행
하는 데 있어서 분명한 어려움을 초래한다. 이러한 결핍에 대
한 평가와 개선 방법들은 Savickas(2005)에 의해서 논의되었다.

　장애 요인들을 고려할 때에, 현장전문가들은 행동을 막는 느
낌, 환경, 관계에 관심을 가진다. 이러한 맥락에서, 느낌은 전이
구성으로서 고려된다. 왜냐하면 그것들은 오래된 스토리로부터
새로운 스토리로의 이동 경험을 표현하기 때문이다(Kelly, 1955).
이동을 지연시키는 가장 일반적인 느낌은 불안이다. 내담자들
은 상황이 변화한다는 것을 알고 있지만, 그것을 예측할 수 없
거나 또는 그 상황이 어떻게 잘 될지 알 수 없을 때에 불안을
느낀다. 어떤 내담자들은 슬픔을 느낀다. 왜냐하면 그들은 과거
의 스토리가 그냥 지나가도록 내버려두는 것을 어려워하기 때
문이다. 다른 내담자들은 그 변화의 요인들을 조절할 수 없기
때문에 분노를 느낀다. 여전히 어떤 내담자들은 무력감을 느낀
다. 그래서 그들은 그 변화의 진전에 대한 책임을 지는 데 있어
서 다른 누군가에게 의지하기를 원한다. 만약 감정이 행동을 막
는다면, 현장전문가들은 감정을 탐색하고, 의미를 밝히고, 가능
한 결론을 정교화하고, 선택을 실행하기 위한 첫 번째 단계를
구체화하기 위하여 내담자-중심 기법들을 사용할 수도 있다.

　또 다른 내담자들에게는 이것은 감정적 문제가 아니라 작은 행동조차 좌절시키는 현실이다. 이러한 경우에 현장전문가들은 내담자－중심 기법보다는 문제해결중심 기법들을 사용하기를 선호할 수도 있다. 이러한 사회구성주의 치료는 내담자로 하여금 어려운 상황에서 그들이 선호하는 행동들을 할 수 있도록 돕는데 초점을 맞춘다(de Shazer, 1988). 유용한 문제해결중심 기법은 "행함"에 있어서 어려움의 예외를 찾는 것으로 구성되어 있다. 그리고 나서 언제, 어디서, 누구와, 어떻게 그 행동의 작은 부분들이 일어날 수 있었는지를 조사한다. 현장전문가들은 이러한 움직임이 작은 진전이든지 또는 커다란 변화이든지 간에, 장애를 극복하는 움직임들은 모두 지원한다. 내담자와 현장전문가는 행동이 실현가능한 것처럼 보이는 경우, 그 차이점이 무엇인지에 대하여 함께 논의한다. 내담자로 하여금 이러한 작은 성공들을 인식하도록 돕고 성공적인 행동들을 반복하도록 격려함으로써, 현장전문가들은 그들이 안전한 더 나은 자리로 이동하도록 돕는다. 두 번째 문제해결중심 기법은 기적질문이다(Matcalf, 2005). 현장전문가들은 내담자들에게 그 문제가 해결된 미래를 마음속에 그려보도록 한 후, 미래의 위치에서 과거를 돌아보고 그들이 그 문제를 어떻게 해결했는지 설명하도록 요청한다. 내담자들에게 다음과 같은 구체적인 질문을 던진다. "만약에 내일 눈을 떴을 때 당신의 문제가 사라졌다면, 무엇이 달라져 있나요?" 그리고 나서 현장전문가들은 "무엇이 다른가, 그리고 당신은 무엇을 하고 있는가?"를 질문함으로써 그들이 무엇을 할 수 있는지에 대하여 고려하도록 유도한다. 그 문제를 어떻게 해결하는지에 대한 내담자의 설명은 종종 목표 설정의 기초를 제공한다.

만약 장애가 내적 감정이나 외적 장애물로 나타나지 않는다면, 현장전문가들은 내담자들이 자신의 새로운 스토리를 청중에게 어떻게 수행하는지를 조사함으로써 관계 문제를 고려한다. 현장전문가들은 항상 중요한 타인들이 내담자의 커리어 선택을 인정하기를 바란다. 그럼에도 불구하고 그들은 행동으로 옮기는 데 있어서의 장애가 가족 상호작용에 의해 초래되었는지를 알아내야 한다. 그래서 내담자들에게 자신의 청중들이 그 스토리를 어떻게 받아들였는지에 대하여 묻는다. 그들은 내담자의 청중들이 그 선택과 변화를 지지하는지에 대하여 알아내고자 한다. 지지는 승인이 아니라 인정을 의미한다. 내담자들은 자율적이고 자기-통제적이 되기 위하여 가족의 지지를 필요로 한다. 만약 그 청중이 변화를 인정하지 않는다면, 그 현장전문가는 내담자로 하여금 자신감과 자기효능감을 가질 수 있도록 격려 기법들(Dinkmeyer & Dreikurs, 1963)과 자기주장 훈련을 사용한다.

만약 감정, 상황 또는 관계의 문제가 아니라면, 현장전문가는 선택 그 자체가 문제일 가능성을 고려한다. 아마도 그 내담자는 그것을 행동으로 옮기는 것에 대하여 다시 생각하거나 직감적인 저항을 가지고 있을 수도 있다. 만약 이러한 경우라면, 내담자와 현장전문가는 이전에 제외시켰던 대안들을 다시 탐색한다.

비록 여기에 요약된 이 단계들이 진로 구성 상담의 틀을 형성한다고 해도, 숙련된 현장전문가들은 상담 대화를 '지금 내담자가 무엇을 필요로 하는가'에 맞춘다. 상담 아젠다는 언제나

내담자가 무엇을 필요로 하고, 그것을 어떻게 다루기를 원하는
지에 초점을 맞춘다는 것이 그 핵심이다(Neimeyer, 2004). 궁극
적인 목표는 내담자들로 하여금 자신에게 의미 있고 그들의 공
동체에게도 중요하게 여겨지는 직업을 선택하고, 그 세계에 진
입하도록 격려하는 것이다. 더 만족스러운 삶을 즐기기 위한
행동을 할 때에, 그들은 자신의 생애 스토리들에서 주연의 역
할을 할 수 있도록 더 잘 준비되어야 한다.

📊 종결하기

어느 시점에서, 직업적 플롯에서의 새로운 장면이 시작되었
다. 그리고 내담자들은 자기와 세계 사이의 변화된 관계를 인
식한다. 종결이 가까워지면서, 현장전문가들은 함께 이루어낸
상담 성과들을 요약한다. 그들은 "상담이 당신에게 어떤 도움
이 되었나요?"라는 질문에 대한 내담자의 답을 명확하게 확인
한다. 그리고 목표가 달성되었는지에 대하여 묻는다. 이것은 내
담자로 하여금 전체 상담 회기 동안에 자신에게 부여된 자율성
과 상담 종결이 다가왔음을 상기시킨다. 현장전문가들은 일반
적으로 새로운 스토리를 통합하고, 그것이 내담자가 상담을 시
작한 이유와 어떻게 연관되어 있는지에 대하여 기술함으로써
무슨 일이 일어났는지에 대하여 요약하는 몇 줄의 문장으로 종
결한다. 긴장(tension), 주의(attention), 의도(intention)와 확장
(extension) 등의 단어들의 어원을 활용하여 내담자들에게 상담
성과를 설명하기 위한 간단명료한 구조를 제공한다. 그들은 상
담 과정에서 현장전문가와 나눌 이야기 거리, 즉 약간의 긴장

을 가지고 왔다. 내담자와 현장전문가는 커리어 스토리 인터뷰를 하는 동안에 함께 그 긴장에 주의를 기울였다. 그러고 나서 그들은 의도를 분명하게 만들고, 그 의도를 긴장을 해결하는 목적 있는 행동으로 확장시키는 생애 묘사를 함께 구성하였다.

현장전문가는 이 상담 과정들을 Kolb's(1984)의 경험 학습 4단계 모델을 적용함으로써 무엇이 일어났는지에 대해 스스로를 반성할 수도 있다. 상담은 내담자가 "구체적인 경험"을 이야기함으로써 시작되었다. 이것은 그 경험에 대한 "반영적 관찰"로 이어진다. 그 반영은 생애 묘사에서 "추상적 개념화"로 드러난다. 마침내 선택 및 변화와 함께 "활동적인 실험"이 발생한다. 물론, 그 사이클은 내담자가 실제 세계에서 의도를 실현하고, 반영하고, 개념화하고, 실험하는 데 있어서의 새로운 구체적 경험을 모을 때에 다시 시작된다.

📊 실제 사례

실제 사례는 커리어 스토리 인터뷰, 일상에 대한 평가와 상담을 보여준다. 다음의 인터뷰 데이터를 읽어라. 그리고 만일 당신이 원한다면, 읽기 전에 내담자의 자기, 환경, 스토리와 전략(4S)들에 대한 당신 자신의 평가를 수행하고, 그러고 나서 그것을 내담자가 상담을 시작한 이유와 연관시켜라. Raymond는 생물학을 전공하는 19살의 대학 2학년생이다. 상담이 어떻게 유익할 수 있는지를 묻는 질문에 대한 대답으로 그는 "나는 내가 과학대학 건물에 들어갈 때 왜 그렇게 위축되는지 알고 싶다"고 대답하였다. 그는 평균 4.0의 성적을 받았다고 보고하였고, 생물학 교수들은 그를 가장 재능 있는 학생으로 생각하였다.

■ 커리어 스토리 인터뷰

그의 첫 번째 모델은 아브라함 링컨이었다. 왜냐하면 "그는 선거에 졌지만 결코 포기하지는 않았다", "다시 일어나 연설을 하였다" 그리고 "연설문을 작성하였다." 토머스 에디슨은 그의 두 번째 모델이었다. 왜냐하면 그는 "상상력이 풍부하였고", "실용적이었고" 그리고 "다른 사람들에게 무엇을 해야 할지 말했다." 그의 세 번째 모델은 월트 디즈니였다. 왜냐하면 "그는 창의적인 것을 찾아내고 만들어 내었다." Raymond는 Time지의 영화 리뷰와 정치면을 읽는 것을 좋아했다. 그는 또한 Jazziz의 재즈음악과 음악가에 대한 아티클을 정기적으로 읽었다. 그가 좋아했던 TV프로그램은 'Star Trek 시리즈'였다. 왜냐하면 그것은 창의적이었기 때문이다. 그가 좋아하는 스토리는 'Winesburg Ohio'(S. Anderson, 1919)이었다. 그가 좋아하는 구절은 "검토되지 않은 삶은 가치가 없다"이다. 그가 보고했던 초기 회상은 다음과 같다.

> 나는 한밤중에 욕실에 가야 했던 어린 시절을 기억한다. 엄마는 내 침실로 와서 나를 데리고 욕실로 갔다. 그곳은 어두웠고, 그녀는 나를 얼굴이 뒤쪽으로 향하도록 변기 위에 앉았다는 것을 알아차리지 못했다. 나는 그녀에게 말을 하려고 노력했지만 그녀는 들으려고 하지 않았다.

우리는 이 회상에 대한 세 가지 제목을 만들어 내었다: "잘못된 길로 가도록 강요된 소년", "소년의 말을 들으려 하지 않은 엄마" 그리고 "뒤쪽을 보고 있는 소년."

■ 평가

실제 사례에서, 우리는 자신의 목소리를 들리게 하고 싶은 소년의 자서전을 가지고 있다. 현장전문가들은 초기 기억을 조사함으로써 평가를 시작할 수도 있다. Raymond는 한밤중에 욕실에 가야했다. 그의 어머니는 그를 뒤쪽을 향하여 변기 위에 앉혔고, 그녀에게 무엇인가 잘못되었다고 하는 그의 말을 들으려 하지 않았다. 그의 제목은 지속되는 집착과 현재 문제 둘 다를 압축한다: 엄마는 그 소년으로 하여금 잘못된 길로 가도록 강요할 때에 들으려고 하지 않았다. 그리고 그 소년은 뒤쪽을 보았다. 물론 그 학생은 생물학을 전공하고 싶지 않았지만, 그의 어머니는 의예과 과정을 밟은 후 의과대학에 들어갈 것을 강력히 요구한 것으로 밝혀졌다. 그는 자신의 롤 모델을 따라가는 대신 부모의 가이드를 따라 뒤쪽을 보았을 때 "한밤중에" 있는 것처럼 낙심했다. 그는 자신의 엄마와 직업 둘 다에서 자신의 목소리를 어떻게 들리게 할지 알아내는 중이다.

롤 모델과 연결된 초기 기억은 그가 다른 사람들에게 들려질 자기를 어떻게 세우는지를 보여준다. 그의 세 가지 모델에 대한 기술에서 반복되는 단어들을 고려하면, 그것은 그가 창의적인 정치적 연설을 작성함으로써 자신의 소리를 들리도록 하는 어떤 사람으로 자기 자신을 디자인하는 것으로 보인다. 또한,

그가 전공을 바꾸지 않는 이유가 포기하지 않는 것과 관계가 있는지에 대해 의아해할 수 있다. 링컨에 대해 묘사할 때에, 그의 첫 번째 그리고 가장 중요한 코멘트는 링컨이 결코 포기하지 않았다는 것이다. 그는 자신의 영웅인 링컨과 유사한 이와 같은 낙심시키는 상황에서, 포기하지 않고 역경을 직면하는 사람으로서 자기 자신을 볼 수도 있다. 곧 우리는 그의 스크립트가 이 문제들을 어떻게 해결하는지를 배울 것이다.

Raymond는 정치적이고 창의적인 환경을 선호한다. 그는 정치와 영화 리뷰를 읽고 'Star Trek 에피소드'들을 보는 것을 좋아한다. 직업 정보 소책자를 찾아보는 것은 불필요해 보인다. 그러나 실행을 위해, 선호하는 일자리에 대한 내담자의 RIASEC(Holland, 1997)은 진취형과 예술형인 것처럼 보인다. 따라서 현장전문가는 저널리스트, 컬럼니스트, 해설자, 작가, 비평가, 편집자, 카피라이터, 창의적인 감독, 논설위원, 변호사, 정치가, 배우, 기술 작가, 공연예술 매니저, 고문, 그리고 컨설턴트와 같은 진취형과 예술형의 활동들을 조합하는 몇 가지 직업들을 'The Occupations Finder'(Holland, 1990)에서 선택할 수 있다. 그의 자기 – 개념과 선호하는 직업 환경은 일치하는 것으로 나타났다. 우리는 과학적이거나 탐구적인 환경에서 흥미를 찾지 않았다는 것을 다시 주목하라. 따라서 자기 – 개념과 직업선호도 둘 다 생물학 전공의 과학대학에서의 그의 삶과 일치하지 않는다.

Raymond가 열망하는 스크립트는 신문, 잡지, 또는 정치적 캠페인을 위해 글을 쓰는 것이다. 그는 생물학에서 벗어나 저널리즘 또는 정치학에 입문하고 싶어 한다. 이 스크립트를 적합한 환경 속에서 자기 개념에 어떻게 적용시킬지를 이해하는 것은 통찰력을 거의 요구하지 않는다. 어떻게 Raymond가 스스로 그것을 보지 않는지 의아해하는 것은 당연하다. 아마도 그것은 가이드로서의 엄마를 뒤돌아보고 있기 때문이다.

Raymond가 자신에게 주는 충고는 자신만의 삶을 탐색하는 것이다. 현장전문가는 비로소 내담자가 어떻게 자신이 신문이나 정치적 캠페인을 위하여 글을 쓰고 싶어 하는 사람이라는 것을 쉽게 알아차리지 못하는가를 이해할 수 있다. 그 내담자는 뒤쪽을 봄으로써 그것에 대해 생각하는 것을 회피한다. 상담을 받으러 오는 이유는 분명하다─그리고 Raymond는 정말로 진지하게 자신의 삶을 탐색하고 다음 나아갈 방향을 찾기 원한다. 낙심은 그를 사로잡았다. 그래서 그는 그 문제를 탐색할 수 없었다. 현장전문가는 Raymond에게 그 자신에게 가장 좋은 충고인 '지금 자신의 삶을 탐색해야 한다'는 것을 여러 번 반복한다. 이러한 탐색은 그 문제를 명료화할 것이다. 왜냐하면 그의 스토리는 매우 이해될만 하고, 일관성 있고, 지속적이고, 믿을 수 있고, 완전하기 때문이다.

현장전문가는 이제 그가 과학대학을 들어갈 때에 왜 우울해지는지를 이해하는 과정을 지원하기 위해서 Raymond에게 반응할 준비가 상당히 되었다. 내담자는 과학대학에서 부적응자이다. 그의 엄마는 그를 거기에 두었고, 그를 잘못된 방향으로 가도록 만들었다. 그러나 그가 지금까지 할 수 있었던 최선은 더 나아가는 것을 막기 위하여 낙심을 이용하는 것이다. 현장

전문가는 Raymond의 고민에 대한 다음의 생애 묘사를 구성함
에 있어서 이러한 이해를 재구조화하였다.

> 당신은 어떻게 자신의 소리를 들리게 할지 찾고 싶어 한다.
> 가야할 방향이 어디인지를 다른 사람들로 하여금 듣게 하기
> 위하여, 당신은 글 쓰고 말하는 기술을 개발하기 원한다. 당신
> 이 과학대학에 들어갈 때 낙심하는 이유는 그것이 글쓰기나
> 말하기를 좋아하는 상상력이 풍부한 젊은 남자에게 가치 있거
> 나 보상이 되지 않기 때문이다. 당신은 의대라는 잘못된 방향
> 으로 감으로써 엄마의 소망을 존중하고 있는지도 모른다. 당
> 신이 있는 그대로 당신의 꿈을 그녀에게 들려주는 것은 힘들
> 다. 생물학과 의예과 대신에, 당신은 저널리즘, 영어, 연설, 로
> 스쿨 입학 준비, 또는 정치학을 전공하는 것을 선호할 수도
> 있다. 당신은 연설문 작성자 또는 신문 칼럼니스트가 되는 꿈
> 을 가질 수도 있다. 당신은 지금 이 순간이 당신의 현재 삶을
> 탐색해야 할 바로 그때라는 것을 알고 있다. 그러나 그 결과
> 는 어려운 실천을 요구할 수 있다. "그러나"는 당신이 한밤중
> 에 있고 가야하지만 갈 수 없는 것과 같은 낙심처럼 느껴진
> 다. 전공을 바꾸는 것은 어려울 것이다. 왜냐하면 당신은 포기
> 자처럼 느낄 수도 있고 당신의 엄마를 실망시킬 수 있기 때문
> 이다. 당신이 과학대학으로 들어갈 때마다 낙심되는 것은 이
> 상한 일이 아니다. 당신은 자신의 삶을 탐색하고 방향을 바꾸
> 기 전에 시간을 벌고 있다.

생애 묘사에 대해 성찰한 후, Raymond는 다음의 자기 자신
에 대한 정체성 진술을 썼다: "나는 연설문과 아티클 작성을 통

해 다른 사람을 확신시킬 때 행복하고 성공적으로 느꼈다." 상담과정에서 자신의 삶을 탐색할 때에, Raymond는 과학이 아닌 글쓰기를 하고 싶다는 것을 빠르게 인정했다. 그는 과학 작가가 될 수 있었다. 그러나 정치학 또는 오락에 관한 글을 쓰는 것에 더 관심이 있었다. 그렇다면 무엇이 그로 하여금 전공을 바꾸는 것을 멈추게 하였는가? 전환에 대한 구성개념으로서 느낌에 대한 Kelly(1955)의 아이디어를 상기하라. Raymond는 자신의 어머니의 실망과 분노를 두려워했다. 그리고 나서 Raymond는 그와 자신의 아버지는 맞서는 위험보다 그녀의 뜻대로 하는 것이 더 쉽다는 것을 발견했다고 설명하였다. 그가 의사가 되는 것은 어머니의 꿈이었고, 어머니가 등록금을 지불하고 있었다.

　세 번의 짧은 자기주장 훈련과 시연 회기를 통하여, Raymond는 엄마에게 자신의 삶의 방향을 바꾸고 싶다고 말할 수 있는 용기를 얻었다. 놀랍게도 그가 또 다른 사회적 지위가 높은 분야로 전환하는 한, 그녀는 그것을 잘 받아들였다. 현장전문가는 상담이 성공적으로 끝났다고 생각하였다. 그러나 이것은 그런 사례가 아니었다. 그리고 플롯은 더 빡빡해졌다. 어머니의 지원에도 불구하고, Raymond는 행동으로 옮길 수 없었다. 그의 문제는 결정이 아닌 행함에 남아있었다. 그의 어려움은 그가 여전히 전공을 바꿀 수 없다는 것이었다. 왜냐하면 그는 그것을 포기하는 것이라고 보았고, 죄책감을 느꼈기 때문이다. Kelly(1955)의 죄책감에 대한 설명은 전공을 바꾸는 것이 자기-개념의 핵심을 침해하는 것으로 믿는 Raymond에게 적합하다. Raymond는 그의 생애 스트립트의 방향에서 움직이기를 주저했다. 왜냐하면 그는 포기자가 되기 때문이다.

상담하는 동안, Raymond는 자신의 개인적 논리가 전공을 바꾸는 것을 나약함에 대한 시인으로 생각하고 있다는 것을 빠르게 이해하게 되었다. 그러나 이러한 인지적 통찰은 그로 하여금 행동하도록 하는 데는 충분하지 않았다. 그로 하여금 변화하도록 격려하기 위한 몇 번의 추가상담 회기를 가졌다. 그것은 그가 전공을 바꾸는 것이 자신을 포기자로 만든다는 생각을 전공을 바꾸지 않는 것이 그의 열정을 포기하는 것을 의미한다는 것으로 전환하였을 때 특히 유용하였다. 요약하면, 만일 그가 전공을 바꾸지 않는다면 그 자신을 포기하는 것이 될 것이다. 이러한 재구조화된 의미는 그로 하여금 자신감과 열정을 가지고 앞으로 나아가도록 그를 자유롭게 하였다. 몇 년 후, 현장전문가는 Raymond가 저널리즘 전공으로 졸업하고, 로스쿨을 마친 후, 저명한 정치가를 위한 연설문 작성자로 일하고 있다는 것을 알게 되었다. 그의 어머니는 매우 자랑스러워하였다. 진로 구성 상담의 추가된 일러스트레이션은 Elaine(Savickas, 2005, pp. 60-68)의 사례에 나타나고, 실연은 DVD(Savickas, 2006, 2009)에서 확인할 수 있다.

📊 결 론

직업상담 현장전문가들은 내담자들이 깊은 생기를 느끼게 하는 전환적 학습과정을 경험하고 진로상담을 종결하기를 소망한다. 만일 그렇게 한다면 내담자들은 좀 더 이해할 수 있고, 일관성 있고, 지속적인 정체성 내러티브를 이야기할 수 있다. 자서전적 에이전시에 의해 지지되고 의도가 무르익게 됨에 따라, 그들은 실제 세계에서의 행동과 앞으로 나타날 새로운 질문들을 다룰 수 있도록 준비되어야 한다. 그렇게 스스로에게 힘을 부여함으로써 그들은 자신의 생애 스토리에서 새로운 장과 의미 있는 진로 주제를 가지고 직업적 플롯을 확장하는 내러티브를 쓰기 시작한다. 상담의 마지막 순간에, 현장전문가들은 내담자들로 하여금 자기 자신에 대하여 가장 진실하게 느끼게 하는 스토리에서 기회를 잡을 수 있도록 격려하는 것으로 끝맺는다. 그들은 일반적으로 내담자가 좋아하는 격언과 그들의 삶을 앞으로 나아가게 하는 신념을 반복한다.

커리어 스토리 인터뷰 양식

A. 당신이 커리어를 구성할 때에 나는 어떻게 도움을 줄 수 있는가?

① 당신은 성장기에 누구를 존경하였습니까? 그 사람에 대하여 나에게 말해주세요.

② 당신은 정기적으로 어떤 잡지를 읽고 있습니까? 또는 어떤 TV 쇼를 보고 있습니까? 어떤 것입니까? 이러한 잡지 또는 TV 쇼에 대하여 어떤 면을 좋아합니까?

③ 당신이 좋아하는 책 또는 영화는 무엇입니까? 나에게 그 스토리에 대하여 말해주세요.

④ 당신이 좋아하는 격언 또는 좌우명에 대하여 나에게 말해주세요.

⑤ 당신의 초기 기억은 무엇입니까? 당신이 세 살에서 여섯 살이었을 때에, 또는 당신이 기억하는 가장 어린 시절에, 당신에게 일어났던 사건에 대하여 회상해 보세요. 그것에 대한 세 가지 이야기를 듣고 싶습니다.

자서전 과거의 경험들로부터 현재 의미를 부여하는 생애 역사 (Weintraub, 1975). 회고록과 비교된다.

전기성(Biographicity) 개인이 자신의 전기 속에 새롭고 때로는 혼란스러운 경험들을 조직하고 통합하는 자기-참조적 과정.

진로 상담 직업을 선택하고 적응하기 위한 초기 단계에서 자기-탐색을 촉진시키기 위하여 심리학적 방법들을 사용하는 진로 개입.

진로 교육 개인이나 집단으로 하여금 직업적 발달의 당면 과제들에 초점을 맞추어 그것들에 대처할 수 있도록 교육적 방법들을 사용하는 진로 개입. 또한 이 서비스는 워크북과 컴퓨터-지원 지도 프로그램으로 제공될 수도 있다. 진로상담과 직업 지도와 비교된다.

캐릭터 아크(Character Arc) 어떤 본질적인 내적 이슈들에 있어서 한 개인이 어디서 시작하였고, 현재 어디에 있는지 그리고 어디서 끝내고 싶어 하는지를 묘사하는 주제의 한 측면. 이것은 개인이 삶에서 잃어버린 어떤 것, 개인이 필요로 하는 어떤 것을 향하여 움직이게 하는 자극을 설명한다.

연대기 내러티브의 종결 없이 단지 끝나는 시간에 의하여 배열되는 일련의 사건들.

구성화(Emplotment) 다양한 사건들과 에피소드들을 전체 속으로 배치시킴으로써 부분에 의미를 부여하는 배열(cf. Ricoeur, 1984).

동일시(Identifications) 마음속에 개념으로서 받아들이고 저장한 롤 모델의 캐릭터를 포함하는 내재화 상태.

정체성 내러티브 내러티브 정체성 참고.

정체성 작업 일관성과 특수성의 감각을 만들어내는 구조의 형성, 보수, 유지, 강화와 수정 등의 해석적 활동들(Sveningsson & Alvesson, 2003, p. 1164).

영향 지각 표상으로서 전체 속으로 받아들이고 마음속에 저장한 내사된 부모의 지도가 내재화된 상태. 동일시(Identifications)와 비교된다.

흥미 개인의 욕구와 그들이 필요로 하는 안전이라는 목표를 얻기 위한 사회적 기회들 사이의 심리사회적 긴장 상태.

생애 묘사 내담자의 주요 집착들, 자기-개념화들, 선호하는 환경들, 우세한 스크립트 그리고 직업적 플롯, 진로 주제, 캐릭터 아크에 대한 묘사와 관련된 자기 자신을 향한 충고를 조직하는 매크로내러티브.

생애 주제 한 사람이 어느 것보다 우선하여 해결하기를 원하는 문제들과 그 사람이 발견한 해결 방법(Csikszentmihalyi & Beattie, 1979; p. 48).

매크로내러티브(Macronarrative) 단편적이고 사소한 스토리들을 삶에 대한 거대한 스토리 속으로 통합하는 자서전적 정체성 내러티브, 즉 "우리의 자기-이해를 강화하고, 정서와 목표들에 대한 캐릭터의 범위를 설정하고, 사회 세계라는 무대에서 우리의 수행을 지도하는" 것(Neimeyer, 2004b, pp. 53-54).

회고록 특별한 사건들을 다소 객관적으로 보고하는 작은 스토리 (Weintraub, 1975). 자서전과 비교된다.

마이크로내러티브(Micronarrative) 중요한 사건, 의미 있는 인물, 자기-정의의 순간 또는 생애-변화 경험에 대한 짧은 스토리.

내러티브 정체성 "삶에 의미와 목적을 제공하기 위하여 한 사람이 후기 청소년기에 발달을 시작하고, 내면화되어 발전하는 생애 스토리"(McAdams & Olson, 2010, p.527).

플롯 시작, 중간, 끝을 가진 일관성 있는 전체 속으로 일련의 사건들을 구조화하는 설명들과 결말. 끝과 결론은 연대기 또는 스토리 내에서 부족한 내러티브를 완결시킨다.

스토리 계열화한 사건들의 조직.

주제 반복되고, 플롯의 사실들을 이해하기 위하여 사용되는 의미의 기본 단위를 제공하는 중심 아이디어에 의해서 짜여진 패턴.

직업 지도 개인들을 적합한 자리에 연결시키기 위하여 검사를 사용하고 정보를 제공하는 진로 개입. 이 서비스는 개인이나 집단에게 제공되기도 하고 또는 컴퓨터-지원 지도나 워크북 등을 통하여 자기-주도적으로 사용할 수도 있다.

ACT. (2011). *World—of—work map*. Retrieved from http://www.act.o rg/wwm/index.html

Adams, A. (1936, March 15). *Letter to Stieglitz*. New Haven, CT: Yale Collection of American Literature, Beinecke Library.

Adler, A. (1931). *What life should mean to you*. New York, NY: Blue Ribbon Books.

Adler, A. (1956). *The individual psychology of Alfred Adler*. New York, NY: Basic Books.

Alheit, P. (1995). Biographical learning: Theoretical outline, chal— lenges, and contradictions of a new approach in adult education. In P. Alheit, A. Bron—Wojciechowska, E. Brugger, & P. Dominic (Eds.), *The biographical approach in European adult education* (pp. 5774). Vienna, Austria: Verband Wiener Volksbildung.

Allport, G. W. (1961). *Pattern and growth in personality*. New York, NY: Holt, Rinehart & Winston.

Andersen, H. C. (2008). Aunty Toothache. In *The annotated Hans Christian Andersen* (M. Tatar & J. K. Allen, Trans., pp. 341355). New York, NY: Norton.(Original work published 1872)

Anderson, H. (1997). *Conversation, language, and possibilities: A postmodern approach to therapy*. New York, NY: Basic Books.

Anderson, S. (1919). *Winesburg, Ohio*. New York, NY: Huebsch.

Arnold, M. B. (1962). *Story sequence analysis*. New York, NY: Columbia Univer—sity Press.

Arthur, M. B. (1994). The boundaryless career [Special issue]. *Journal of Organi—zational Behavior, 15*(4).

Barzun, J. (1983). *A stroll with William James*. New York, NY: Harper & Row.

Beck, U. (2002). *Individualization: Institutionalized individualism and its social and political consequences*. London, England: Sage.

Berne, E. (1972). *What do you say after you say hello? The psychology of human des— tiny*. New York, NY: Grove Press.

Bohn, A., & Berntsen, D. (2008). Life story development in childhood: The devel— opment of life story abilities and the acquisition of cultural life scripts from late middle childhood to adolescence. *Developmental Psychology, 44*, 11351147. doi:10.1037/0012—1649.4 4.4.1135

Borders. (n.d.). *Shelf indulgence*. Retrieved from http://www.borders media.com/shelfindulgence

Bourdieu, P. (1977). *Outline of a theory of practice*. Cambridge, England: Cam—bridge University Press.

Bradbury, R. (1987). *Fahrenheit 451*. New York, NY: Ballantine.

Brandtstdter, J. (2009). Goal pursuit and goal adjustment: Self—regulation and intentional self—development in changing developmental contexts. *Advances in Life Course Research, 14*, 5262. doi:10.1016/j.alcr.2009.03.002

Bressler, C. E. (2006). *Literary criticism: An introduction to theory and practice* (4th ed.). Upper Saddle River, NJ: Prentice Hall.

Bromberg, P. M. (2006). *Awakening the dreamer: Clinical journeys*. Mahwah, NJ: Analytic Press.

Brooks, G. (2006). Brave new worlds. *The Guardian*. Retrieved from http://www.guardian.co.uk/books/2006/may/06/featuresreviews.guar dianreview6

Bruner, J. (1990). *Acts of meaning*. Cambridge, MA: Harvard University Press.

Bureau of Labor Statistics. (2004, August 25). *Number of jobs held, labor market activity, and earnings among younger baby boomers:*

Recent results from a longi—tudinal study. Washington, DC: U.S. Department of Labor.

Burke, K. (1938). Literature as equipment for living. *Direction, 1,* 1013.

Canfield, J., & Hendricks, G. (2006). *You've got to read this book.* New York, NY: HarperCollins.

Carlson, R. (1981). Studies in script theory: I. Adult analogs of a childhood nuclear scene. *Journal of Personality and Social Psychology, 40,* 501510. doi:10.1037/0022—3514.40.3.501

CBS. (2009, August 23). Don Hewitt. *60 Minutes Special.* Retrieved from http://onebigtorrent.org/torrents/5988/60—Minutes—Special— Don —Hewitt—August—23—2009

CBS. (2010, May 9). Bebe Neuwirth: At home on the boards. *Sunday Morning.* Retrieved from http://www.cbsnews.com/stories/2010/05 /09/sunday/main 6470211.shtml

Cervantes, M. (1976). Colloquy of dogs. In *Cervantes: Exemplary stories* (pp. 195256). New York, NY: Penguin. (Original work pub— lished 1613)

Chartrand, J. (1996). A sociocognitive interactional model for career counseling. In M. Savickas & W. Walsh (Eds.), *Handbook of career counseling theory and practice* (pp. 121134). Palo Alto, CA: Davies—Black.

Christensen, P. J. (n.d.). Quotes about story and storytelling. *Storyteller.net.* Retrieved from http://www.storyteller.net/articles/160

Christie, A. (1977). *Agatha Christie: An autobiography.* New York, NY: Ballantine Books.

Clark, A. J. (2002). *Early recollections: Theory and practice in coun— seling and psychotherapy.* New York, NY: Brunner—Routledge.

Clifford, S. (2009, October 12). Suing her label, not retiring: Carly Simon won't go gently. *The New York Times,* pp. C1, C8.

CNNPolitics. (2009). *Who is Sonia Sotomayor?* Retrieved from http://www.cnn.com/2009/POLITICS/05/26/sotomayor.bio/index.html

Cochran, L. (1997). *Career counseling: A narrative approach.* Thousand Oaks, CA: Sage.

Coles, R. (1989). *The call of stories: Teaching and the moral imagination.* Boston, MA: Houghton — Mifflin.

Condorcet, M. (1787). *Life of Turgot.* London, England: J. Johnson.

Crites, J. O. (1981). *Career counseling: Models, methods, and materials.* New York, NY: McGraw — Hill.

Crossley, M. L. (2000). *Introducing narrative psychology.* Philadelphia, PA: Open University Press.

Csikszentmihalyi, M., & Beattie, O. V. (1979). Life themes: A theoretical and empirical investigation of their origin and effects. *Journal of Humanistic Psy— chology, 19,* 4563. doi:10.1177/002216787901900105

de Shazer, S. (1988). *Clues: Investigating solutions in brief therapy.* New York, NY: Norton.

Dickinson, E. (1960). *The complete poems of Emily Dickenson.* New York, NY: Little, Brown.

Dinesen, I. (1979). On mottoes of my life. In *Daguerreotypes and other essays* (pp. 115). Chicago, IL: University of Chicago Press.

Dinkmeyer, D., & Dreikurs, R. (1963). *Encouraging children to learn: The encour—agement process.* Englewood Cliffs, NJ: Prentice Hall.

Disney, W. (Producer), & Luske, H. (Director). (1953). *Peter Pan* (Animated movie). United States: Walt Disney Studios.

Dreikurs, R. (1967). *Psychodynamics, psychotherapy, and counseling: Collected papers.* Chicago, IL: Alfred Adler Institute.

Eliot, T. S. (1963). *Four quartets.* London, England: Farber and Farber.

Erikson, E. H. (1968). *Identity: Youth and crisis.* New York, NY:

Norton.

Famous Poets and Poems. (n.d.). *Edna St. Vincent Millay quotes*. Ret rieved from http://www.famouspoetsandpoems.com/poets/edna_st vincent_millay/quotes Fivush, R. (2011). The development of auto biographical memory. *Annual Review of Psychology, 62*, 559582.

Forster, E. M. (1927). *Aspects of the novel*. New York, NY: Harcourt Brace.

Frankl, V. E. (1963). *Man's search for meaning*. New York, NY: Washington Square Press.

Freud, S. (1915). Thoughts for the times on war and death. In *The complete psy—chological works of Sigmund Freud: The standard edition* (Vol. 14, pp. 273300). New York, NY: Norton.

Freud, S. (1948). *Beyond the pleasure principle*. London, England: Hogarth.

Freud, S. (1953). New introductory lectures. In *The complete psychological works of Sigmund Freud: The standard edition* (Vol. 22). New York, NY: Norton.

Gadamer, H.−G. (1975). *Wahrheit und methode* [Truth and method] (G. Barden & J. Cumming, Trans.). London, England: Sheed & Ward. (Original work published 1960)

Giddens, A. (1991). *Modernity and self−identity: Self and society in the late modern age*. Palo Alto, CA: Stanford University Press.

Gorokhova, E. (2009). *A mountain of crumbs*. New York, NY: Simon & Schuster.

Gottfredson, G. D., & Holland, J. L. (1996). *Dictionary of Holland occupational codes* (3rd ed.). Odessa, FL: Psychological Assessment Resources.

Graves, R. (1993). *The Greek myths: Complete edition*. New York, NY: Penguin.

Guichard, J. (2005). Life−long self−construction. *International*

Journal for Educa—tional and Vocational Guidance, 5, 111124. doi:10.1007/s10775 − 005 − 8789 − y

Haldane, B. (1975). *How to make a habit of success.* Washington, DC: Acropolis Books.

Hall, D. T. (1996a). *The career is deadLong live the career.* San Francisco, CA: Jossey − Bass.

Hall, D. T. (1996b). Protean careers of the 21st century. *Academy of Management Executive, 10,* 816.

Hancock, J. L. (Director/Writer). (2009) *The blind side* [Motion picture]. Los Angeles, CA: Alcon Entertainment.

Hanna, M. (1994, March 29). A little girl's role model in the comics. *Cleveland Plain Dealer,* p. 2 − E.

Harris, J. C. (1881). *Nights with Uncle Remus.* New York, NY: Century Co.

Heinlein, R. A. (1961). *Stranger in a strange land.* New York, NY: Putnam.

Heinz, W. R. (2002). Transition discontinuities and the biographical shaping of early work careers. *Journal of Vocational Behavior, 60,* 220240. doi:10.1006/jvbe.2001.1865

Hemingway, E. (1935). *Green hills of Africa.* New York, NY: Scribners.

Hodges, B. (2009). *The play that changed my life.* New York, NY: Applause Theater & Cinema Books.

Holland, J. L. (1990). *The occupations finder.* Odessa, FL: Psychological Assess − ment Resources.

Holland, J. L. (1997). *Making vocational choices: A theory of vocational personali—ties and work environments* (3rd ed.). Odessa, FL: Psychological Assessment Resources.

Hollis, J. (1993). *The middle passage: From misery to meaning in midlife.* Enfield, England: Inner City Books.

Holstein, J., & Gubrium, J. (1999). *The self we live by: Narrative identity in a post–modern world*. New York, NY: Oxford University Press.

Hunter, A. G. (2008). *Stories we need to know: Reading your life path in literature*. Forres, Scotland: Findhorn Press.

James, H. (1908). *The novels and tales of Henry James: The New York edition. Princess Casamassima* (Vol. 5). New York, NY: Scribner's.

James, W. (1890). *Principles of psychology* (Vols. 1 & 2). New York, NY: Henry Holt. doi: 10.1037/10538–000

Jennings, C. (Producer), Selick, H. (Director), & Gaiman, N. (Author). (2009). *Coraline* [Motion picture]. Los Angeles, CA: Focus Features.

Jones, E. (1953). *The life and work of Sigmund Freud (Vol. 1)*. New York, NY: Basic Books.

Joyce, N. (2008). Wonder Woman: A psychologist's creation. *APA Monitor on Psychology, 30,* 20.

Kahn, W. A. (2001). Holding environments at work. *The Journal of Applied Behavioral Science, 37,* 260279. doi:10.1177/0021886301373 001

Kalleberg, A. L. (2009). Precarious work, insecure workers: Employment rela– tions in transition. *American Sociological Review, 74,* 122. doi:10.1177/000312240907400101

Kelly, G. A. (1955). *The psychology of personal constructs*. New York, NY: Norton.

Kermode, F. (1966). *The sense of an ending: Studies in the theory of fiction*. New York, NY: Oxford University Press.

Kinney, A. F. (2007). One witch, two dogs, and a game of ninepins: Cervantes' use of Renaissance dialectic in the *Coloquio de los perros. International Journal of the Classical Tradition, 2,* 487498.

doi:10.1007/BF02677886

Kolb, D. (1984). *Experiential learning: Experience as the source of learning and development.* Englewood Cliffs, NJ: Prentice Hall.

Krieshok, T. S., Black, M. D., & McKay, R. A. (2009). Career decision making: The limits of rationality and the abundance of non−conscious processes. *Journal of Vocational Behavior, 75,* 275290. doi:10.1016/j.jvb.2009.04.006

Krumboltz, J. D. (1996). A learning theory of career counseling. In M. Savickas & W. Walsh (Eds.), *Handbook of career counseling theory and practice* (pp. 5580). Palo Alto, CA: Davies−Black.

Krumboltz, J. D. (2009). Happenstance learning theory. *Journal of Career Assess− ment, 17,* 135154. doi:10.1177/1069072708328861

Lawrence−Lightfoot, S., & Hoffman Davis, J. (1997). *The art and science of por− traiture: A new approach to qualitative research.* San Francisco, CA: Jossey−Bass.

Lecky, P. (1945). *Self−consistency: A theory of personality.* New York, NY: Island Press.

Leider, R. J. (1997). *The power of purpose: Creating meaning in your life and work.* San Francisco, CA: Berrett−Koehler.

LeRoy, M. (Producer), & Fleming, V. (Director). (1939). *The Wizard of Oz* [Motion picture]. United States: Metro−Goldwyn−Mayer.

Little, B. R., & Joseph, M. F. (2007). Personal projects and free traits: Mutable selves and well−being. In B. R. Little, K. Salmela−Aro, & S. D. Phillips (Eds.), *Personal project pursuit: Goals, action, and human flourishing* (pp. 375400). Mahwah, NJ: Erlbaum.

Loewald, H. W. (1960). On the therapeutic action of psychoanalysis. *In Papers on psychoanalysis* (pp. 221256). New Haven, CT: Yale University Press.

Lofquist, L. H., & Dawis, R. V. (1991). *Essentials of personenviron− ment correspon−dence counseling.* Minneapolis, MN: University of

Minnesota Press.

Machado, A. (2003). *There is no road: Proverbs of Antonio Machado* (M. Berg & D. Maloney, Trans.). Buffalo, NY: White Pine Press.

MacIntyre, A. (1981). *After virtue: A study in moral theory.* Notre Dame, IN: Uni–versity of Notre Dame Press.

Malrieu, P. (2003). *La question du sens dans les dires autobiogra– phiques* [The issue of meaning in autobiographical narratives]. Toulouse, France: Ers.

Markus, H. (1977). Self–schemata and processing information about the self. *Journal of Personality and Social Psychology, 35,* 6378. doi:10.1037/0022–3514.35.2.63

Masdonati, J., Massoudi, K., & Rossier, J. (2009). Effectiveness of ca– reer counsel–ing and the impact of the working alliance. *Journal of Career Development, 36,* 183203. doi:10.1177/0894845309340798

McAdams, D. P. (1993). *The stories we live by.* New York, NY: Guilford Press.

McAdams, D. P. (2001). The psychology of life stories. *Review of General Psychol–ogy, 5,* 100122. doi:10.1037/1089–2680.5.2.100

McAdams, D. P. (2008). American identity: The redemptive self. *General Psychol–ogist, 43,* 2027.

McAdams, D. P., & Olson, B. D. (2010). Personality development: Continuity and change over the life course. *Annual Review of Psychology, 61,* 517542. doi:10.1146/annurev.psych.093008.100507

McCarthy, M. (2007). *Strong man: The story of Charles Atlas.* New York, NY: Knopf.

McLean, K. C., & Breen, A. V. (2009). Processes and content of nar– rative identity development in adolescence: Gender and well–being. *Developmental Psychol– ogy, 45,* 702710. doi:10.1037/a0015207

Meltzer, B. (2005). *Identity crisis.* New York, NY: DC Comics.

Meltzer, B. (2010). *Heroes for my son.* New York, NY: Harper.

Metcalf, L. (2005). *The miracle question: Answer it and change your life*. Car— marthen, Wales: Crown House.

Miceli, M., Mancini, A., & Menna, P. (2009). The art of comforting. *New Ideas in Psychology, 27*, 343361. doi:10.1016/j.newideapsych.2009.01.001

Mill, J. S. (1990). *Autobiography*. New York, NY: Penguin Classics. (Original work published 1873)

Milton, J. (1940). *Paradise lost*. New York, NY: Heritage Press. (Original work published 1667)

Morley, J. (1918). *Recollections*. London, England: Macmillan.

Murray, H. A. (1938). *Explorations in personality*. New York, NY: Oxford Univer—sity Press.

Myers, R. A. (1996). Convergence of theory and practice: Is there still a problem? In M. Savickas & W. Walsh (Eds.), *Handbook of career counseling theory and practice* (pp. 411416). Palo Alto, CA: Davies—Black.

Neimeyer, R. A. (1995). An invitation to constructivist psychotherapies. In R. A.

Neimeyer & M. J. Mahoney (Eds.), *Constructivism in psychotherapy* (pp. 18). Washington, DC: American Psychological Association. doi:10.1037/10170—018

Neimeyer, R. A. (2004a). *Constructivist therapy* (Series 1Systems of Psychother—apy DVD). Washington, DC: American Psychological Association.

Neimeyer, R. A. (2004b). Fostering post—traumatic growth: A narra—tive contribu—tion. *Journal of Psychological Inquiry, 15*, 5359.

Neimeyer, R. A. (2009). *Constructivist psychotherapy*. London, England: Routledge.

Neimeyer, R. A., & Buchanan—Arvay, M. (2004). Performing the self: Therapeu—tic enactment and the narrative integration of traumatic loss. In H. Hermans & G. Dimaggio (Eds.), *The dialogical self in psychotherapy* (pp. 173189). New York, NY: Brunner — Routledge. doi:10.4324/9780203314616_chapter_11

Neuman, Y., & Nave, O. (2009). Why the brain needs language in order to be self — conscious. *New Ideas in Psychology, 28,* 3748. doi:10.1016/j.newideapsych. 2009.05.001

Nietzsche, F. (1954). *Thus spoke Zarathustra* (W. Kaufmann, Trans.). New York, NY: Random House.

Nobleman, M. T. (2008). *Boys of steel: The creators of Superman.* New York, NY: Knopf.

Osipow, S. H. (1996). Does career theory guide practice or does practice guide theory? In M. Savickas & W. Walsh (Eds.), *Handbook of career counseling theory and practice* (pp. 403410). Palo Alto, CA: Davies — Black.

O'Sullivan, M. (2006, August 11). Artist as curator: Another perspective. The *Washington Post,* p. 24.

Parsons, F. (1909). *Choosing a vocation.* Boston, MA: Houghton — Mifflin.

Parton, D. (2010, July 3). *Dolly Parton celebrates 25 years of Dollywood.* Studio City, CA: Hallmark Channel.

Pelley, S. (October 7, 2007). Bruce Springsteen. *60 Minutes.* New York, NY: CBS News.

Plato. (2007). *The republic.* New York, NY: Penguin Books. (Original work pub — lished 380 B.C.E.)

Polti, G. (1916). *The thirty—six dramatic situations.* Boston, MA: The Writer.

Powers, R. L., Griffith, J., & Maybell, S. J. (1994). Gender guiding lines theory and couples therapy. *Individual Psychology: The Journal of Adlerian Theory, Research, & Practice, 49,* 361371.

Propp, V. (1968). *The morphology of the fairy tale* (L. Scott, Trans.). Austin, TX: University of Texas Press.

Proust, M. (1923). *La prisonnire* (La Bibliotheque de la Pleiade Tome

3). Paris, France: ditions Gallimard.

Pryor, R., & Bright, J. (2011). *The chaos theory of careers.* New York, NY: Routledge.

Reich, W. (1933). *Character analysis.* New York, NY: Farrar, Straus and Giroux.

Richardson, M. S., Meade, P., Rosbruch, N., Vescio, C., Price, L., & Cordero, A. (2009). Intentional and identity processes: A social constructionist investiga—tion using student journals. *Journal of Vocational Behavior, 74,* 6374.

Ricoeur, P. (1984). *Time and narrative.* Chicago, IL: University of Chicago Press.

Riley, E. C. (1994). Cipin writes to Berganza in the Freudian Academia Espaola. *Cervantes: Bulletin of the Cervantes Society of America, 14,* 318.

Rogers, C. R. (1942). *Counseling and psychotherapy.* Boston, MA: Houghton — Mifflin.

Rosen, D., Holmberg, K., & Holland, J. L. (1987). *The college majors finder.* Odessa, FL: Psychological Assessment Resources.

Saratoga Institute. (2000). *Human capital benchmarking report.* Santa Clara, CA: Saratoga Institute.

Sartre, J. P. (1943). *Being and nothingness.* London, England: Methuen.

Savickas, M. L. (1996). A framework for linking career theory and practice. In M. Savickas & W. Walsh (Eds.), *Handbook of career counseling theory and prac—tice* (pp. 191208). Palo Alto, CA: Davies — Black.

Savickas, M. L. (2001). Toward a comprehensive theory of career development: Dispositions, concerns, and narratives. In F. T. L. Leong & A. Barak (Eds.), *Contemporary models in vocational psychology: A volume in honor of Samuel H. Osipow* (pp. 295320).

Mahwah, NJ: Erlbaum.

Savickas, M. L. (2005). The theory and practice of career construction. In S. D. Brown & R. W. Lent (Eds.), *Career development and counseling: Putting theory and research to work* (pp. 4270). Hoboken, NJ: Wiley.

Savickas, M. L. (2006). *Career counseling* (Specific Treatments for Specific Popu−lations Video Series). Washington, DC: American Psychological Association.

Savickas, M. L. (2009). *Career counseling over time* (Psychotherapy in Six Sessions Video Series). Washington, DC: American Psychological Association.

Savickas, M. L. (2010). Re−viewing scientific models of career as so−cial construc−tions. *Revista Portuguesa de Pedagogia e Psychologia. Numero Conjunto Comem−orativo,* 3343.

Savickas, M. L. (2011). The self in vocational psychology: Object, subject, and project. In P. J. Hartung & L. M. Subich (Eds.), *Developing self in work and career: Concepts, cases, and contexts* (pp. 1733). Washington, DC: American Psychological Association. doi:10.1037/12348−002

Savickas, M. L., & Lent, R. (Eds.). (1994). *Convergence in theories of career devel−opment: Implications for science and practice.* Palo Alto, CA: Consulting Psy−chologists Press.

Savickas, M. L., Nota, L., Rossier, J., Dauwalder, J. P., Duarte, M. E., Guichard, J., . . . van Vianen, A. E. M. (2009). Life designing: A paradigm for career con− struction in the 21st century. *Journal of Vocational Behavior, 75,* 239250. doi:10.1016/j.jvb.2009.04.004

Savickas, M. L., & Walsh, W. B. (1996). *Handbook of career counseling theory and practice.* Palo Alto, CA: Davies−Black.

Schafer, R. (1983). Narration in the psychoanalytic dialogue. In *The analytic atti−tude* (pp. 212239). New York, NY: Basic Books.

Schneider, B. (1987). The people make the place. *Personnel Psychology, 40*, 437453. doi:10.1111/j.1744 − 6570.1987.tb00609.x

Schultz, W. T. (2002). The prototypical scene: A method for generating psychobi − ographical hypotheses. In D. R. McAdams, R. Josselson, & A. Lieblich (Eds.), *Up close and personal: Teaching and learning narrative research* (pp. 151176). Washington, DC: American Psychological Association.

Schwarzenegger, A. (2001, May 3). *Steve Reeves, champion.* Retrieved from http://www.schwarzenegger.com/en/life/hiswords/life_hiswords_eng_legacy_ 366.asp?sec = life&subsec = hiswords

Scorsese, M. (2005, September 26). *No direction home: Bob DylanA Martin Scors − ese movie* (PBS American Masters series episode). Retrieved from http://www. pbs.org/wnet/americanmasters/episodes/bob − dylan/about − the − film/574/

Shakespeare, W. (1891). *Shakespeare selected plays: Coriolanus* (W. A. Wright, Ed.). Oxford, England: Clarendon Press.

Shipman, C., & Rucci, S. (2009, July 9). Nancy Drew: The smart woman's role model. *ABC News Good Morning America.* Retrieved from http://abcnews.go.com/GMA/Story?id = 8034954&page = 1

Simon, S. (2005, April 2). *Danes mark Hans Christian Andersen bicentennial.* Retrieved from http://www.npr.org/templates/story/story. php?storyId = 4571854

Singleton, J. (Producer/Writer/Director). (1995). *Higher learning* [Motion picture]. Culver City, CA: Columbia Pictures.

Spacey, K. (Producer/Director/Writer). (2004). *Beyond the sea* [Motion picture]. Santa Monica, CA: Lions Gate Films.

Stafford, W. (1999). *The way it is: New and selected poems.* Minneapolis, MN: Graywolf Press.

Stevens, W. (1952). The idea of order at Key West. In *The man with the blue guitar* (pp. 129134). New York, NY: Random House.

Stewart, N. R. (1969). Exploring and processing information about educational and vocational opportunities in groups. In J. D. Krumboltz & C. E. Thorensen (Eds.), *Behavioral counseling: Cases and techniques* (pp. 213234). New York, NY: Holt, Rinehart and Winston.

Subich, L. M. (Ed.). (1993). Symposium: How personal is career counseling? *Career Development Quarterly, 42,* 129179.

Subich, L. M., & Simonson, K. (2001). Career counseling: The evolution of theory. In F. T. L. Leong & A. Barak (Eds.), *Contemporary models in vocational psychol−ogy* (pp. 257278). Mahwah, NJ: Erlbaum.

Super, D. E. (1949). *Appraising vocational fitness by means of psy−chological tests.* New York, NY: Harper & Brothers.

Super, D. E. (1951). Vocational adjustment: Implementing a self−concept. *Occu−pations, 30,* 8892.

Super, D. E. (1957). *The psychology of careers.* New York, NY: Harper & Row.

Super, D. E. (1990). A life−span, life−space approach to career development. In D. Brown & L. Brooks (Eds.), *Career choice and development* (2nd ed., pp. 197261). San Francisco, CA: Jossey−Bass.

Super, D. E., Savickas, M. L., & Super, C. M. (1996). The life−span, life−space approach to careers. In D. Brown & L. Brooks (Eds.), *Career choice and devel−opment: Applying contemporary theories to practice* (3rd ed., pp. 121178). San Francisco, CA: Jossey−Bass.

Super, D. E., Starishevsky, R., Matlin, N., & Jordaan, J. P. (1963). *Career develop−ment: Self−concept theory.* New York, NY: College Examination Board.

Sveningsson, S., & Alvesson, M. (2003). Managing managerial identities: Organi− zational fragmentation, discourse and identity struggle.

Human Relations, 56, 11631193. doi:10.1177/00187267035610001

Taylor, C. (1992). *Sources of the self: The making of modern identity.* Cambridge, MA: Harvard University Press.

Thoreau, H. D. (1992). *Walden.* Boston, MA: Shambhala. (Original work pub−lished 1854)

Thurber, J. (1956). *The shore and the sea: Further fables for our time.* New York, NY: Simon & Schuster.

Tiedeman, D. V., & Field, F. L. (1962). Guidance: The science of purposeful action applied through education. *Harvard Educational Review, 32*, 483501.

Vedder, E. (2008, June 26). *VH1 storytellers: Pearl Jam.* Retrieved from http://www.youtube.com/watch?v = Z3hK − MqF6O4

Vygotsky, L. S. (1978). *Mind in society* (M. Cole, Trans.). Cambridge, MA: Har−vard University Press.

Wallis, K. C., & Poulton, J. L. (2001). *The origins and construction of internal reality.* Philadelphia, PA: Open University Press.

Waters, J. (2006). Mr. Williams saved my life: Introduction. In T. Williams, *Mem−oirs* (pp. ixxix). New York, NY: New Directions Press.

Weintraub, K. (1975). Autobiography and historical consciousness. *Critical Inquiry, 1*, 821848. doi:10.1086/447818

Welch, J. F., Jr. (1992). Working out a tough year. *Executive Excellence, 9*, 14.

Welty, E. (1983). *One writer's beginnings.* Cambridge, MA: Harvard University Press.

White, H. (1981). The value of narrativity in the representation of reality. In W. J. T. Mitchell (Ed.), *On narrative* (pp. 527). Chicago, IL: University of Chicago Press.

Whitman, W. (2008). *Song of myself.* Miami, FL: BN. (Original work published 1855)

Williamson, E. G., & Bordin, E. S. (1941). The evaluation of vocational and educa—tional counseling: A critique of the methodology of experiments. *Educational and Psychological Measurement, 1*, 523. doi:10.1177/001316444100100101

Wittgenstein, L. (1953). *Philosophical investigations* (G. E. M. Anscombe, Trans.). Oxford, England: Basil Blackwell.

Wloszczyna, S. (2009, February 5). Perfect heroine for hard times. *USA Today*, pp. D1D2.

Worthington, I. (2001). *Demosthenes*. London, England: Routledge.

Young, W. P. (2007). *The shack*. Newbury Park, CA: Windblown Media.

Ziglar, Z. (1997). *Great quotes*. Franklin Lakes, NJ: Career Press.

인명색인

Mark L. Savickas 박사는, Northeastern Ohio Universities College of Medicine의 Behavioral and Community Health Sciences 분과의 명예회장이자 교수이다. 그는 또한 Kent State University에서 상담교육의 외래교수로서, 1973년 이래로 5,000명 이상의 학생에게 진로상담을 가르치고 있다. 그는 현재 International Association of Applied Psychology의 상담심리학 분과 회장이다(2010–2014). 진로상담에 있어서의 업적을 인정받아, 그는 American Psychological Association의 상담심리학 분과로부터 성격과 진로 연구에서의 뛰어난 업적에 대한 John L, Holland 상을 받았고(1994), National Career Development Association으로부터 Eminent Career 상을 받았다(1996). 또한 Society for Vocational Psychology로부터 Distinguished Achievement 상을 받았고(2006), Lisbon 대학(포르투갈)과 Pretoria 대학(남아프리카)으로부터 명예박사 학위를 받았다.

역자소개

김 봉 환

서울대학교 교육학과 박사(상담교육 전공)

한국기술교육대학교 교수(역임)

교육부 정책자문위원(역임)

한국진로교육학회 회장(역임)

숙명여자대학교 교육학부 교수(현재)

김 소 연

숙명여자대학교 교육학과 박사(상담 및 교육심리 전공)

세계사이버대학교 교수(역임)

이천시건강가정지원센터 상담팀장(역임)

경기아동보호전문기관 미술치료사(역임)

극동대학교 교양학과 조교수(현재)

정 희 숙

숙명여자대학교 교육학과 박사과정 수료(상담 및 교육심리 전공)

고용노동부 직업상담사(역임)

㈜아들러코리아 LG Innotek본사 상담센터장(역임)

숙명여자대학교 강사(역임)

㈜맑은샘심리상담연구소 LG Display본사 상담실장(현재)

커리어 카운슬링

초판인쇄	2016년 7월 20일
초판발행	2016년 7월 30일
지은이	Mark L. Savickas
옮긴이	김봉환·김소연·정희숙
펴낸이	안상준
편 집	한현민
기획/마케팅	노 현
표지디자인	조아라
제 작	우인도·고철민
펴낸곳	㈜ 피와이메이트
	서울특별시 마포구 월드컵북로 400, 5층 2호
	(상암동, 문화콘텐츠센터) 등록 2014. 2. 12. 제2015-000165호
전 화	02)733-6771
f a x	02)736-4818
e-mail	pys@pybook.co.kr
homepage	www.pybook.co.kr
ISBN	979-11-87010-26-5 93180

copyright©김봉환·김소연·정희숙, 2016, Printed in Korea

정 가   16,000원